U0896771

社会科学普及读物出版资助重点项目

社会科学普及读物出版资助重点项目

总主编 林建宁 张宏明

新媒体时代的生存

Xinmeiti Shidai de Shengcun

郑德梅 ◎ 著

山东人民出版社

国家一级出版社 全国百佳图书出版单位

总前言

在新的历史时期，党和国家确立了全面建成小康社会，全面深化改革，全面推进依法治国，全面从严治党的战略布局。实现这一艰巨的任务，既需要有一大批高素质的人才发挥支撑引领作用，更需要不断提升全社会的文明素质，特别是以理论思维、人文知识、处事能力和科学精神为核心的人文素养，这是建设文化强国的必然要求和迫切需要，也是社会科学工作的重中之重。这就要求加强社会科学普及工作，根据时代和社会发展的需要，运用易为公众所理解、接受、参与的方式方法，通过一定的组织形式和传播渠道，普及科学知识、倡导科学方法、传播科学思想、弘扬科学精神和人文精神，提高公众社会科学素质和思想道德素质，促进人的全面发展。这是各级社科联组织的一项重要任务。

加强社会科学知识的宣传和普及，需要有为干部群众所喜闻乐见的通俗读物，好的社会科学通俗读物其社会价值不可低估。当年艾思奇的《大众哲学》在社会上产生了较大反响，毛泽东同志赞扬该书写得“相当深刻”。在各种思想文化交流、交融、交锋日益频繁，社会思潮多元、多样、多变特征更加明显，大众思想活动的独立性、选择性、多样性、差异性明显增强的新时期，要把抽象的基本原理、专业知识和科学方法等写成生动有趣、实用通俗的科普读物，在介绍和阐释科学知识中融入人文教育、人文关怀，为公众喜闻乐见并非易事。这就更加需要各级社科联组织高度重视社会科学普及工作，坚持不懈地抓好社会科学普及读物的策划、创意、扶持工作，多动脑筋、多想办法，组织动员更多的社会科学工作者投身于社会科学普及读物的创作编写工作，多出成果、出好成果。

近年来，山东省社会科学界联合会在出版社会科学普及读物方面进行了不懈探索。在山东省委宣传部、山东省财政厅的支持下，创设了山东省社会科学普及读物出版资助资金，制定了《山东省社会科学普及读物出版资助管理办法》。出版资助项目坚持以邓小平理论、“三个代表”重要思想、科学发展观为指导，深入贯彻落实党的十八大、十八届三中四中全会精神和习近平总书记系列重要讲话精神，坚持为人民服务、为社会主义服务的方向，坚持贴近实际、贴近群众、贴近生活的原则，认真贯彻《山东省社会科学普及条例》，采取自主申报、公平竞争、专家评议、择优资助的办法，每年资助出版一批宣传中国特色社会主义理论体系的通俗读物，宣传、解读经济社会发展战略的通俗读物，传承、弘扬中华优秀传统文化的通俗读物，关注民生、解惑释疑的通俗读物以及弘扬科学精神、倡导科学方法的通俗读物。这项工作备受全省社科界的关注，激发了广大社科工作者的创作热情，许多优秀的社会科学普及读物不断涌现，深受干部群众的欢迎和好评。

社会科学普及读物只有深入浅出、生动活泼、通俗易懂，才能易于为大众理解和喜爱，进而自觉地学习并有所获益。紧扣主旋律，把握时代性，体现知识性，富有可读性；采取问答、图文解读、动漫、卡通等各种写作方式，编写图文并茂、通俗易懂、适合初中以上文化水平的公众阅读读物，是项目组织者和编写者的共同夙愿和努力方向。

序

2014年2月27日中共中央总书记、国家主席、中央军委主席、中央网络安全和信息化领导小组组长习近平主持召开中央网络安全和信息化领导小组第一次会议并发表重要讲话。他在讲话中指出，当今世界信息技术革命日新月异，对国际政治、经济、文化、社会、军事等领域的发展产生了深刻影响。信息化和经济全球化相互促进，互联网已经融入社会生活的方方面面，深刻改变了人们的生产和生活方式。

的确，对网络和基于网络的各种新媒体的应用已经成为当下人们的生活常态。新媒体对于我们大多数人而言已经不是一个新名词，它已经深入到我们工作、学习、生活的每个角落，成为我们离不开的媒体"空气"，我们的时代已经是新媒体时代。

新媒体让我们的生活越来越丰富便利。时事新闻、休闲娱乐、网络购物、手机支付、网上银行、沟通交流、求职交友、在线学习、辅助教育、手机阅读、寻医问药、出行资讯、创业平台等日常生活中的事情，我们都可以通过基于网络的新媒体来解决。

新媒体使我们的工作越来越轻松高效。网络查询、在线传输、即时沟通、联网作业、市场营销、信息发布、在线管理、网络调查等原本繁琐费时的工作，我们都可以通过快速及时的新媒体来完成。

新媒体让我们的社会越来越和谐文明。管理创新、信息公开、舆情监督、舆论引导、了解民情、倾听民意、服务民生、问计于民、辟谣反腐、加强沟通、传递正能量等"织博为民""微信问政"的新媒体应用，成为政府服务人民的新平台、新载体。

当然，新媒体时代的到来也产生了许多新的问题。垃圾信息、网络诈骗、网络谣言、手机诈骗、信息泄露、网络成瘾、手机依赖、噪音污染、社交危机、网络色情、微博骂战、微信陷阱、手机偷拍、网络曝光等一系列影响个人发展、破坏社会和谐的负面问题的产生，同样需要引起我们的警惕。运用新的方法与规则减少、解决这些问题，是当今时代我们面临的重要课题。

因此，在新媒体时代用好新媒体为我们的生活、工作、学习服务是每一个人都应具备的基本能力，用好新媒体来建设和谐文明的社会是每一个人的责任和义务。而所有这些新媒体时代的能力与素养、责任与义务、方式与方法，正是《新媒体时代的生存》一书所阐释的关键。

第一章 认识媒体真面目

媒体是对我们日常生活影响非常大的一种力量。我们会通过报纸媒体获取新闻，了解时事；我们会因为电视媒体播出的广告而去购买某产品，进行消费；我们会阅读各类书籍来获取知识，陶冶情操；我们会通过网络和好友聊天，传递信息；我们会去电影院观赏电影，休闲娱乐；我们会通过手机媒体进行网上购物，方便生活……各种媒体带给我们知识、娱乐、便利，但我们也会因为媒体报道的片面性而影响了自己的判断力，会因为媒体提供了海量的信息而使生活备受影响，会因为媒体的吸引力而沉溺其中。因此，对在生活中占据了重要地位的媒体，我们必须对其充分了解、熟悉，进而才能有效地利用它为我们的生活服务。

作为信息传递载体和信息传播机构的媒体，经历了一个较长的发展时期，从早期简单功能少的实物媒体时期，发展到目前功能强大的新媒体时期，不同媒体随着时间的推进不断产生变化，不同媒体的各种功能不断得到扩展，并且各种媒体之间不断进行融合，进入一个崭新的媒体时代。媒体的各种属性得以充分体现，以崭新的姿态在我们的生活中发挥着重要作用。

第一节　什么是媒体

21 世纪的社会是信息社会，也是传播社会和媒体社会，通信卫星、计算机等先进信息传递工具的投入使用，使我们通过报刊、广播、电视、网络、手机等渠道很容易就可以获得大量信息。媒体在信息的传播中发挥着越来越重要的作用，已经成为我们日常生活中不可缺少的另一类“阳光”“空气”与“水”。因此，作为一个媒体新时代的居民，认识媒体、了解媒体、使用媒体，应该成为生活的必须。

一、媒体的概念

媒，在我国古代指的是做媒，婚姻介绍的中介。现代人引用过来指信息表示和传播的载体。媒体一词来源于拉丁语“Medium”，音译为媒介，意为两者之间，是指人们用来传递信息与获取信息的工具、渠道、载体、中介物或技术手段。

我们通常所说的媒体（Media）一般有两种含义：一种是指信息传递的载体、中介和工具，如书本、磁盘、光盘、磁带、存储卡、云盘以及相关的播放设备如电视、网络、手机、平板电脑等；一种是指从事信息传播的机构，即媒体组织，负责信息的搜集、整理、制作、传播，如报社、电台、电视台、出版社、电影制片厂、网站等。

二、媒体的历史

媒体的发展经历了一个较长的过程，大致可以分为 4 个时期。

（一）早期的实物媒体与文字媒体

实物媒体即是通过实物记录和传播信息，应用时期为文字发明之前，比如我国古代的结绳记事与刻契符号记事。结绳时代大约在神农氏以前，而刻契符号的使用，大致在神农氏至黄帝时代。到了黄帝时代，经济文化生活的进步，使得结绳记事已无法适应更多、更快地记录和传递信息的需要，传说仓颉从“兽蹄鸟迹”之中，琢磨出一套方便适用的交流手段，从而发明了文字。文字的发明是人类社会进入文明时代的重要标志。

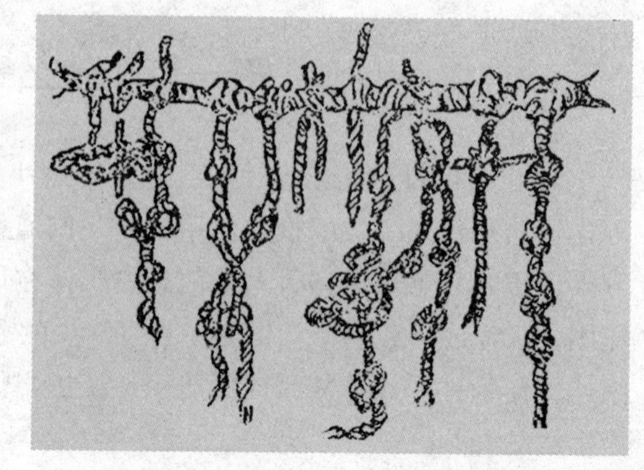

（二）近代的平面印刷媒体

从 15 世纪的印刷书籍开始，到 17 世纪的定期报纸、18 世纪的杂志，再到 19 世纪中期的大众媒体，如便士报、五分镍币杂志、一角钱小说等，都属于近代平面印刷媒体。

（三）电子媒体

电子媒体包括电视、广播、电动广告牌、电话等，是以一定的电子手段，通过先进的电子信息技术来进行信息传递的媒体。电子媒体产品不再是有形的客观物质，而是无形的存在于网络之上的数据。电子媒体包括了 19 世纪的照相技术、无线电技术、电话技术，19 世纪 80 年代的电影，19 世界末的唱片，20 世纪初的广播，20 世纪中期的电视等。

（四）新媒体

新媒体时期的到来开启了媒体发展的新纪元。20 世纪后期的数字卫星、数字有线电视、网络媒体、移动媒体等各种新媒体以其崭新的媒体形态呈现在我们面前，以视、听、触、嗅、动等多方位体验，带给我们海量、迅捷、互动的信息传播享受。

三、媒体的属性

媒体承担着多种责任，具有多种属性。

（一）社会属性

媒体通过各种形式，如文字、图像、视频、声音等的传播，在组织社会关系、传达社会文化意义、传输社会道德等方面起着重要的作用，承担着重要的社会责任，因此媒体具有的重要属性之一即是其社会属性。

（二）经济属性

我们无论是从报纸、杂志还是从电视、网络获取信息，其实都是需要支付一定费用的，说明媒体传播的信息实际上是一种商品，因此媒体本身是具有经济属性的，具体表现在信息作为产业生产信息产品、进行市场化运作、自主经营等方面。

（三）政治属性

任何国家的媒体传播，都必须为统治阶级的利益提供服务和保证，使政治具有丰富的内容和明确的方向性。我们国家的各种传播媒体就是党和政府的喉舌，是宣传工具。

（四）文化属性

信息这种商品，与满足我们生理需求的一般物质产品不同，它主要是满足人们精神层面的消费，满足人们对社会文化的了解和认知需求，所以说媒体传递的信息也具有鲜明的文化属性。

（五）技术属性

媒体发展离不开技术的发展，可以说媒体的各种传播都是建立在技术不断发展基础上的。比如，如果没有数字化技术、网络技术、无线网络技术等的发展，就不会有网络新媒体的大发展，因此媒体又具有明显的技术属性。

四、与媒体有关的常用术语

（一）什么是传播

传播是指社会信息的传递或社会信息系统的运行。信息是传播的内容，传播的根本目的是传递信息，是人与人之间、人与社会之间，通过有意义的符号（如文字、声音、图像等）进行信息传递、接收、反馈活动的总称。报纸的发行是一种传播，电视节目的播放是一种传播，发微博、微信也是一种传播，传播在我们的生活中无处不在。

（二）什么是传播者与受传者

所谓传播者，是指传播行为的引发者，即以发出信息的方式主动作用于他人的人、群体或组织。受传者，即我们经常说的受众，是指信息的接受者和反应者，是传播者的作用对象。比如，你在自己的微博上发布信息时你就是传播者，而观看你这条微博的人就是受传者；在电视节目的传播中，电视媒体工作者是传播者，观众就是受众。在现在的微博、微信等新媒体形式中，传播者和受传者之间的界限已经模糊，有时甚至合为一体，既是传播者又是受传者。

（三）什么是大众传播

报社在发行一份报纸时，很多人都会买来看，报纸上的信息是传播给社会大众的；电视台制作好电视节目进行播出时，是面向社会大众进行播出的……诸如此类的传播我们就可以理解为大众传播。大众传播是一种信息传播方式，是特定的社会集团利用报纸、杂志、书籍、广播、电影、电视、网络等大众媒体向社会大多数成员传送消息、知识的过程。

第二节 媒体是怎样划分的

在日常生活中接触和使用各种媒体时，我们经常会接触到一些关于媒体的不同说法，比如我们会说报纸是平面媒体，是第一媒体，又是感觉媒体，这其实是按照不同的划分方法来说的。

一、按出现先后顺序划分的媒体

（一）第一媒体：报纸

报纸是以刊载新闻和新闻评论为主的出版物。通常人们将1470年德国科隆出版的一份新闻小册子称为世界上最早的报纸。新媒体时代，传统纸质报纸与其他媒体形式不断融合，出现了一些崭新的形式，如网络报、电子报、卫星报、手机报等。其中的卫星报纸就是通过卫星系统，将各国的报纸原版信息收集并发送至终端设备上，使分布于世界各地的读者能通过当地终端，即时打印出想要阅读的当天报纸，实现报纸媒体的全球当天发行、即时阅读。

（二）第二媒体：广播

1920年4月，西屋电气公司的工程师康拉德开始试验通过电台播放自制的节目。10月27日，负责颁发电台执照的美国商业部分配给西屋公司一个商业性电台的呼号——KDKA。11月2日，KDKA电台利用美国大选的时机开始定期广播，成为历史记载的美国第一家正规广播电台。因此1920年11月2日被认为世界广播事业的诞生日。

广播媒体信息传播方便灵活、迅速及时、声情并茂、感染力强、功能多样、受众广泛、覆盖面大、互动性强，可谓“小小广播大世界”。新媒体时代广播借力其他媒体的有利态势，通过跨区域、跨媒体合作，实现媒体间联动，形成了立体化、散发性的现代广播形态。如通过网络开办电台网站进行网络广播；用手机、MP4、汽车收听工具等移动终端可以随时随地收听“移动广播”；与数字电视相结合的可视收音机让传统广播成为可听、可视、可查看的现代“可

视”广播，同时具备了“顺风耳”和“千里眼”的功能。

（三）第三媒体：电视

人们通常把 1925 年 10 月 2 日苏格兰人约翰·洛吉·贝尔德在伦敦的一次实验中“扫描”出木偶的图像看做是电视诞生的标志，他被称作“电视之父”。目前全球电视频道有 5 万多个，仅 24 小时新闻电视频道全世界就有 150 家左右。具有全球播出规模的世界新闻电视频道，目前主要有 BBC World、CNN、NHK World、 半 岛、Russia Today、France 24、韩国 KBS 等。

贝尔德（右）和他制作的电视摄像机

电视媒体传播视听合一、形象生动、直观易懂、现场感强、传播迅速、互动性强、影响面大，是一种大众化的传播媒体。新时代新样貌，传统的电视媒体摇身一变成为“电视新媒体”，节目内容日益丰富，获取方式便捷，收视终端不断拓展，于是颇受大家欢迎的数字电视、网络电视、手机电视、移动电视、户外电视等电视媒体新形式出现在我们的生活中，将我们带入一个崭新的电视新媒体世界。

（四）第四媒体：互联网

互联网是全球最大的、开放的、由众多网络互联而成、主要采用 TCP / IP 协议的计算机网络以及这个网络所包含的巨大国际性信息资源。网络媒体是借助互联网平台发布新闻和进行新闻等信息服务的传播媒体。如今网络媒体已经遍布全球，用户将近 50 亿，并且不断朝无线网络的方向发展。

1969 年，世界上第一个计算机网络阿帕网正式面世。1974 年，计算机网络互联的核心技术网际协议（IP）和传输控制协议（TCP）诞生，这使全球电脑联为一体成为可能。1991 年，时任美国国会参议员的戈尔提出建立“信息高速公路”的设想。1993 年，美国总统克林顿宣布正式实施“国家信息基础设施行动计划”，这一计划的开展使互联网受到全世界的热切关注。从 1994 年开始，互联网开始由科研教育服务为主向商业性计算机网络转变，一批以提供搜索引擎为主要服务内容的公司如 Yahoo 等应运而生。1994 年 11 月，美

国网景公司推出互联网浏览器 Netscape Navigator1.0，极大地方便了人们在网上的搜索和浏览，激起了用户上网热潮。美国国家科学基金会于 1995 年宣布不再向互联网提供资金，互联网完全走上商业化道路。1996 年以后，由于各国对网络基础设施建设投入的加大，互联网在全球迅猛发展。经过 40 多年的发展，互联网已成为连通世界上几乎所有国家的网际网。中国于 1994 年 4 月 20 日正式接入国际互联网络（Internet），1995 年 5 月向社会开放网络接入和提供全面服务。

网络媒体具有多种传播优势：传播范围广，全球性；保留时间长，全天候加常年；信息数据庞大，全面性；开放性强，全方位；操作方便简单，“傻瓜”化；互动性强，全动态；强烈的感官性，全接触。

（五）第五媒体：移动网络媒体

到底什么是“第五媒体”，目前有很大争议。一种说法认为，“第五媒体”是新媒体，是在新技术支撑体系下出现的媒体形态，如数字杂志、数字报纸、数字广播、博客微博、移动电视、手机微信等。另一种说法则认为，“第五媒体”就是手机媒体，即以手机为视听终端、手机上网为平台的个性化即时信息传播载体。随着信息传播和接收终端的不断发展变化，综合目前最主要的两种说法，我们将移动网络媒体称为“第五媒体”。简言之，“第五媒体”就是通过手机、上网本等移动终端载体和无线网络，实现各种文字、音频、视频等媒体内容的传播和个性化服务的载体。

“第五媒体”具有移动性、实时性、交互性和便携性等特点，个体与个体之间随时可以进行交流和互动，这是其他媒体形式都不具备的优势。

（1）“第五媒体”携带方便，在网络条件具备的情况下可以不受时间、地点和环境的制约，在公交车、地铁、火车上，在

等车、等电梯时，在上厕所、午休时，都可以利用移动网络媒体进行信息传播和接收。

（2）信息传播和更新速度更快，几乎可做到与新闻事件同步，传播内容更加丰富多彩。

（3）“第五媒体”的出现使信息接收方和传播方处于平等地位，双方可以在一个平等的平台上进行交流和对话，使信息传播逐渐走向平民化和大众化。

（4）覆盖面广。就拿移动网络媒体中的典型代表智能手机来讲，虽然发展历史不长，但用户数量却非常大，截至 2014 年 12 月，全球智能手机已接近 13 亿部，中国市场已达 3.6 亿部。

总之，以移动终端为特点的移动网络媒体，是传播文本、视听、娱乐等多媒体信息的互动性传播工具，它比电脑更普及，比报纸更互动，比电视更便携，比广播更丰富，集四大媒体的优势于一身，带来了视听方式和传播模式的革命。

二、按形式划分的媒体

（一）平面媒体

报纸、杂志等传统媒体通过单一的视觉和维度传递信息，我们将这种类型的媒体称为平面媒体。平面媒体是世界上历史最古老的媒体之一，主要包括报纸、杂志、海报等。

（二）电波媒体

通常情况下，电波媒体可以理解成电视、广播媒体的总称，是以电波形式传播声音或图像的媒体形式。电波媒体和印刷媒体截然不同，它更关注视觉与动作、图像与声音的结合。

（三）网络媒体

网络媒体，就是以网络为载体，通过文本、音频、视频等形式来进行公共或商业行为的一种平行于传统媒体的信息交流形式。门户网站、博客、播客、网络社区、微博、微信等都属于其具体应用。

三、国际常用媒体划分法

国际电话电报咨询委员会 CCITT（International Telegraph and Telephone Consultative Committee）是国际电信联盟 ITU 的一个分会，它把媒体分成五大类，

是国际上常用的五大媒体划分法。

（一）感觉媒体

感觉媒体是指能够直接作用于人的感觉器官，从而使人产生直接感觉（视、听、嗅、味、触觉）的媒体，如引起听觉反应的声音，引起视觉反应的图像。数据、文字、语言、音乐、图像、图形、动画、文本等都属于感觉媒体。

（二）表示媒体

表示媒体就是信息的表示方法。信息本身是无形的，要使信息被人理解和接受，必须将信息通过一定的方法表示出来，例如语言文字就是一种表示媒体。我们借助于表示媒体，能有效地存储感觉媒体或将感觉媒体从一个地方传送到另一个地方。电报码、条形码、图像编码、文本编码、声音编码等都是表示媒体。

（三）表现媒体

表现媒体又称为显示媒体，指进行信息输入和输出的媒体。如键盘、鼠标、扫描仪、话筒、摄像机、照相机等为输入媒体，显示器、打印机、扩音器等为输出媒体。

（四）存储媒体

指用于存储表示媒体的物理介质，如纸张、磁带、硬盘、软盘、磁盘、光盘、优盘、存储卡等。

（五）传输媒体

传输媒体是用于传输某种媒体的物理介质，如电缆、无线电波、微波、光纤等。

第三节　媒体的功能与责任

通过各种媒体，我们可以了解国内外时事，可以知道身边发生的琐事，可以获取知识和娱乐；通过媒体，我们可以变得更为放松，变得更为博学；各种媒体一直都在潜移默化地影响和改变着我们。但是，各种媒体对我们的影响和改变实际上是分两方面的，即积极影响和消极影响，这是因为各种媒体本身就具有正面功能和负面功能。

一、媒体的正面功能

媒体的正面功能是指媒体有益于社会的积极作用。

（一）监测社会环境

媒体在监测社会环境时，就像一名原始部落的哨兵，他需要警觉地注视四周的风吹草动，并及时通报一切危险情况。著名传播学家施拉姆把媒体的监测环境功能形象地称为“社会雷达”，有人也把媒体称为人的“第三只眼睛”。

自然和社会都在不断地变化和发展中，我们必须了解并适应这些变化和发展，才能使自身适应并生存下去。媒体通过传播各种信息，能够准确、客观地反映现实社会的真实情景，再现周围世界的原貌及重要发展。任何传播行为都包含来自客观事物的信息，因而也就或多或少地起着影响环境的作用。这样一来，媒体对社会的发展就起到了“瞭望哨”的作用。美国政治学家、传播学四大奠基人之一的哈罗德·拉斯韦尔（Harold Dwight Lasswell，1902 ~ 1978）认为：“社会犹如一个生物有机体，必须时刻影响周围的环境以确保生存的需要。”[①] 英国当代作家丽贝卡·韦斯特夫人也曾经说过：“社会需要新闻，正如人们需要眼睛，因为社会也得随时看清自己的去向。”这些话实际上都说明了媒体具有能够帮助我们认识、判断社会发展变化的作用。

哈罗德·拉斯韦尔

（二）协调社会关系

我们通常把媒体称作“桥梁”“纽带”，其实就是指媒体具有联系社会、协调关系的功能。

人类社会是一个建立在不同分工基础上的有机体，各组成部分之间的协调发展是保证整个社会和谐、稳定的基础。而媒体就参与了这种协调：人们通过媒体获取各种信息，并根据这些信息来调节自我，适应周围环境；各种社会力量借助媒体来树立权威和形象，或做出某种决定；公众借助媒体表达自己的心声，影响社会公共政策的制定和执行。所以，媒体具有联络、沟通、协调社会各组成部分的功能。

---

① ［美］拉斯韦尔：《社会传播与机构》，何道宽译，中国传媒大学出版社 1948 年版。

（三）提供娱乐

轻松活泼的杂志漫画、丰富多彩的电视节目、紧张刺激的网络游戏、短小精悍的手机电影，各种媒体为我们提供了丰富多彩的娱乐形式与内容，为我们带来了乐趣，让我们的身心得以放松。尤其是在现代社会中，各方面的激烈竞争加大了我们的精神压力，疏远了人与人之间的关系，媒体通过提供包含娱乐性的各种内容，在一定程度上能够让人们娱乐身心。

（四）教育大众

同家庭和学校教育一样，媒体也具有教育功能。通常媒体传播的内容会具有教育意义或教育目的，既可以通过传播知识性信息来实现，也可以通过传播文艺娱乐信息达到寓教于乐的教育目的。当然媒体还可以直接传授专门知识，如报刊图书中的知识性内容，广播电视中的教育节目，网络中的在线学习网站等。

（五）传承文化

媒体在社会文化传承中起着巨大作用，社会的各种精神遗产，如科学知识、文学艺术、价值观念等都可以通过媒体的信息传播得到继承和发扬。由中央电视台和故宫博物院联合制作的12集大型纪录片《故宫》，从故宫的建筑艺术、使用、馆藏文物，以及从皇宫到博物院的历史等四个方面，全面展示了故宫辉煌瑰丽、神秘沧桑的宫廷建筑和馆藏文物，讲述了宫闱内真实鲜活的人物命运、不为人知的历史事件和宫廷生活。跌宕的历史故事、精致的画面使很多观众在欣赏的同时不自觉地接收着其独有的文化传承。

二、媒体的负面功能

我们放下经典的书籍，打开了有声有色的电视，电视里充斥着搞笑与戏说；我们走出高雅的音乐会，戴上了播着流行歌曲的耳机，里面正吟唱着快餐式与买卖式的爱情；我们丢弃了价格不菲的艺术展门票，点击免费网站上的图片下载，穿着暴露的美女、原配和小三撕扯在一起、明星的隐私……媒体传播的这些内容，又会给我们带来什么样的影响呢？

媒体跟其他事物一样具有两面性，既可以为善也可以为恶，并且如果不对媒体的传播加以适当控制的话，它为恶的可能性会更大。我们回忆一下纳粹德国时期的媒体和我国“四人帮”曾把持下的媒体，对媒体为恶的方面就可窥见一斑。

媒体的负面功能与消极影响主要体现在以下几个方面：

（一）削弱公众的辨别力和对社会的批判精神

媒体对事件、事物、观点、价值等持续不懈地宣传，会使人丧失辨别力，从而不假思索地顺从现状，无条件放弃自己的个性和独立思考的能力，失去思辨力。

为了吸引受众眼球、追求广告收益，一些媒体过度渲染一些不健康的人生观、价值观，比如现在网络上的一夜走红、一夜成名、一夜暴富，电视节目中“宁愿坐在宝马车里哭，不要坐在自行车上笑”的价值观念，漫画书籍中的暴力、色情、恶搞等。久而久之，这些本来不健康的价值观影响了很多人，导致不少人在审丑过程中出现人生观、价值观的扭曲异化，也在很大程度上助长了他们热衷寻找捷径、试图通过投机取巧实现不劳而获的负面心理，尤其是对价值观、人生观尚不成熟，还处于塑造期的青少年更是影响极大。

（二）降低大众的审美鉴赏力和文化水平

我们必须得承认，在媒体传播中存在大量庸俗化、媚俗化和低俗化的内容，这些一味追求经济效益、迎合部分受众猎奇心理和低级口味、单纯注重娱乐性的信息传播，在无形中降低了大众的审美鉴赏力和文化水平。于是网络里出现的“小月月”、凤姐、芙蓉姐姐以及兽兽等引来了众多人的跟风和追捧，成为网络红人；卡通动漫越来越受欢迎，而世界名画却被冷落在美术馆中；男女嘉宾相互抨击、对骂，主持人插科打诨，故弄玄虚的相亲节目等收视率竟然居高不下；网络游戏中的人物衣着暴露，以色情和暴力为卖点……这些不禁让人怀疑，难道媒体和大众都开始“以丑为美”了吗？

（三）占用、剥夺人们的自由闲暇时间

有人说媒体就像盗窃时间的“扒手”，也有人称媒体为“时间窃贼”，形象地揭示了媒体对人们自由闲暇时间的占用和剥夺。媒体的娱乐功能占用了大家太多时间，让我们甚至不惜耽误本职工作，观看影视剧、阅读各种新闻信息、玩网络游戏、聊天刷微信，甚至漫无目的地在网络上闲逛……这些取代了我们本该用来工作、学习、旅游、交流、锻炼的时间。我们不断被媒体吸引并向它靠拢，心甘情愿地被束缚：网

络上的农场偷菜游戏曾经残害了多少人的健康，网络游戏让多少人欲罢不能，长篇大论的美剧、韩剧让多少人沉溺其中，网络购物又耗费掉了人们多少时间。时间一点点浪费在媒体上，但我们又收获到了什么？这个问题确实值得我们深思。

（四）麻醉人的精神

媒体的麻醉功能同酒精的麻醉作用很相像：喝醉酒的人会沉浸在虚幻的满足中，觉得自己无所不能，可实际上连走路的力气和控制力都没有了。

著名传播学家拉扎斯菲尔德认为，媒体的麻醉作用表现在两方面：一是沉浸在虚幻的满足之中，二是由此剥夺了人们的行动能力。这里有一个典型的例子：有一年，在央视举行的体育知识竞赛中，获得前十名的选手中，竟无一人是亲身投入体育运动的，全是君子动口不动手，纸上谈兵而已。其实这些人都是被媒体深深麻醉的人——他们一方面认为自己对体育非常热心，十分了解，因而感到志得意满；另一方面，虚幻的满足使他们完全丧失了亲身参与体育运动的热心与能力。

拉扎斯菲尔德

媒体在传播信息的过程中，提供了很多轻松的、不费脑力的内容，人们如果花很多时间在媒体接触上，就会渐渐沉湎于麻木之中或休眠状态，满足于这些表层信息和通俗娱乐，满足于这种间接了解的方式，把积极参与事件变为消极旁观，满足于这种“被动式的知识积累”。同时由于信息的大量涌入而造成的信息过量，会使人们对信息产生一种冷漠态度。在这样的过程中，人们会不知不觉地丧失社会行动能力和自我主动性，精神被麻醉，变成被媒体牵着鼻子走的木偶。

（五）疏远人际关系

现在我们身边经常有类似这样的事情发生：初中生小陈的奶奶周末过生日，爸爸要带小陈去给奶奶庆祝生日，小陈不去，嫌太没意思，约了同学在家里打网络游戏。爸爸百般无奈，只好自己走了，不多会儿却发现儿子在手机微信的朋友圈里发了个状态：“今天是奶奶的生日，我好爱您，祝亲爱的奶奶生日快乐！”看着这条状态，爸爸伤心不已。

“比邻若天涯”，媒体方便快捷、海量的信息传播，形成了“秀才不出门，全知天下事”的局面，使人际关系越来越冷漠。人人都呆在家里，伴着网络和电视，捧着手机刷微博、玩游戏，出门也是手机不离手，大家都生活在自己画的媒体圈子里，成为媒体的奴隶和附庸。

（六）导致文化渗透和文化侵略

要征服一个民族，就要征服它的文化；要征服它的文化，就要征服它的人；而要征服它的人，最有效的就是征服它的儿童。从小改变孩子们的价值观，淡化他们的民族认同感，从而使他们屈服于外族的文化，最终让他们抛弃自己的民族，这即是文化侵略。利用媒体进行文化侵略，是一种最为潜移默化又非常有效的方法。

我们以“韩流”作为例子。近些年来，“韩流”在中国已经到了泛滥成灾的地步，韩剧已经不仅仅是娱乐，而是在潜移默化地输出价值观念，进行文化渗透。在中国的学校，有很多学生“哈韩”，“媚韩”已经到了不容忽视的程度。在“韩流”的引导下，孩子们看韩剧，买韩国手机、服装，喜欢韩国食物、电器、汽车、漫画和网络游戏……其实，看看遍布中国大街小巷的韩式烧烤和韩版服饰，就让人触目惊心了。韩剧对中国已经形成了一定程度上的文化侵略，而媒体是最大帮凶。

（七）毒害人的心灵

媒体的镜头和笔墨似乎特别喜欢聚焦那些惨烈的场面，诸如“坠楼死亡”“横尸路边”“七窍出血”“脑浆四溅”等血腥词汇经常充斥于报道版面和网页头条。炒作明星绯闻、迎合猎奇心理、注重感官刺激、渲染色情暴力等低俗之风在报刊、图书、电视、网络中非常普遍。就拿很多青少年非常喜欢的《反恐精英》《魔兽争霸》《奇迹》《古墓丽影》《无双》等网络游戏来说，这些游戏都表现了射击或格斗等充满暴力、破坏、攻击性的内容，青少年长期沉溺其中，会引发逃学、校园暴力、青少年犯罪等一系列社会问题。媒体的这种低俗之风，对整个社会的健康发展产生了不利影响，已成为一种社会“公害”。

第四节　媒体的发展与变化

随着技术的不断进步，媒体也在不断地发展变化。

各种媒体形式在自身不断变化的同时相互融合，衍生出许多新的媒体形态。以电视媒体的融合发展为例，如果我们想观看某个电视节目，可以通过家里的数字有线电视直接播放观看，可以利用网络通过网络电视来观看，还可以通过手机下载客户端来观看，并且我们观看的都是高清的数字电视节目。报纸、电视、广播等传统媒体，与互联网、手机、手持智能终端等新兴媒体传播通道有效结合起来，资源共享，集中处理，衍生出不同形式的信息产品，然后通过不同的平台传播给受众，让我们不断有新的媒体体验。在阅读、观看传统媒体传递的信息的同时，我们还可以利用微博、微信、论坛、网络社区等各种新媒体形式发布信息，尽享媒体大发展带给我们的信息传播享受。

2010 年 1 月 13 日，温家宝主持召开国务院常务会议，决定加快推进电信网、广播电视网和互联网三网融合，目的是为了实现网络资源的共享，形成适应性广、容易维护、费用低的高速宽带多媒体基础平台。三网融合后，民众可用电视遥控器打电话，在手机上看电视剧，随需选择网络和终端，普通用户通过一个网络即可完成通信、电视、上网等，三网融合将极大丰富人们的现代生活，同时也意味着数字新媒体生活进入寻常百姓家。

一、经久不衰的传统媒体

读书、看报、听广播、看电视，这是我们通过传统媒体来获取信息，了解世界的。传统媒体是以传统的大众传播方式，即通过平面媒体或某种机械装置定期向社会公众发布信息或提供教育娱乐等交流活动的媒体，主要包括报刊、广播、电视等媒体形式。在新媒体出现之后，很多人就曾经预言说传统媒体必死无疑，但是经过了十几年的发展之后，传统媒体在竞争中不断蜕变，与新媒体不断融合，依然占据着媒体市场中的一席之地。

二、后来居上的新媒体

现在我们通过网络，用电脑或手机看新闻、看电视、查资料、在线学习、聊天、购物、发博客、发微博、发微信，享受的是新媒体带给我们的新生活。新媒体是继报刊、广播、电视等传统媒体以后发展起来的新的媒体形态，是利用数字技术、网络技术和移动技术，通过互联网、无线通信网、有线网络等渠道以及电脑、手机、数字电视机等终端，向用户提供信息和娱乐的传播形态和媒体形态，具体的表现形式如数字杂志、数字报纸、数字广播、手机短信、移动电视、网络、桌面视窗、数字电视、数字电影、触摸媒体等。新媒体一发展起来，就以势不可挡的劲头，将我们带入了崭新的新媒体时代。

三、人人都是主播的自媒体

以前或许我们会羡慕别人是信息的传播者，而我们只是一个普通的受众。现在我们的身份开始发生变化了，自媒体的产生让我们每个人都开始具有双重身份，即我们每个人既是传播者又是受众者，自媒体让人人都成为主播。自媒体是什么？为什么具有如此大的魅力呢？

简言之，自媒体（We Media）就是每一个普通公民用以发布自己亲眼所见、亲耳所闻事件的载体，如博客、微博、微信、论坛等网络社区。自媒体的存在让我们每个人都具有了媒体功能，使我们具有了过去媒体才有的权力，因此自媒体也被称为“公民媒体”。由大学生群体制作、反映大学生宿舍生活的“宅闻联播”在网络上红极一时，就是自媒体时代普通公民媒体权力“扩张”的典型例子。

四、全渠道、全时空的全媒体

随着不同媒体内容、渠道、功能的不断融合，全媒体的概念就产生了。我们可以把“全媒体”理解为：综合运用各种表现形式，如文、图、声、光、电，来全方位、立体地展示传播内容，同时通过出版、网络、电信、卫星通信等传播手段来传输的一种新的传播形态。比如出版行业的“全媒体出版”就是同一个内容同时发布在纸质媒体、互联网、手机和手持阅读器等媒体上，尽可能地覆盖所有读者，使读者获得更及时、更多角度、更多听觉和视觉的满足。比如《贫民窟的百万富翁》《我的兄弟叫顺溜》等图书都采用了全媒体方式出版。

五、持久狂热的社交媒体

社交媒体（Social Media），自然是可以进行各种社会交往的媒体。在微博、微信上分享图片、视频、声音和文字，与朋友和粉丝互动，让你的思想、观点、心情、感觉通过大家来传播并且获得共鸣，实际上就是我们每个普通个体使用社交媒体的直接体验。当然了，利用社交媒体还可以实现产品推广营销、公益救助、曝光揭露、购物团购、聊天交友、消费点评、电子商务等各种功能。耐克运动鞋的销售、小米手机新产品的推出、澳大利亚昆士兰州旅游胜地形象的建立，甚至奥巴马的总统选举，都与社交媒体有着不可分割的联系。

社交媒体是一种社会新媒体，是指允许人们撰写、分享、评价、讨论、相互沟通的网站和技术，主要包括职业社交网站、企业社交网站以及博客、论坛、播客、微博、微信等，它是人们分享新信息、新思想，并建立关系的在线交流。社交媒体与传统媒体相比较，体现出明显的特点，如每个人都可以创建、添加、传播信息，传播信息的形式为文本、图片、视频、声音等。更为重要的是社交媒体是一种可以互动的媒体。国外社交媒体有著名的推特（Twitter）、脸谱网（Facebook）、Pinterest、YouTube 等，中国的社交媒体有开心网、人人网、猫扑论坛、天涯论坛、西祠胡同论坛、新浪博客、手机微信、美团、大众点评、搜狐微博、腾讯微博微信等。社交媒体在新媒体时代的大事、小事、天下事中都充当了重要角色，成为当今社会的一大热点。

第二章 走进媒体新天地

2005年10月11日通过的《国家“十一五”时期文化发展规划纲要》首次从国家战略高度对视听新媒体发展做出重大部署，明确提出：“发展新兴传播媒体。充分发挥国家主流媒体在信息、人才等方面的资源优势，发展手机网站、手机报刊、IP电视、移动数字电视、网络广播、网络电视等新兴传播载体，丰富内容，创立品牌，不断提高市场占有率。”①

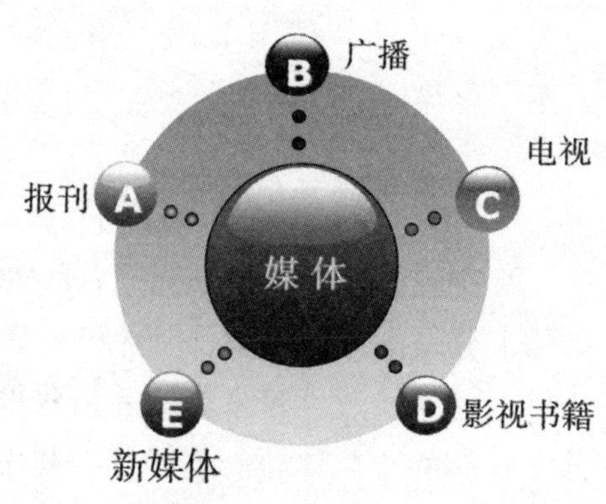

第一节　什么是新媒体

新媒体的概念是相对而言的，相对于报刊、户外、广播和电视四大传统意义上的媒体，在新的技术支撑体系下出现的媒体形态就是新媒体，如网络、数字杂志、数字报纸、数字广播、移动电视、桌面视窗、数字电视、数字电影、触摸媒体、电梯语音广告等。

① 国家“十一五”时期文化发展规划纲要（全文），人民网。http://culture.people.com.cn/GB/22226/71018/4814170.html

一、新媒体的概念

新媒体（New Media）的概念在1967年由美国人戈尔德马克首次提出，是指利用数字技术、网络技术，通过互联网、无线通信网、卫星等渠道，以及电脑、手机、数字电视机等终端，向用户提供信息和娱乐服务的传播形态。其实，从严格意义上来讲，新媒体应该称为“数字化新媒体”。

到目前为止，新媒体还没有一个标准化的定义或者概念，存在着多种有趣的说法。比如，相对论观点认为，新媒体是一个相对的概念，比传统媒体新的就是新媒体，并且新媒体往往具有多种媒体的特征与特长。数字论的观点认为，凡是基于数字技术，在传媒领域运用而产生的媒体形态就是新媒体。互联论的观点认为，新媒体是在互联网基础上实现的多对多或点对点的传播，具有与用户互动等交互功能的媒体形式。媒体定义回归论的观点认为，因为媒体应该是泛指从事大众传播的机构，所以新媒体应该定义为新的大众传播机构。规模论认为，当新的传播形态达到大众传播的规模时，即是新媒体。多维论与一言难尽论认为，新媒体定义有广义上的、狭义上的，应该多角度、多层面综合定义……目前很难给新媒体下确切的定义，需要进行系统研究。

总体来说，每种观点都从不同领域、不同视角对新媒体进行了诠释，都有其合理与可取之处，我们可以综合在一起来理解新媒体的概念。

二、新媒体的种类

新媒体的种类很多，主要有门户网站、电子邮箱、搜索引擎、虚拟社区、

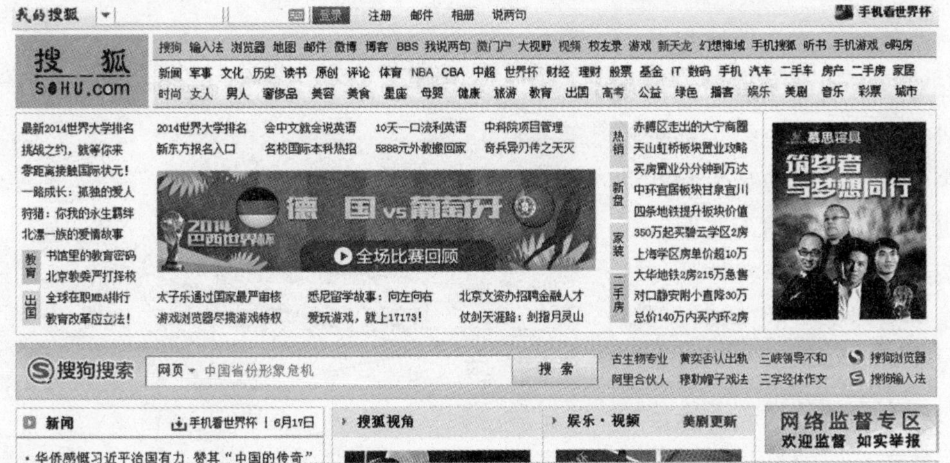

网络游戏、博客、播客、维客、微博、手机微信、手机电视、网络电视、数字电视、手机报、网络杂志、网络报纸、户外新媒体等。这些新媒体中，有的属于新的媒体形态，有的属于新的媒体软件，有的属于新的媒体硬件，有的属于新的媒体服务方式。当然，在这些新媒体中，对我们日常生活影响最大的当属网络新媒体和手机新媒体。

网络新媒体是当之无愧的新时代媒体，在当今的信息化社会中占有重要的地位。基于互联网的网络媒体集三大传统媒体的诸多优势于一体，是跨媒体的数字化媒体。网络媒体信息传播除具有三大传统媒体信息传播的“共性”特点之外，还具有鲜明的“个性化”特点，如信息量大、即时性强、互动性强、全球化、多媒体等。手机新媒体集电视、广播、报纸、互联网这四类媒体的功能与属性于一身，同时还具有其他媒体所不具备的小巧灵活、随时随地等独一无二的特性，因此成为影响力巨大的新媒体。

三、新媒体的特性

相对于旧媒体，新媒体之所以“新”，自然有它的特点。

（一）消解力量

新媒体的第一个特点是它的消解力量，即新媒体消解了传统媒体（电视、广播、报纸、通信）之间的边界，消解了国家之间、社群之间、产业之间的边界，消解了信息发送者与接收者之间的边界，让原本相对孤立的个体之间变得越来越交融。新媒体以它的开放、纵情、无处不在和英勇表达，改变了传媒秩序，改变了我们的生活方式。

（二）新传播状态

传统媒体的传播都是一点对多点的单向传播，受众对信息的选择、编排影响较小，观众之间的交流和互动也多限于熟悉的人之间，影响力有限。而新媒体的传播是多点对多点的传播，即新媒体进行传播时，是所有人对所有人的传播，不像传统媒体那样对信息是垄断性质

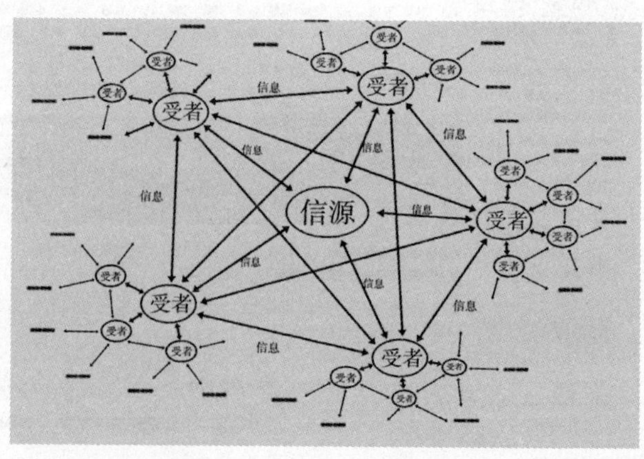

的。受众可以根据媒介形态的不同，选择自己所喜爱的信息内容，拥有了更大的自主权，并能通过便捷的双向互动和交流，直接影响信息的选择和编排。新媒体为观众带来了多种收视选择和多元化的信息服务，具有交互性的特点，人们使用新媒体的目的性与选择的主动性增强。

（三）符合人们休闲娱乐时间碎片化的需求

由于工作与生活节奏的加快，人们的休闲时间呈现出碎片化倾向，新媒体正是适合了这种需求而产生的。利用新媒体，人们可以在工作间隙，等车、等电梯的时间，甚至上厕所的几分钟来浏览新闻、欣赏影视节目、获取信息、更新博客、发微博心情等。

（四）跨时空

以电视新媒体为例，网络电视为传统电视频道和新兴电视业务开辟了通达观众的新途径；当数字电视和网络电视技术应用到手机电视、车载移动电视和楼宇电视等新型媒体形态中后，观众的收视行为再也不用局限在室内。新媒体打破了电视收视的空间限制，帮助媒体和广告商锁定传统电视难以把握的年轻人和高收入群体。

（五）信息传播“小众化”

网络电视、手机电视和移动电视等新媒体之所以能叫板传统电视，就在于它们拥有一张王牌——“个性化、分众化”的媒体消费。网络电视利用网络强大的双向交互功能和丰富的网络资源，让使用者能够完全按照自己的意愿制定个性化节目单；手机电视借助完全私人化的终端，将自己塑造为最具个性特征的信息渠道；移动电视和楼宇电视则依赖密闭的强制性收视空间，强调自己对移动人群和白领群体的准确到达。在几类新媒体的共同作用下，观众群体开始进一步分流流向不同媒体，选择在不同的时间和地点收看电视。新媒体的使用与内容选择更具个性化，导致市场细分更加充分，具有了“小众化”特点。

（六）信息发布接收费用低

新媒体近乎零费用的信息发布和接收方式，也是新媒体优越于传统媒体的重要原因之一。比如，我们发微博、更新博客、浏览手机新闻等，只需要缴纳上网费用而不需要为发布信息缴费。

第二节　新媒体的传播特征

一、全时传播

新媒体时代，信息传播无时限。

信息传播的时效性有四个发展阶段：定时、即时、实时、全时。全时传播指的是信息随时可以进行发布。新媒体具有强大的全时发布功能，瞬间、随时、无时无刻，没有任何时间与空间限制的发布是互联网和移动模式的最大特点。比如，我们用手机发微信，在任何时间点都可以进行，并且瞬间完成上传，即时显现。传播的各种信息都具有共享性，使受众在随时发布信息的同时也可以便捷地获得世界各地的讯息，既可以共享别人发布的信息，也可以将自己的信息与别人共享，正是在这种海量信息与共享信息中，我们在新媒体时代真正做到了“秀才不出门，便知天下事”。

二、全域传播

新媒体时代，信息传播无边界。

新媒体突破地域，没有疆界，而且跨国传播成本低廉。无论从传播者还是受众的角度看，信息在网络上跨国传播与本地传播的成本与速度都是相同的。换言之，新媒体的传播距离、范围与成本无关，这一点与传统媒体截然不同。纸质媒体和广播电视虽然在理论上也能进行全球传播，但是其传播的成本与传播的距离成正比，比如平面媒体需要运输，电波媒体需要落地。新媒体完全打破了传统的或者说物理上的空间概念，网络信息传播实现了无阻碍化。世界变成了“地球村”，真实的地理距离不存在了，国界等限制也不存在了，网络上的信息传播不是单一文化而是跨文化的传播。在新媒体的平台上，全球正逐渐成为一个传播的整体。

三、全民传播

新媒体时代，全民都是主播。

信息传播不再仅仅是媒体机构的事情，而成为每一位民众都可以参与其中的传播，我们每一个人都可能是记者、编辑，实际上在我们发博客、微博、微信的时候，我们已经成为地道的传播者。新媒体提供的一种可能是，任何网络的使用者都可以在网络平台上发布信息、言论等各种内容进行交流，并且新媒体传播信息量大，内容丰富。新媒体用于存储数字信息的是硬盘、云盘，可以不限时、不限量地贮存和传播海量信息，让受众可以随时进行检索、获取各种各样的信息。新媒体传播的数据信息也是形式多样，内容丰富，天文、地理、历史、生物、化学等各种知识，新闻、报道等各种时事信息，衣、食、住、行等各种生活信息丰富多彩，应有尽有。

四、全速传播

新媒体时代，信息高速传播。

2013 年 7 月有微博女王之称的姚晨顺产得子，消息传出后大批粉丝纷纷涌入其微博送祝福，让其时间最近的一条微博几分钟内被转发近 2 万次，足可以让我们领略新媒体的传播速度。新媒体可以在事件发生的同时进行传播，并且这是一种数字化传播，即它先将信息转成数字代码进行传播，然后在接收平台上再还原为信息。因此，新媒体传播的是数字比特（Bit）而非原子，具备了快捷、方便和高保真等优点。新媒体的传播还可以实时更新，它的即时刷新提高了新闻的时效性，可以满足用户第一时间获取新闻最新发展的信息需求。

五、全媒体传播

新媒体传播是多媒体复合型传播。

从传播形态上看，新传播技术导致的最大变化，就是能够在新的平台把传统媒体的各种类型综合起来，因此新媒体的传播是复合型传播，是多媒体传播，它可借助文字、图片、图像、声音中的任何一种或几种的组合来进行传播活动。这种融合了文字、声音、图像、动画、视频等多种形式的传播方式，克服了传统的文字媒介（报刊）、声音媒介（广播）和视觉媒介（电视）之间难以逾越的障碍。一种新媒体，实际上是多种传统媒体的综合体，而这正是媒体之间的融合。很多新媒体形式其实都是在数字化基础上各种媒介形态的融合和创新，如手机电视、网络电视、手机报等。同时，媒介融合也使得传统媒体可以借助数字技术转变为具有互动性的新媒体，比如电视可以升级为数字互动电视，报纸可以扩展为网络电子报纸。

新媒体的全媒体传播还体现在信息获取的多平台互通上，通过互联网可以实现计算机、手机、媒体终端机等多媒体互联，让用户查看信息更方便。新媒体信息传播容量大、易检索等功能，使其多媒体特性显得更实用。

六、全渠道传播

新媒体在进行信息传播时，实现了客户端的多样化，比如利用电脑、手机等都可以进行信息发布，各渠道都能播报新闻，体现出了全渠道传播的特征。新媒体传播平台可以实现全媒体聚合发布平台，进行广播电视网、互联网、手机移动通信网等多平台“一站式”全媒体聚合发布，实现跨地区、跨终端的立体化传播业务。就拿现在的新闻传播来讲，2009 年的山东全运会上，微博还没有较大影响力，微信也未成为主流社交媒介，接受电视和平面媒体的采访是运动员发声的主要方式。4 年之后，微博平台的传播力和影响力迅速扩大，成为运动员表达观点和诉求的重要渠道。2013 年沈阳第十二届全运会刚刚揭幕之时，体操奥运冠军陈一冰通过微博吐槽，炮轰天津体操队，引起媒体和公众的广泛关注，传统媒体纷纷跟进报道。陈一冰在微博上的发言，成为一个小型的个人新闻发布会。此外，花样游泳名将蒋文文、蒋婷婷在比赛中出现打分争议后，也通过微博发表见解和感想，同样获得了外界广泛关注。微博、微信等成为传统媒体扩大影响力和传播力的重要方式，新华社、人民日报、中央电视台等主流媒体都通过各自的微博、微信账号发布和推送新闻，同时还通过各自的网站发布新闻信息，扩大影响。2013 年的全运会，可谓是全渠道、立体化播报赛事。

七、全互动传播

互动性（Interactive）是新媒体传播的根本性特征。

新媒体在传播过程中，信息的传播者和接受者可以进行良好互动：我们用手机媒体看视频、浏览新闻，看完后可以直接进社区对新闻进行评论；用微博发消息，别人可以接着进行评论，而我们又可以立即回复；用QQ、MSN、微信等聊天，更是直接互动交流。新媒体的互动无时不在，是新媒体传播的巨大魅力之一。

传统媒体的传播方式通常是单向的，传受双方无法随时随地进行双向沟通。而新媒体既可以单向传播，也可以双向（传受之间）甚至多向（传受之间、受

众之间）传播，网民与网站之间、网民与网民之间可以利用 BBS、聊天室、网络电话、电子邮件、微博、微信等工具实时沟通，实现互动，对新闻内容也可以随时展开讨论，还可以举行网络会议。

八、去中心化传播

在传统媒体中，比如最具代表性的每日报纸和电视新闻，我们经常会最先关注报纸中的“头版头条新闻”和电视新闻播报中的“重大新闻”“首要新闻”等，但对于新媒体，不存在类似于“头版头条”这样的状况，每位受众都可以按照自己的需求来选择信息，而不同受众可以选择出很多主题进行讨论，不再受“编辑的强迫性安排和引导”。当然，这也可以理解为新媒体的多元化传播。

从内容上看，新媒体多元化的传播首先是传播内容的丰富性。由于个人可以成为传播的主体，新媒体的内容所涉及的人类生活的广度、对各类问题讨论的深度以及形式的多样性都是前所未有的。实际上，新媒体涉及并全面展现了人类现有的所有文化形态。其次，新媒体多元化的传播体现为，新媒体为一直被文化与传播精英压制的平民文化或草根文化提供了释放的空间。可以说在新媒体的传播中，平民或草根的声音第一次全方位地得以呈现，并在新媒体的平台逐渐汇聚，形成合力。

九、弱化的议程设置传播

“议程设置”是关于大众传播宏观效果的重要理论之一。所谓“议程设置”，即媒体通过对某些议题报道量、报道顺序的不同，影响受众对它们重要性的认识，从而为受众设定议程。“议程设置”理论的核心观点：大众传播媒体在一定阶段内对某个事件和社会问题的突出报道会引起公众的普遍关心和重视，进而成为社会舆论讨论的中心议题。“议程设置”的基本思想最初来自于美国新闻工作者和社会评论家沃尔特·李普曼。

沃尔特·李普曼

随着新媒体多元化传播特征越来越明显，呈现出越来越弱化的议程设置传播。

对于信息发布者来说，很难再以“头条”“重大新闻事件”等吸引公众；而对于公众来讲，除了面对滔滔信息洪流具有了更多的选择性外，自身还可以成为一些新闻事件的主导。比如，网友通过随手拍发布的微博引发公众关注成为热点新闻已经是非常平常的事情，2010年“犀利哥走红事件”、2013年“扫桥爷爷”事迹，甚至是2013年12月28日习近平总书记在庆丰包子铺排队买包子吃包子的新闻也是由普通网友发微博主导的。

十、自净化传播

什么是新媒体的自净化传播呢？我们可以通过一个事件来理解。

2011年3月11日，日本发生里氏8.9级大地震，地震威力巨大，导致福岛核电站发生泄露。3月17日起，中国沿海城市浙江、江苏、山东发生大规模购盐潮，因为有网民在论坛上发帖称，日本地震后生产的盐是辐射盐，并且碘盐可以有效防核辐射。于是民众开始抢购食盐，盐价一路飙升至每袋20元，盐架扫空，各大超市相继挂出缺货牌，大家又将视线转至酱油……后来食盐污染说法被官方否定，并明确表示盐供应充足，没有必要抢购，在政府一系列的网络微博辟谣后，盐恢复供应，价格也回归正常。

从“抢盐事件”我们可以看出，新媒体的传播在这一事件中扮演了重要角色，即它比传统媒体更为迅速地传播了流言，但它也成为迅速制止流言传播的最有效渠道。结果就是，新媒体的谣言澄清有效地抑制了传言的继续蔓延，抢盐现象持续不到一天就变成了被公众嘲笑的对象。通过新媒体的传播，健康的意见通过观点交锋而迅速地战胜非理性的意见，这即是新媒体的“自净化”传播能力。虽然在新媒体的传播过程中，负面信息传播面积是正面信息的四倍，但是一般小道消息都会有相关人员出面澄清，所以造成的误会基本可以得到有效而迅速的遏制。

十一、个性化与社群化传播

新媒体传播的个性化特征非常突出，从受众来说，信息获取的方式可以更加细化和多元化，用户针对自己喜欢的内容可以选择性地定制。比如每日新闻的获取，如果特别喜欢军事新闻，就可以通过手机客户端来定制凤凰新闻、搜狐新闻的军事新闻版块，而不需要花大量时间自己搜索。

新媒体出现后，虚拟社区、网络群团相继出现，受众不再受播出流程和内容的限制；各种网络平台尤其是博客、微博、微信等的蹿红，使新媒体个性化与社群化这一特点更加显著。以微博为例，对于微博最形象的比喻应该是公开性与私密性并存的“对外开放的私人闺房”。在微博里，你可以根据自己的喜好随时随地地书写自己具有倾向性的个性化愿望，你的受众也可以随时随地地根据自己的喜好进行个性化回复。在具备这种个性化的同时，受众也在这个社群化的平台上拥有一群特定的观看者或收听者，形成了人类历史上从未有过的新型跨地域“虚拟社区文化”，使人类文化的交流真正突破了时空边界。

第三节　日常生活中常用的新媒体

2012 年 5 月由国家工业和信息化部制定的《互联网行业“十二五”发展规划》发布，其中明确指出：我国互联网应用服务普及提升。网民数超过 8 亿人，普及率超过 57%，其中农村网民超过 2 亿人。网络信息资源大幅增加，网页规模超过 4000 亿个，人均占有量提高 5.4 倍。政府、企事业单位、学校、医疗卫生机构、社区全面接入互联网。[①]

就拿与我们每个人都息息相关的医疗来讲，以前我们去医院看病，要排队挂号、排队交钱、排队取药，大部分的时间都在排队，病没看完，人已经累得不行。现在医疗卫生机构全面接入互联网，医疗服务进入 E 时代。在北京协和医院，北京 55 岁的患者陈大爷通过网银服务预约挂号，刷银行卡从自助机上直接取挂号单。更让他高兴的是，检查费、化验费都不用再排队交，直接刷银行卡就可以。陈大爷颇有感触地说：“现在看病不用再排长队了，真好！”另外，现在通过手机可以进行预约挂号，个人医疗信息可以通过多媒体终端自助查询，检查报告可以通过自助报告打印系统自助打印。

① 中华人民共和国工业和信息化部：《互联网行业“十二五”发展规划》。http://www.miit.gov.cn/n11293472/n11293832/n11293907/n11368223/14578923.html

2011 年 3 月上旬，四川广元市群众通过人民网向市委书记留言反映："我们是剑阁县王河镇板桥村居民，去年特大洪灾使得我们建于 1981 年的提灌站完全瘫痪。我村四、六组就全靠这两个提灌站用水。春耕在即，我们又无力维修，还请罗书记帮帮忙，给我们解决一下。"一个多月后，相关部门就成功修建了提灌站，保证了 5 月上旬农田灌溉 305 亩水稻满栽满插。

由此可见，新媒体已经深入我们生活的角角落落，无时无处不在，因此我们要充分了解生活中的新媒体，用好新媒体，为生活服务。

一、电视新媒体

现在你还会为了看自己喜欢的电视节目而瞅着时间点匆匆往家赶吗？大年夜的晚上，你还守着电视机看春晚吗？遇到自己喜欢的电视连续剧，你还会每天固定时间眼巴巴地等着观看每天播的两集吗？……这样的情况在 20 年前是人们习以为常的事情，但时过境迁，新媒体时代悄然来临，一切都发生了巨大变化：收看电视节目不再局限在电视机前，想看的电视节目可以随时点播，乘坐公交车上班的路上都可以随时用手机观看，错过了想看的节目可以在网上多集随时观看……随着新媒体技术的发展，网络电视、手机电视、移动电视、楼宇电视、户外大屏等新媒体形式越来越盛行，我们已经处于一个全新的电视新媒体所营造的氛围中，电视媒体这个"传媒老大"展现出崭新的面貌。

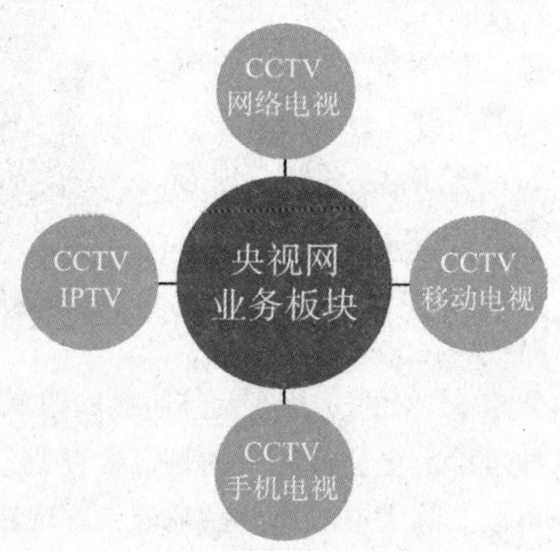

电视媒体与计算机、手机这样的终端，与楼宇电视这样的发明相结合，从客厅走到了广场、电梯、公交车上，形成了新的载体与传播样式。中央电视台在新媒体时代的电视业务表就很好地体现了电视新媒体的一些特点（见右图）。目前中央电视台全力打造四个板块的新媒体业务，凸现了电视媒体在新媒体时代的变化。

（一）数字电视

现在坐在家里看电视和以前坐在家里看电视，也发生了很大的变化。现在我们可以收看包括香港、台湾的国内若干上星电视频道，以及国际的多个频道，涵盖了资讯、新闻、体育、电影、地理、历史、钓鱼、居家、音乐、购物等丰富内容，可谓应有尽有，并且所播出的节目画面非常清晰。这实际上就是电视媒体在新媒体时代发展的成果——数字电视带给我们的新视觉享受。

1. 什么是数字电视

数字电视（Digital TV），又称为数位电视或数码电视，是指电视节目从演播室到发射、传输、接收的所有环节都是使用数字电视信号，或对该系统所有信号的传播都是通过由0、1数字串所构成的二进制数字流来传播的电视类型。换句话说，数字电视的节目采集、节目制作、节目播出（传输）、节目接收都是以数字方式处理信号的。其电视台的数字化播控中心如下图所示。

数字电视与过去的模拟电视相比较，数字电视图像质量高（看上去非常清晰），节目容量大（可以收看很多个电视频道，是模拟电视传输频道量的10倍以上），声音效果好（声音清晰，质感丰富饱满），抗干扰能力强。数字电视系统还推出多种业务，如目前阶段我们可以收看的电视节目就有高清晰度电视（HDTV）、标准清晰度电视（SDTV）、互动电视（有点播功能）等；数字电视还可以实现液晶拼接、连接数据业务（比如插接移动硬盘观看已经下载的电影）等。

2. 我国数字电视的发展

我们国家数字电视的发展是从1998年国家有关部委成立高清电视小组开始的，1999年10月1日国庆50周年时进行了高清晰度数字电视演示，2001年北京、上海、深圳3个数字电视试点获国家支持设立，2003 ~ 2004年间已有北京、上海、青岛、江苏、杭州、佛山、深圳、广州、大连等地开通了数字有线电视播出，2005年又有福州、厦门等地开通了数字电视的播放，2007年又在重庆掀起了数字电视转换热潮。国家广电总局规划了“三步走”发展战略：2003年全面推进有线数字电视，2005年开展数字卫星直播业务，2008年全面推广地面数字电视和高清电视，并于2015年停止模拟电视播出。山东济南的数字有线电视改造是在2010年。从目前情况看，全国数字电视推广势头非常迅猛，数字电视的全面普及时间已经比原定计划提前。

3. 数字电视的种类

数字电视可以通过卫星、有线网、地面广播等三种形式进行传播，即卫星数字电视、有线数字电视和地面数字电视。

（1）卫星数字电视。卫星数字电视是近几年迅速发展起来，利用地球同步卫星（地球同步卫星就是赤道上空离地面高度为35786公里的圆形轨道上绕地球运行的人造卫星。其角速度和地球自转的角速度相同，绕行方向一致，与地球是相对静止的）将数字编码压缩的电视信号传输到用户端的一种广播电视形式。居民通过卫星天线、高频头以及接收机收看直播卫星传输的节目，也就是说，卫星数字电视是用锅面天线接收卫星信号，经过卫星接收机解码后送入电视机供给用户收看的。卫星数字电视的收看要通过卫星数字接收机接收解码之后才能观看。

因为中国限制个人直接接收卫星数字电视节目，所以目前是由有线电视台集中接收数字电视信号，然后通过有线网络传输给广大用户收看。

（2）有线数字电视。指采用有线传输技术进行数字电视信号传输的系统。直观地讲，目前正在推广的有线数字电视，是把数字化的视音频信号在有线电视网络上传输，在用户终端安装机顶盒，用户就可以在现有电视机上收看有线数字电视节目及其他信息。现在绝大多数城市居民都是通过城市有线网来收看有线数字电视节目。有线数字电视节目频道较多，而且节目内容丰富多彩，一般包含中央、省、市的卫视频道。目前，连接数字机顶盒及获得智能卡授权之后，有线数字电视还能提供非常多的服务，如基本节目、付费节目、电子节目指南、图文资讯、股市财经、视频点播、互动游戏、宽带接入、音频节目、短信服务等。

（3）地面数字电视。指通过接收电视塔发出的地面数字电视信号收看电视节目的一种电视形式。通俗来说，就是用户无需接进有线电视网络即可收看电视节目。要想收看地面数字电视，电视机需要具备地面数字电视信号接收能力。如果是新款液晶或等离子数字电视机，一般都内置了地面数字电视接收功能，只需接上室内天线或室外天线后直接搜台即可收看，不需要机顶盒。如果是老式电视机，则需要通过专用的地面数字电视机顶盒接收。目前，中国广电总局在每个城市免费播出六套地面数字电视节目，但所需的机顶盒需要消费者自己购买。

在我国内地，人们基本上都是通过城市有线电视网收看数字电视，地面数字电视主要面向没有网络覆盖的城郊、农村等地区，以及一些新兴的移动终端，如公交车移动电视、车载数字电视、手机及其他一些手持终端等。

4. 数字电视机

现在很多商家都打出了“全数字电视”“数码电视”等广告，作为卖点吸引消费者，但并不是说购买了所谓的“数字电视机”就能收看数字电视节目了。

事实上，现在家电市场上宣传推广的“数字电视机”只是一种数字化的终端显示器而已，它是在电视机的部分电路上采用了数字化处理技术，从而使画面更加清晰，其中部分电视机可以接收到数字电视信号中保留的、原来的模拟电视节目，但不能接收到新增加的数字电视节目。真正的“数字电视”是一种电视节目信号的处理与传播方式，而商家炒作的“数字电视”则只是一种终端的硬件设备，不能把两者混淆在一起。

5. 机顶盒

机顶盒（Set-Top Box，STB）的全称是数字电视机顶盒，是一种将数字电视信号转换成模拟信号的转换设备，它对经过数字化压缩的图像和声音信号进行解码还原，产生模拟的图像和声音信号，通过电视显示器和音响设备给观众提供高质量的电视节目。目前的数字有线电视网络传输的都是数字电视信号，但我们家庭中使用的仍然是模拟电视机，所以必须把数字信号转换成模拟信号才能收看，这样就必须在现有的电视机上安装一个机顶盒。机顶盒是目前模拟电视与数字电视并存阶段的一个过渡产品，相信经过不长的时间，我们就可以告别机顶盒，直接收看真正的数字电视节目。

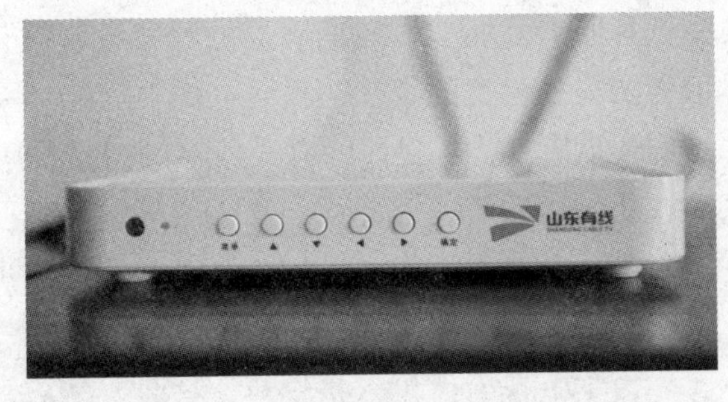

数字电视机顶盒的基本功能是接收数字电视节目，同时还具有其他很多的功能，比如提供电视节目指南等。数字电视机顶盒还具有“傻瓜计算机”能力，通过内部软件功能和对网络稍加双向改造，很容易就能实现如因特网浏览、视频点播、家庭电子商务、电话通信、收发邮件等多种服务，可谓一网打天下。

目前，市场上的机顶盒主要有基本型和增强型两种，获得方式以用户直接购买为主，免费发放为辅。有一部分试点会在开通数字有线电视并缴纳一定的收视费后免费发放第一台基本型机顶盒，如再需要就花钱购买。机顶盒的价格一般从200元到1000元的都有。一般来讲，价钱较高的机顶盒是因为里面又加了一张类似手机卡一样的智能IC卡，使用这张卡用户可以收看自己订购的电视节目，并且安全性很高，其他没卡的用户不能私拉乱接。

随便买个机顶盒就可以收看数字电视吗？不行！机顶盒必须与智能卡相匹配才能正常收看数字电视。数字电视信号都加密传输，且各地运营商采用的加密方式也不一样，只有通过机顶盒解密后的节目信号才能正常收看，因此一定不要在市场上随便购买机顶盒。

6. 数字电视与收费电视

在数字电视发展阶段，我们也会经常接触到“收费电视”的概念或问题。什么是收费电视呢？我们常说的收费电视指的是收费频道，指用户在收看电视节目期间，因为个人喜欢而点播了收费的节目等。收费电视与传统意义上的“你播我看”的方式有很大区别，即在收看电视节目期间，用户可以自主选择自己喜欢的电视节目，而且可以完全避开广告的干扰，把用户的被动收看变成了自主选择收看。所以，目前阶段的收费电视就是指能自主选择收看且没有广告，但需要另外付费的“互动收费电视”。

要明确一点，目前的有线数字电视需要用户付费才能收看，用户可以按年、月或次缴纳费用，因此从广义上来理解的话，有线电视也是收费电视的一种，但不是通常意义上所指的收费电视。

7. 数字电视一体机

数字电视一体机，是将数字接收、解码与显示融为一体的电视机，它内置有数字电视高频头，可以直接接收和解码数字电视节目源，而不需要机顶盒等转换设备。数字电视一体机实际上相当于内置机顶盒的平板电视机，在收看高清电视节目的效果上比配置机顶盒的普通电视机稍好一些。与模拟电视

机加数字机顶盒相比较，数字电视一体机集成度很高，可以实现全程数字化，是一种最为理想的收视方式，代表了未来数字电视的发展方向。

目前，数字电视成为一种潮流，一些电视厂家趁机推出数字电视一体机来满足市民需求。然而，因为技术、政策等影响，数字电视一体机在一些地区并不能直接接收数字电视信号。很多用户一听厂家或商场介绍说数字电视一体机不用再安装机顶盒，就可以直接接收数字电视信号，并且还有免接线、不占空间、使用方便等各种优点，就会购买。但很多用户在购买之后才被告知，买这种一体机，还要另外购买智能卡和电视台加密卡，才能免装高清机顶盒观看高清电视，这样一来钱多花了，麻烦也没省。原来现在市面上出售的高清数字电视一体机，并不能够直接替代现行的高清电视机顶盒收看高清电视，消费者购买数字电视一体机后，需要免装机顶盒收看高清数字电视机的，还必须自行向厂家（商家代购点）购买“大小卡”（含有传媒用户认证信息的IC卡——小卡，数字一体机的CAM视密卡——大卡），才能正常收看高清数字电视。但是，市场上数字电视一体机的价格却比普通同型号电视机多出千元左右的差价。数字电视一体机将来肯定要取代目前的模拟电视机配制数字机顶盒的方式，但这需要一个过程，并且不同地区发展程度不一样，要具体情况具体对待。比如现广东，广州的用户收看数字电视，只要“一体机+大小卡”就可以了，其他有些市区如江门市等却不可以。

因此，用户在购买数字电视一体机时应看清楚问明白，应向商家咨询了解清楚所要购买的电视机的基本情况，并向当地有线电视管理部门核实相关厂家提供的数字电视一体机是否符合数字电视网络的相关标准，以免花了冤枉钱。

（二）网络电视

网罗天下，精彩无限，实时在线观看电影、电视剧、动漫、综艺、体育直播、游戏竞技、财经资讯等丰富的视频娱乐节目，还可“直播加点播”。网络电视

已经成为我们生活娱乐的重要形式与组成部分。

1. 什么是网络电视

网络电视又称 IPTV（Interactive Personality TV），是在高速宽带接入技术得到广泛普及基础上发展起来的，被业界誉为互联网平台上发展潜力最大的一种传播方式。它将电视机、个人电脑及手持设备作为显示终端，通过机顶盒或计算机接入宽带网络，实现数字电视、时移电视、互动电视等服务。网络电视的出现给人们带来了一种全新的电视观看方法，它改变了以往被动的电视观看模式，实现了电视以网络为基础按需观看、随看随停的便捷方式。

2. 网络电视的功能与服务

用户在家中可以以两种方式享受 IPTV 服务，一种是通过计算机连接网络，一种是网络机顶盒＋普通电视机，即 IPTV ＝ Interactive ＋ Personality TV。

网络电视可以提供的内容为图文、音乐、影视、游戏等，终端为 PC、电视、平板、手机、车载电视等，功能是广播、点播、下载、录制、交互、直播等。网络电视内容广、更新快、画面清晰、免费，是个性化的互动电视，是未来的家庭娱乐中心。

3. 一些常用的网络电视推荐

面对众多的网络电视，哪种网络电视最好呢？了解各种网络电视的特点，选择非常适合自己的网络电视，能够让我们的娱乐生活更加丰富多彩。

（1）皮皮（pipi）网络电视。皮皮高清影视是全球互联网上非常清晰流畅的在线影视播放平台，安装其软件即可免费观看多达几万部高清电影、电视剧，且每天更新超过百部，号称更新最快的网络电视。

（2）风行网络电视。采用全球最先进的 P2P 点播技术，提供高清电影及电视剧的免费在线点播，高速流畅，清晰度高，上万部免费电影、网络电视、动漫综艺，每日更新，号称剧种最全的网络电视。

（3）PPTV 网络电视。是由上海聚力传媒技术有限公司开发运营的在线视频软件，支持对海量高清影视内容的“直播＋点播”功能，可在线观看电影、电视剧、动漫、综艺、体育直播、游戏竞技、财经资讯等丰富的视频娱乐节目。

（4）风云网络电视。是一款用于互联网上大规模视频直播的共享免费软件，具有人越多播放越流畅的特性。其资源丰富，央视精彩节目随点随看，加上地方电视台的加盟，内容非常丰富，配备超清、高清观看模式。

（5）中华网视 CCIPTV。是中国最大的新一代网络电视门户软件，拥有众多的国内外网络电台、网络电视频道，播放流畅，视听清晰，并且在转播质量和流畅上也做得不错。用户通过 CCIPTV 还可以建立自己的个性化频道，广播心声、交友聊天、卡拉 OK、游戏娱乐等。

另外，还有 PPS 网络电视、乐视网络电视、TV12345 网络电视、迅雷看看、QQlive、PPlive 等众多网络电视可供选择。

（三）移动电视

移动电视的出现是新媒体技术不断更新的又一大成果，是指以数字技术为支撑，通过无线电信号发射、地面数字设备接收方式播放和收看电视节目的技术形式，是一种新型时尚的，可安装于汽车、公交车、飞机、火车等移动工具上的高科技电视产品。

“电视长了脚，跟着乘客跑”，说的就是移动电视了。我们平常所说的移动电视，通常是指在可移动物体内观看的电视节目。在公共交通工具上，如出租车、公交车、飞机、列车、轮船上看到的电视节目都是移动电视的形式。现在，大中型城市基本上都开办了自己的移动电视频道，节目以新闻、资讯为主，融合文体、娱乐节目等，主要服务于户外人群。在电视信号传输上具有高画质、高音质、高性能等独特优势，其最大的特点是在处于移动状态、时速较高的交通工具上（如高铁、动车等）还能稳定、清晰地接收电视节目信号。

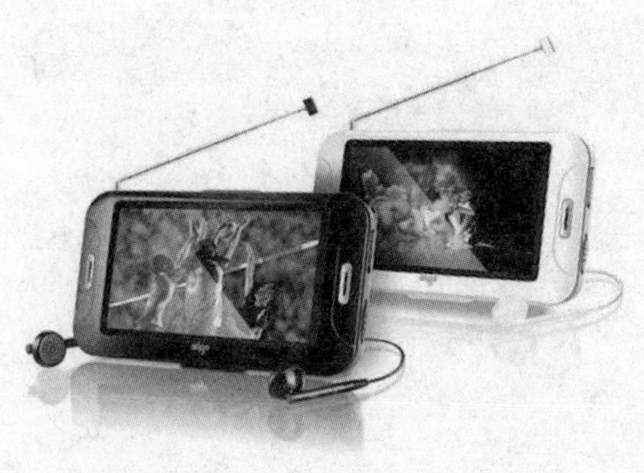

当然，如果从更广泛的意义上来理解移动电视的话，一切可以以移动方式收看电视节目的技术应用都可以称为移动电视，如车载移动电视、手机电视等。随着技术的发展，电子市场还推出了可以随身移动观看电视的电子产品，像市场上推出的月光宝盒移动电视 WALK TV，通过内置 CMMB 移动电视模块，可以接收移动电视信号。

（四）户外电视

传统电视一直被称为“家用媒体”，又被称为“客厅电视”“卧室电视”。如果以观看的空间来划分，与传统电视相比较，许多新型电视新媒体就被统称为“户外电视”了。如在电梯旁和电梯里、在公交车上、行走在大街上看到的电视都是户外电视。户外电视一般包括手机电视、楼宇电视和移动电视。这里我们重点介绍一下楼宇电视。

楼宇电视可以说是户外电视的开路先锋。楼宇电视就是指在商业楼宇进行多媒体信息发布的液晶电视传播网络和新型媒体形态，它占有的是人们离开家庭视听环境后的短暂收视时间。楼宇电视一般都安放在固定地点，譬如人流量密集的中高档知名商厦电梯等候处、顾客川流不息的商场里面、白领云集的写字楼里等，每天自动循环播放商业广告、各类娱乐信息和社会公益宣传片等节目内容。楼宇电视是动态视频与音频的结

合，因此本身比常规户外静态广告更具表现力、感染力和打动力。我们等电梯觉得百无聊赖时，会把注意力放到楼梯口正在播放的电视节目上；乘坐电梯时，身旁都是陌生人，这时电梯里正在播放的娱乐节目也会让你很放松；行走在大街上，高高矗立的写字楼上正在播放的天气预报信息，也会立即吸引住你；宽阔的广场上，巨大的屏幕里正播放的精彩节目让你驻足……相对封闭的传播空间、具有强制性的收视效果、极大的覆盖面、较好的注意力吸引效果、短小精悍循环播放等优势，让户外电视从一出现就开始迅猛发展。

二、网络新媒体

（一）网络新媒体的概念

进入 21 世纪以后，网络成为新的信息交流平台。其实，网络媒体是人们创造出来的一个新词。1995 年，“联合网络委员会”通过了一项关于“互联网定义”的决议：“互联网”是指全球性的信息系统。1998 年 5 月，在联合国新闻委员年会上，互联网被确认为继报刊、广播、电视之后发展起来的“第四媒体”。

网络媒体是依托网络技术进行信息制作、发布和传播的网络信息平台，是一个可以有多种理解的概念，不同的人在不同的场合使用网络媒体概念时，所表达的意义往往不同。一般来讲，主要有两种理解：

1. 网络化媒介

与报纸及其印刷和发行系统、电视及其制作和传输系统等类似，我们可以从技术的角度将网络媒体定义为介于信息发布者和信息接收者之间的媒介系统，包括与此相关的计算机硬件、软件及互联网系统等。

2. 基于网络化媒介的媒体机构

与基于纸媒介的报社、基于电视媒介的电视台等类似，比如中国网络电视台、芒果网络电视台、江苏网络广播电视台、山东网络广播电视台、中国网媒、河北新闻网、中国 MBA 网校等。

（二）网络新媒体的功能

网络新媒体的功能主要有以下几个方面：

1. 交流功能

如电子邮件、网络聊天（如 MSN、QQ、百度 Hi、飞信、微信等）、网络寻呼、网络讨论（BBS 论坛等）、网络社交（如新浪微博、豆瓣网、人人网、腾讯微博、开心网等）等。

2. 信息传播（发布与接收）功能

网络提供了一个信息发布与接收的平台，如个人主页、个人帖子、信息查询与浏览、新闻定制等。

3. 商务功能

网络平台应用于电子商务领域，提供了一个相互交易的商务平台，如电子商场、网络拍卖、网络股票交易、网上保险、网银等。目前，网商成为潮流。

4. 其他

网络还具有远程教育、远程医疗、网络民意与市场调查等方面的功能。

（三）生活中常见的一些网络业务

1. 网络传播

网络传播是指通过计算机网络进行的人类信息（包括新闻、知识等信息）传播活动。在网络中传播的信息，以数字形式存贮在光、磁等存贮介质上，通过计算机网络高速传播，并通过计算机或类似设备阅读使用。网络传播以计算机通信网络为基础，进行信息传递、交流和利用，从而达到其社会文化传播的目的。

2. 网络电话

网络电话又称为 IP 电话，它是通过互联网协定来进行语音传送的。网络电话联机方式一般可以分为 3 种：PC to PC、PC to Phone、Phone to Phone。网络电话利用 TCP/IP 协议，由专门软件将呼叫方的话音转化成数字信号，然后打包，形成一个个小数据包，小数据包自由寻找网络空闲空间，将语音数据传输到对方，对方的专门设备或软件接收到数据包后，再将数据包转换成语音。通话全程，我们不用特意租用专门的线路，而只是见缝插针地使用网络，大大节省了通话费用。一般国内费用都在几分钱，国际费用为几毛钱，非常低廉。

3. 网络硬盘

网络硬盘是指“通过网络连接管理使用的远程硬盘空间”，可用于传输、存储和备份计算机的数据文件，方便用户管理使用。用户可在全球任何有互联网接入的电脑终端上，连接使用“e 网通”提供的网络硬盘服务。“网络硬盘”是一块专属的存储空间，用户通过上网登录网站的方式，可以非常方便地上传、下载文件，与其他同类产品相比，“网络硬盘”产品具有直观预览、四级共享、分组管理、稳定安全四大特点。

4. 网络金融

所谓网络金融，又称电子金融（e-finance），是指在国际互联网（Internet）上实现的金融活动，包括网络金融机构、网络金融交易、网络金融市场和网络金融监管等方面。它不同于传统的以物理形态存在的金融活动，是存在于电子空间中的金融活动，其存在形态是虚拟化的，运行方式是网络化的。它是信息技术特别是互联网技术飞速发展的产物，是适应电子商务（e-commerce）发展需要而产生的网络时代的金融运行模式。

5. 网络教育

网络教育是指在网络环境下，以现代教育思想和学习理念为指导，充分发挥网络的各种教育功能和丰富的网络教育资源优势，向教育者和学习者提供的一种网络教和学的服务。这种服务体现为用数字化技术传递内容，开展以学习者为中心的非面授教育活动。

6. 网络电视

网络电视又称 IPTV（Interactive Personality TV），它将电视机、个人电脑及手持设备作为显示终端，通过机顶盒或计算机接入宽带网络，实现数字电视、时移电视、互动电视等服务。网络电视的出现给人们带来了一种全新的电视观看方法，改变了以往被动的电视观看模式。

7. 网络保险

网络保险是新兴的一种以计算机网络为媒介的保险营销模式，有别于传统的保险代理人营销模式。网络保险的产生和发展是一种历史趋势，它代表了国际保险业的发展方向。目前国内的保险网站大致可分为三大类：第一类是保险公司的自建网站，主要推销自家险种，如平安保险的"PA18"、泰康人寿保险的"泰康在线"等；第二类是独立的第三方保险网站，是由专业的互联网服务供应商（ISP）出资成立的保险网站，不属于任何保险公司，但也提供保险服务，如慧保网、易保、网险等；第三类是保险信息网站，如中国保险网一类的，可以视为业内人士的 BBS。

网络保险是一项巨大的社会系统工程，涉及银行、电信等多个行业，这一工程的完善需要较长时间。网络黑客的袭击使计算机网络系统的自身安全缺乏保障，网络保险存在不安全隐患；而网络保险由于保险当事人之间的人为因素与深刻复杂的背景及利益关系，使得在网上投诉、理赔容易滋生欺诈行为，因此仅仅依靠网上运作还难以支撑网络保险。

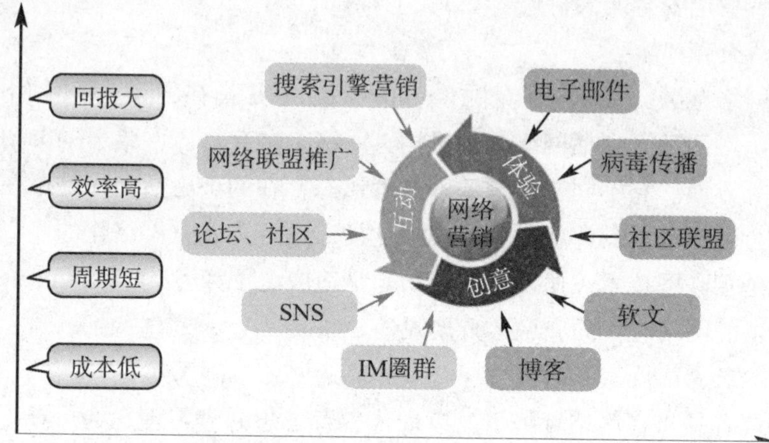

8. 网络营销

网络营销是企业营销实践与现代信息通信技术、计算机网络技术相结合的产物，是指企业以电子信息技术为基础，以计算机网络为媒介和手段进行的各种营销活动（包括网络调研、网络推广、网络新产品开发、网络促销、网络分销、网络服务等）的总称。

9. 网络托管

网络托管业务是指受用户委托，代管用户自有或租用的国内网络、网络元素或设备，为用户提供设备的放置，网络的管理、运行和维护等服务，以及为用户提供互联互通和其他网络应用的管理和维护服务。

（四）网络新媒体的类型

网络新媒体的类型多种多样，像门户网站、搜索引擎、虚拟社区、RSS、电子邮件、即时通信、博客、播客、微博、维客、网络文学、网络动画、网络游戏、网络杂志、网络广播、网络电视、掘客、印客、换客、威客、沃客等。

1. 按照设立者分类

（1）个人网站。指个人或团体因某种兴趣、拥有某种专业技术、提供某种服务或把自己的作品和商品展示销售而制作的具有独立空间域名的网站。网站不一定是自己做的，但强调的是以个人信息为

中心，主要包括博客、个人论坛、个人主页等。国外非常有名的个人网站是1995年美国人马特·德拉吉创办的美国新闻网站《德拉吉报告》，因第一个在网上发布了克林顿与莱温斯基的性丑闻而闻名，还率先发布了英国王妃戴安娜车祸身亡的消息（比各大电台早7分钟）。国内非常有名的个人网站如刘德华个人网站，曾经创下过每天2000万浏览量的记录，其他如刘璇个人官方网站、刘翔个人官方网站等。

①个人网站的作用。网络时代，个人网站有非常大的作用。实践战场：利用建设个人网站，可以在实践中学习网页设计和网站建设的知识和技术。个人资料百宝箱：可以建一个个人网站作为自己的"百宝箱"。互联网的信息浩若烟海，对于自己喜爱的文字、图像、视听资料等，可以放在个人网站中，随时随地调用。自我展示的舞台：传统的个人形象展示依靠照相、录像、演讲、交谈或文字说明等形式，而个人网站是所有形式中非常新颖、直观、有效、综合、高级的形式。求职推介的途径：求职找工作时也可以通过个人网站的推介来推销自己。个人商务：利用个人网站还可以从事个人商务，在家办公、推销商品、搜集供求信息，把个人网站作为商务名片在网上进行传递。个人品牌：如果你已经拥有了自己的品牌或者要建立起自己的品牌开拓市场，可以利用个人网站，因为个人网站可以更好地对外宣传个人最新的动态，分享个人的观点，容易使别人产生共鸣。交友：现实中的交友具有很多的局限性，建设个人网站能够让全球的人认识你、理解你，在你的网站上交流；利用个人网站可以组建朋友社区，天南海北的朋友共聚一堂，开怀畅谈。

②个人网站的盈利。

第一，在线广告。在线广告是网站盈利比较普遍的方式，形式很多，如Banner（旗帜）、LOGO（图标）广告、Flash多媒体动画、在线影视等。从收费方式来看，比较受欢迎的是按点击次数收费。只要你有较多的浏览群体（最好是某一类型的专业浏览群体），就具备了网站广告收费的条件，当然也可以作大型网站的广告合作伙伴从而获得一定的盈利。

第二，短信铃声等移动运营服务。如果你的网站拥有较好的流量，可以通过与专业短信铃声的SP提供网站进行合作从而获得盈利，当然如果拥有更多投资和技术力量，也可以成为SP的一员。

第三，网上零售电子商务。一般包括B2C（Business to Customer，企业对消费者）和C2C（Customer to Customer，消费者对消费者）两种。B2C电子商务模式是拥有自己的电子商务商城，一般都专注于网购，京东、亚马逊、凡客

诚品等都是典型的B2C模式。C2C是建立一个网购平台，然后个人在这个平台上开自己的店面，消费者就去这些个人网店购物，目前最典型的就是淘宝网。

第四，B2B交易平台。B2B（Business to Business）就是商家与商家的交易，此类模式的代表网站是阿里巴巴，由于其群体锁定在商家之间，虽然群体范围比普通大众少很多，但是商家会有更好的支付能力和更大的交易能力，也许对于商家来说，成交一笔生意所得就远远超过支付的会员费用。

第五，特殊信息收费。如果你经常上网浏览，会时常遇到有些网站的信息必须是注册用户才能阅读，有些甚至必须是交费会员才可以，这就是网站的特殊信息收费服务类型。比如一些人才网站、电子图书、交友网站、在线电影等许多关键信息都是面向收费用户的。

第六，软件下载。国内的软件下载多为免费形式，有许多软件公司更是利用互联网的优势进行在线升级服务，这也是促进与用户互动的良好方法。由于消费能力和消费习惯的不同，英文网站的软件下载大多都是收费软件，即使是共享也是有使用期限的，这为许多实用性小软件提供了良好的销售平台。

第七，互联网上网服务。互联网的发展不能缺少的是互联网上网服务，比如企业网站建设、域名注册、服务器虚拟主机租用服务、网站推广服务（搜索引擎优化）、网站运营咨询服务等，个人网站就可以担当互联网服务提供商。

第八，网络游戏。个人网站也可以通过开发网络游戏来获得盈利。

（2）政府网站。政府网站是我国各级政府机关履行职能、面向社会提供服务的官方网站，是政府机关实现政务信息公开，为政府机构、社会公众和社会组织提供方便、高效的政府服务并进行互动交流的重要渠道。简单来说，就是通过网络实施某些政府职能。政府网站有时被形象地称为“电子政府”，目前各国政府都在积极构建电子政府，因为它能带来巨大的社会效益和经济效益。

①中国的政府网站。1999 年 1 月 1 日政府上网工程启动。2006 年 1 月 1 日，中华人民共和国中央人民政府门户网站（http://www.gov.cn）正式开通，成为中央及各地政府在国际互联网上发布政务信息和提供在线服务的综合平台。

一些中心城市也较早地建立了地方政府网站，如 2001 年 9 月开通的上海市人民政府门户网站“中国上海”，2002 年 9 月开通的北京市政府门户网站“首都之窗”等。目前，我国的政府网站体系已初步形成，到 2008 年年底，中央政府部门和地方省市一级已全部建立了政府门户网站，地市级和县级政府拥有门户网站的比例也分别达到了 99% 和 92%，很多街道、乡镇甚至村居委会都建立了网站或网页。2014 年 10 月全国政府网站可见性监测分析报告中指出：全国主要政府网站的搜索引擎总收录数为 13005.7 万个，其中部委级政府网站收录 1587.1 万个网页，省级政府门户网站收录 787.3 万个网页，地级市门户网站收录 3456.1 万个网页。从平均收录水平来看，全国主要政府网站的搜索引擎平均收录数为 4.0 万个，其中部委级政府网站平均收录网页数为 18.7 万个，省级政府门户网站平均收录 23.2 万个，地级市门户网站平均收录 7.6 万个。[①]

如今，登录当地政府网站了解情况、咨询问题、办理事务已成为人们的一种习惯。

---

① 数据来源于中国政务网站服务能力建设网，《2014 年 10 月全国政府网站可见性监测分析报告》，2014 年 10 月 31 日。

②政府网站的信息与利用。充分利用政府网站获取信息可以收到事半功倍的效果，因为政府网上发布的信息是最权威、最及时的。在我国政府网站上主要可以获得以下三大类信息：

第一类是政策法规。几乎所有的政府网站上都有相应的政策法规数据库。在政府网站上，可以得到最新的政策信息，可以查到重要的政策法规全文。最为重要的是，政府网站公布的政策法规具有其他网站无法替代的权威性。因此要查政策性的内容，政府网站是首选。比如我们要了解社会保险费申报缴纳最新的管理规定，就可以直接登录中国政府网，依次按法律法规专栏—主题服务—公民—社保找到相应信息查看了解就可以了。

第二类是经济信息。为了更好地推动经济发展，许多政府网站都会提供经济信息。比如由厦门市经济信息中心制作的厦门市人民政府网站，为体现厦门城市特点，设定了“厦门概览”“特区经济”“招商引资”“旅游观光”“海峡两岸”等多个主栏目，并且网站分为中文简体版、中文繁体版、英文版、日文版、韩文版五种版本，方便海内外人士上网浏览。一些办得好的地方政府网站，能够结合地方经济发展，突出地方特色，提供非常到位的经济信息。比如广东省政府为把地方特色经济“推上网”，曾于2000年专门在云浮市启动“把石头搬上网”计划：召开全市石材信息发布会，发布“云浮石材”网站的有关供求信息，并举行企业上网讲座，号召全市石材企业上网，从互联网上获取信息。这些措施很好地促进了云浮石材行业的发展。

第三类是服务信息。政府正从管理型向管理服务型转换，因此政府网站上的服务信息全面而丰富。政府网站的建立，实际上为政府机关公开自身工作透明度提供了一个方便、快捷、有效的载体，政府职能部门的负责人、部门职责、办事程序等都清晰地公开在网站上，既提高了服务质量和速度，也省去了群众的奔波之苦。比如我们登录山东省人民政府网站“中国山东”，立即就会看到“信息公开”“办事服务”“便民服务”“互动交流”等专栏，其中“便民服务”专栏包含了教育、就业、医疗、住房、社保、交通、户籍、婚育、职业资格、市政公用等领域，“办事服务”包含了面向个人和企业的各种服务，还开设了政府文件查询、办事服务查询等便民服务栏目，已形成了一个覆盖全省的信息交互网络，发布本省政治、经济、文化等各方面的新举措和有关政策法规。

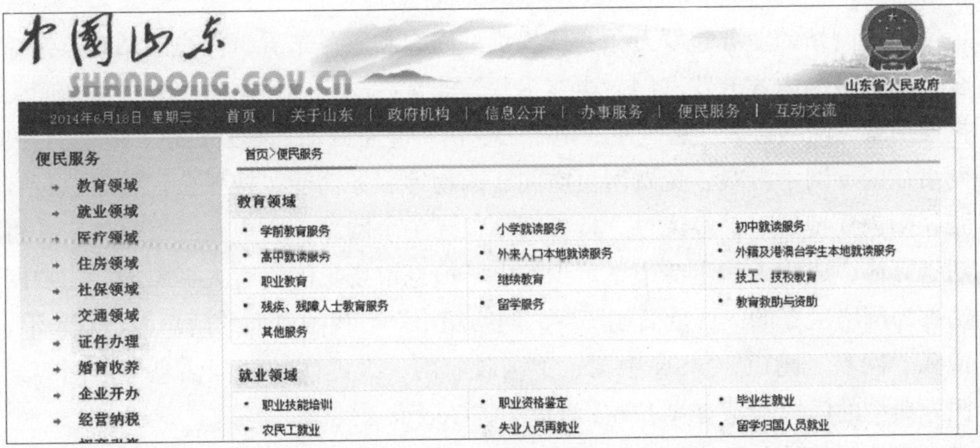

（3）门户网站。门户网站是我们漫游因特网的出发点。我们要在因特网上开始漫游，总要有个出发点，这个出发点就是一些比较大的、服务功能完善的网站，即所谓的“门户网站”。

“门户（portal）”原意是指正门、入口的意思，现在用于互联网的门户网站和企业应用系统的门户系统。顾名思义，门户网站是进入互联网的入口，通过这个网站可以获取你需要的有关信息，或者到达你想要访问的网站（通过该网站的初始页面进行链接就可以）。通常新上网的用户会先到门户网站获取一些基本信息，随着上网经验的增加，再进一步扩大网站接触面，进入专业网站来获取自己想要的专业信息，如专门的学习网站、游戏网站、金融咨询网站、旅游网站等。门户网站和专业网站的关系有点像超级市场和专卖店一样。

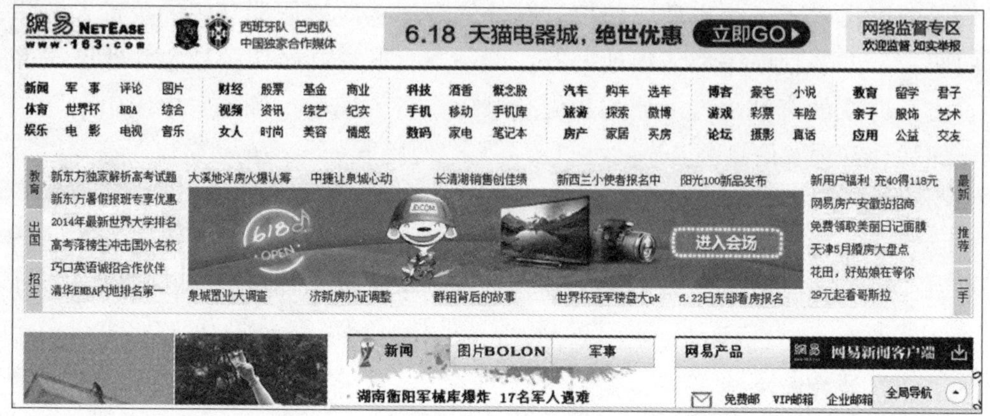

门户网站的业务包罗万象，从提供的内容和服务来看，门户网站有点像综合性的大报，内容五花八门，丰富多彩，非常广泛。门户网站主要提供新闻、搜索引擎、网络接入、聊天室、电子公告牌、免费邮箱、影音资讯、电子商务、网络社区、网络游戏、免费网页空间、购物等服务功能。搜狐公司首席执行官张朝阳创立搜狐时曾经说过，搜狐网不仅是一个网站，它更是一个媒体，并将超越媒体，成为人们生活中不可少的电子信息市场。因此有人形象地将门户网站称为网络世界的“百货商场”或“网络超市”。我国典型的门户网站有新浪、搜狐、网易、腾讯、MSN 中国、中国政府网、人民网、中国信息导航网等，国外典型的门户网站有 Yahoo（雅虎）、Google（谷歌）等。

门户网站的分类。

第一，搜索引擎式门户网站。

搜索引擎（Search Engines）是一个对互联网上的信息资源进行搜集整理，然后供查询的系统，它包括信息搜集、信息整理和用户查询三部分。搜索引擎式门户网站实际上就是一个为你提供信息“检索”服务的网站，它使用某些程序把因特网上的所有信息归类以帮助人们在茫茫网海中搜寻到所需要的信息。我们常用的搜索引擎门户网站有新浪、搜狐和网易等。1998 年 2 月 25 日，中国首家大型分类查询搜索引擎横空出世，搜狐品牌由此诞生，之后又推出了旗下子公司搜狗引擎；1999 年 2 月 2 日，新浪网推出新一代中文搜索引擎“新浪搜索”测试版；2000 年 9 月，网易正式推出全中文搜索引擎服务。

国外有很多做得非常好的搜索引擎式门户网站。Google 号称全球最大的机器搜索引擎，每天提供大约 2 亿次查询服务，占全球搜索引擎查询市场份额的 29.2%；Google 通过对 80 多亿个网页进行整理，为世界各地的用户提供适需搜

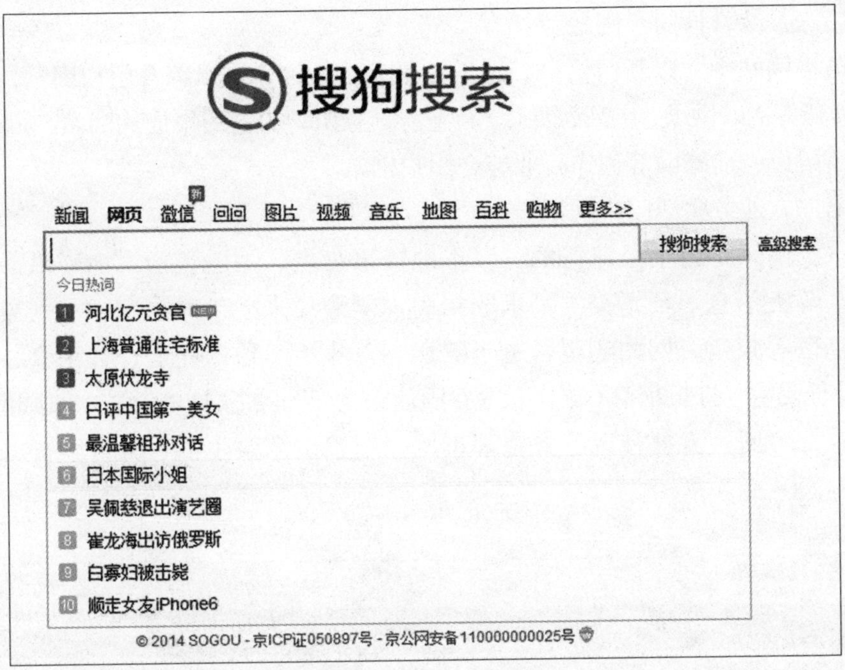

搜狗搜索

新闻 网页 微信 问问 图片 视频 音乐 地图 百科 购物 更多>>

搜狗搜索 高级搜索

今日热词

1 河北亿元贪官
2 上海普通住宅标准
3 太原伏龙寺
4 日评中国第一美女
5 最温馨祖孙对话
6 日本国际小姐
7 吴佩慈退出演艺圈
8 崔龙海出访俄罗斯
9 白寡妇被击毙
10 顺走女友iPhone6

© 2014 SOGOU - 京ICP证050897号 - 京公网安备110000000025号

索结果，而且搜索时间通常不到半秒。Yahoo 是全球认知度很高的互联网品牌之一，有英、中、日、韩、法、德等 10 余种语言版本，是全球最大的搜索引擎和门户网站，拥有 3 亿有效注册用户，每天 12 亿访问人次，覆盖全球网民的 61%。Looksmart 是美国著名的目录导航式搜索引擎，成立于 1995 年，是与 Yahoo 齐名的分类目录搜索引擎，现已经成为网络产品目录和定位搜索市场的领头人，大部分美国网民都使用 Looksmart 的目录导航工具。

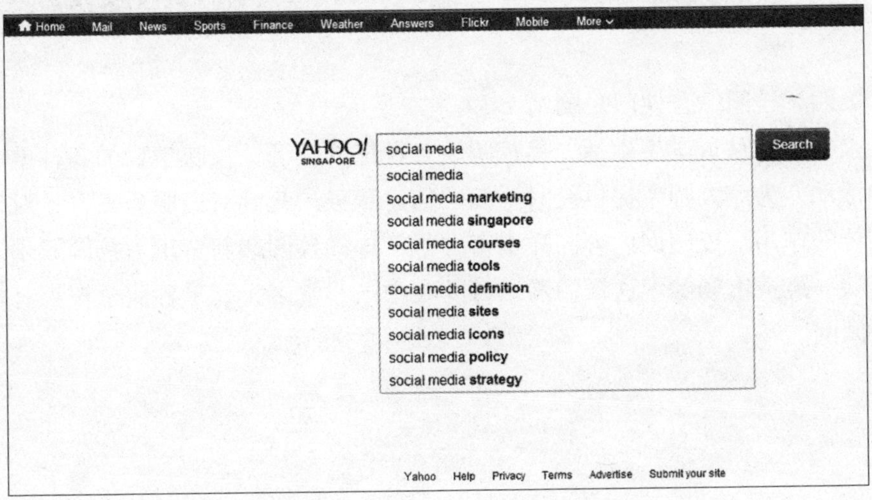

Home Mail News Sports Finance Weather Answers Flickr Mobile More

YAHOO! SINGAPORE

social media

Search

social media
social media **marketing**
social media **singapore**
social media **courses**
social media **tools**
social media **definition**
social media **sites**
social media **icons**
social media **policy**
social media **strategy**

Yahoo Help Privacy Terms Advertise Submit your site

第二，综合性门户网站。

该类网站中，以新闻信息、娱乐资讯为主的称作资讯综合门户网站，如新浪、搜狐等；以供求、产品、展会、行业导航、招聘为主的集成式网站，如众业、代理商门户、前瞻网等称作行业综合门户网站。

第三，地方生活门户网站。

该类网站是时下最流行的，以本地资讯为主，一般包括本地资讯、同城网购、分类信息、征婚交友、求职招聘、团购集采、口碑商家、上网导航、生活社区等频道，网内还包含电子图册、万年历、地图频道、音乐盒、在线影视、优惠券、打折信息、旅游信息、酒店信息等非常实用的功能，如城市·山东网、七月网、齐鲁社区、齐鲁都市网、新浪山东微生活、齐鲁教育、搜狐青岛等。

第四，校园综合性门户网站。

该类网站贴近学生生活，集校园内各种优秀资源，反映学校的各种重大事件和活动，为广大师生提供及时全面的信息服务，起到对内服务教育、对外学习宣传的作用。校园网内容同样丰富多彩，比如校园最新资讯、校园娱乐、校园团购、跳蚤市场等。这样的网站目前在中国非常多，几乎各所学校都有自己的校园网。

第五，专业性门户网站。

专业性门户网站也叫垂直门户网站，主要是涉及某一特定领域的网站。相对于综合性门户网站来说，其信息和资源更加集中，内容上不求全而求专，涉及游戏、服装、美食、建筑、机电、房产、二手货交易等，比如山东养殖网、山东收藏网、山东钓鱼网等。

第六，传统媒体背景网站。

你是不是会经常在网络上阅读电子报纸或者观看某一电视台的节目？这时你所接触的实际上就是传统媒体背景的网站，或者说叫传统媒体上网。当然，阅读电子报纸、观看网络电视、收听网络广播时，我们只是接触了传统媒体在网络上的一种初级形式。

传统媒体上网具体有两种运作形态：一种是传统媒体创办的网站，如人民网、新华网、中国国际广播电台网站、《中国日报》网站、山东广播电视台网站、山东大众报业集团的齐鲁晚报网等；另一种是由政府、新闻单位、公司企业联办的股份制网站，如北京的千龙网、上海的东方网、四川的四川新闻网、山东的齐鲁网（山东广播电视台主办的山东新闻网站）等。

2. 按照行业分类

按照行业分类，我们可以把网络媒体分为以下几大类型：

（1）新闻资讯。包括综合门户、新闻、体育、娱乐、军事、新闻门户、地方站、网摘等子类别，如中国新闻资讯网、凤凰资讯网等。

（2）网络服务。包括招聘、搜索、邮件、网站导航、软件下载、网络硬盘、网上黄页等子类别。就拿网上黄页来讲，几乎每个省市、地区都有自己的黄页网站，如武汉黄页网、上海黄页网、沈阳黄页网、香港黄页网、山东黄页网等。

（3）消费信息。主要包括财经、IT、汽车、房地产、健康、教育、生活、手机等子类别。比如专门提供教学、招生、学校宣传、教材共享的教育网站中国教育信息网、中国教育在线、教师继续教育网、人教学习网、中国教育新闻网、新浪教育、腾讯教育频道、搜狐教育等。

（4）娱乐服务。主要包括音乐综合、无线增值、游戏运营、影视下载、电子杂志、音乐搜索、手机娱乐等子类别。如提供各种音乐服务的网站搜狗音乐、虾米音乐、九酷音乐网、酷狗秀场、今生缘音乐、百度音乐等。

（5）休闲信息。主要包括游戏资讯、女性、旅游资讯、动漫、星座、电子贺卡等。针对女性群体的女性时尚健康资讯门户内容涵盖了女性健康、时尚、女性交友、女性情感、美容保健、新闻资讯、网络社区等各个方面，例如美丽说、海报时尚网、服饰与美容、女人世界、女人潮、漂亮女人等网站。

（6）社区交友。主要包括综合交友、社区、校友录、文学、博客、婚恋交友、微博等子类别。如QQ空间、天涯社区、新浪微博、猫扑网、百度贴吧、豆瓣网等都属于社区交友网站。这些网站为大家提供多元化的社区服务、交流、交友等信息。

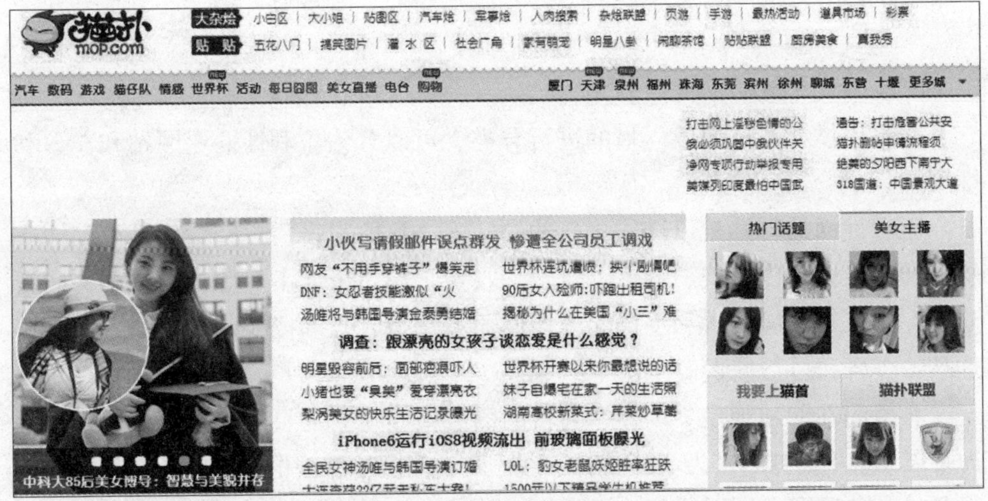

（7）电子商务。主要包括网上购物、网上支付、旅游预订、网上银行、网上订票、网上保险、游戏交易、比较购物等子类别，比如网络购物商城当当、京东、天猫、淘宝、亚马逊、苏宁易购、拉手网等。几乎各大银行都开通了通过网络提供各种银行服务的网上银行，如中国建设银行网站、中国工商银行网站、中国农业银行网站等。

另外，还有广告联盟、网络客服、分类广告、域名主机等子类别。比如对各类广告信息按照主题进行科学分类以利于用户快速检索的分类广告网站，如济南分类信息网有济南部落、济南百业网等。

100YE百业网 济南 选择城市 网店 信息 资讯 知识 优惠 招商 招聘 搜索

搜 百业 百度 360 搜搜 搜狗 有道 淘宝

家庭生活	社会服务	工商服务	日用百货	工业农业
房产 装修 家居 装饰 家具	文化 教育 餐饮 娱乐 商超	工商 商标 专利 认证 报关	食品 饮料 农产 日用 化妆	机械 设备 能源 冶金 化工
汽车 车配 车务 建材 五金	旅游 酒店 出国 殡葬 回收	金融 拍卖 法律 调查 翻译	服装 服饰 鞋帽 箱包 母婴	橡塑 电子 仪器 电气 照明
家政 维修 清洗 疏通 搬家	健康 运动 美容 医疗 票务	传媒 广告 摄影 庆典 会展	饰品 礼品 体育 玩具 牌具	交通 环保 纸业 纺织 皮革
婚介 职介 开锁 命理 收藏	建筑 工程 景观 安防 网络	包装 印刷 招牌 印章 运输	办公 电脑 通讯 数码 家电	农资 农机 林木 养殖 渔业

1F 房产 租房 二手房 写字楼 商铺 厂房 新房

山东信源房地产评估公司 济南房地产评估公司	**济南市有成房地产咨询有限公司** 济南虚拟办公室,济南写字楼出租出售,济南写字楼可注册公司	**山东省万德实业有限公司** 房产,二手房,公寓	**济南货车出租** 货车出租
出租厂房0.25元/天 600平 出租厂房0.25元/天 600平	**济南携跃投资咨询有限公司** 主营房产项目	**济南福地营销策划有限公司** 商业楼盘、商铺	**济南方甲田商务公司** 管家式服务式办公室租赁
齐鲁七贤文化城 商铺租售			

3. 按照设立目的分类

网络媒体如果按照设立目的进行分类，可以分为盈利性商业网站和非盈利性网站。

盈利性网站自然是以赚钱为目的的网站，目前很多门户网站都是盈利性质的。如网易就是以游戏、短信、广告、收费邮箱、个人主页等进行盈利，而新浪网主要依靠网络广告和手机无线增值业务获得收入。搜狐网的盈利方式主要是品牌广告和付费搜索。

非盈利性网站则是不以赚钱为目的的网站，建立的目的因人而异，有的是为了展示自我，有的是为了公益，有的是为了宣扬某种理论等。比如“感恩中国”就是一个免费向中国弱小群体提供捐赠的民间公益组织，网站口号是“用自己的爱心回报社会，用自己的实际行动构造和谐社会”。奇趣网则是收集了世界

上的奇闻趣事，包括科技、生活、宇宙等各个方面的精彩内容让人们在繁忙工作之余浏览，既开阔眼界又品味了美好生活。从网站总体数量来看，我国目前的非营利性网站数量不多。

三、移动新媒体

移动新媒体像影子一样时时刻刻陪伴着我们，成为“影子媒体”。移动新媒体是所有具有移动便携特性的新兴媒体的总称，其载体包括手机、平板电脑、掌上电脑、掌机 psp（Play Station Portable）、移动视听设备（如 MP5）等。

（一）移动新媒体的特征

移动新媒体具有和其他媒体形式截然不同的一些特征，主要体现以下几个方面：

1. 便携性

便携性是移动媒体的天然优势。就拿我们最常用的手机媒体来讲，手机终端与我们相伴，基本不受时间、空间等自然条件的限制，握在手中、揣在裤兜里、放在包里都合适，直接把我们从客厅、电脑桌前解放出来，在马路边、餐厅、公交车上、候车室里、野外都可以使用，实现了真正的随时、随地、随身信息访问。

2. 互动性

手机、平板电脑等移动终端发展至今都已经具备了相当的计算能力，在此基础上可以实现丰富的互动功能。平板电脑游戏、教学软件、手机游戏、手机微信等都具有很好的互动功能。

3. 私密性

与传统大众媒体不同，移动媒体通常为私人独立使用，这一点手机媒体体现得最为明显。使用者在体验过程中可以很好地保护自己的隐私，不受他人干扰，还可以在此基础上进行丰富的个性化定制，比如手机新闻定制、手机微信推送等。

4. 跨界性

凭借强大的移动网络支持，移动媒体可以很方便地与报纸、广播、电视、互联网等其他媒体形成紧密的互动。如手机报纸、手机出版、手机电视、手机广播等都是移动媒体与其他媒体形式的融合。

5. 增值性

手机平台可以实现灵活计费，这是传统媒体一直无法企及的。在此基础上，移动新媒体可以创造固定收益之外的更多边际收益，现在都在大力发展移动媒体的这种增值收益。

（二）无线网络与移动媒体

提到移动媒体，不得不说的就是无线网络技术的发展。WiFi 已经是大家再熟悉不过的无线网络，在办公室、酒店、商场、政务大厅等场所，乘坐公交、地铁、火车、汽车等交通工具时，我们都会发现 WiFi 的身影。南京市公交车已经覆盖免费的 WiFi，北京公交也于 2014 年 10 月全线覆盖免费无线网。2014 年香港在大型公园、运动场、公共图书馆、咨询服务中心、政府大楼及办事处、社区会堂、就业中心、熟食市场等布设免费 WiFi 热点。2014 年 11 月台湾宣布全线覆盖无线网。无线网络正在不断扩大自己的覆盖范围，为新媒体时代的人们带来无处不在的“网络时光”。

南京市公交车的免费 WiFi

WiFi 已经成为我们生活中的小精灵，有人曾经给出了一个非常形象的说法：喜欢一个人是什么感觉？感觉 Ta 身上有 WiFi！暗恋一个人是什么感觉？不知道 WiFi 密码是多少！失恋是什么感觉？就是本来能自动连接的 WiFi 突然有一天连不上了！暧昧是什么感觉？就是 WiFi 信号不稳定，有时信号强，有时信号弱！异地恋是什么感觉？就是知道 WiFi 密码，但是距离太远，连不上。这一形象说法，既体现出了 WiFi 的巨大魅力，又体现出了 WiFi 目前的发展现状。

随着无线网络技术的发展，移动媒体的使用得到空前普及。社交沟通、资讯获取、移动购物、移动办公，移动互联网逐步覆盖我们生活的方方面面。在众多场合，“低头看屏”已成风景。以智能手机、平板电脑等为终端的移动互联网爆发式增长，2013 年我国移动互联网用户总数已超过 8 亿，这一数量在 2014 年高速增长，并不断向三、四线城市和农村用户渗透。智能手机、平板电脑这样的移动“小屏幕”，不再只是通信、

娱乐工具，而成为生活、生产工具。

（三）各类移动媒体

手机媒体首当其冲地成为移动媒体的典型代表，如今智能手机的普及率已经非常高。市场研究公司尼尔森发布的《2013 移动消费者报告》显示，每个美国人平均每月花费 34 个小时使用移动应用和浏览器，超过花费在 PC 上的 27 个小时；美国人花在桌面版社交网络上的时间也越来越少，使用移动社交网络应用的时间却越来越多。中国智能手机的普及率达 66%，已经赶超英美，仅居于韩国之后，并且在 2014 年依然呈增长趋势。手机媒体与网络尤其是无线网络结合之后，成为移动媒体之王，手机资讯、手机电视、手机购物、手机社交、手机营销、手机广播、手机杂志、手机阅读、手机搜索、手机银行等都成为我们日常生活的一部分，手机已经逐步开始掌管我们的生活。

2010 年，苹果 iPad 在全世界掀起了平板电脑热潮。平板电脑（tablet computer）就是一款无须翻盖、没有键盘、小到可以放入女士手袋、重量轻、可手持，却功能完整的 PC 电脑。平板电脑以触摸屏作为基本的输入设备，现在最新生产的开始带有键盘，既可以直接支持手指操作，使用手指触控、书写、缩放画面与图案，也可以通过键盘快速输入。平板电脑的使用非常方便，可以用来实现登录微博、收发电子邮件、获取新闻资讯、观看视频、听音乐、拍照、无线上网等各种功能。随着技术的进步，通过内置信号传输模块，如 WiFi 信号模块、sim 卡模块（即 3G 信号模块）等，现在的平板电脑还可以实现打电话的功能。目前平板电脑的品牌有很多，如国外的苹果、三星、索尼、摩托罗拉、优派、微软、戴尔、爱可视等，国产的联想、华为、华硕、神舟、爱国者、纽曼、汉王、万利达、台电等。

你熟悉 Game Boy 吗？如果熟悉，那你肯定是掌机的忠实拥趸了。如果不熟悉，我们就借此来了解一下吧。Game Boy 其实是较早时期的一款影响力巨大的掌机游戏，很多人的娱乐时光都是伴随着它而度过的。现在 Game Boy 游

戏虽然已经时过境迁，但是掌机在不断发展，掌机游戏也不断推陈出新。掌机，就是掌上游戏机，又名便携式游戏机、手提游戏机或携带型游乐器，指方便携带的小型专门游戏机。它可以随时随地提供游戏及音乐、观影等娱乐。现在的掌机设计精美，品牌也很多，较为流行的有任天堂的NDS、索尼的PSP等。

MP3、MP4、MP5等随身视听设备想必大家已经很熟悉了，很多年轻人在上学路上、候车乘车时、外出游玩时、锻炼身体时都会用它听音乐或者看电影，随时随地进行娱乐休闲。MP5是MPEG Layer 5的简称，其核心功能是利用地面及卫星数字电视通道实现在线数字视频直播收看和下载观看等功能。MP5内置4～10G硬盘，使用者可以将MP3、网络电影甚至影视大片、电视连续剧、照片等统统纳入其中。MP5的出现弥补了MP3、MP4等下载视听类产品无法满足个性化以及在线消费的需要，因此能在移动状态下接收电视节目，还可以从互联网下载电影、视频、电子书，多功能的MP5大放光彩，备受青睐。苹果、索尼、台电、纽曼、爱国者、索爱、欧珀等品牌的MP5在市场上都占据了一定的份额。

四、其他新媒体

除了电视新媒体、网络新媒体、移动新媒体之外，在日常生活中，还可以见到其他一些形式的新媒体，如隧道媒体、路边新媒体、信息查询媒体等，也都属于新媒体的行列，同样为我们的生活带来新的便利和体验。

乘坐地铁、火车时会经过长长的地下隧道，里边遍布着很多灯箱媒体、视频媒体、平面媒体、语音播报媒体等，这便是隧道媒体常见的形式了。隧道媒体具有流动性、强制性、公益性、强视觉冲击、长时性、互补性等各种特征，从而使其能够发挥很好的媒体广告或宣传作用。

现在城市人群花在户外路途中的时间越来越多，上下班、会友、聚餐、娱乐、拜访客户等，而传统的路牌、灯箱、单立柱、霓虹灯等表现形式单一的户外媒体已经满足不了受众需求，于是出现了新的户外媒体形式，如户外视频、户外LED等，人们行走在大街上、坐在行驶的车里都能直接看到，像医院、商厦、写字楼等大型建筑外墙上、广场上等都会有此类的LED大显示屏，播放着各类节目。

总之，进入新媒体时代，各种各样的新媒体形式围绕在我们周围，成为我们日常生活不可分割的一部分。

广州火车站人行隧道灯箱媒体

新媒体时代的生活方式

如果你是一个普通的上班族，下列情景是你熟悉的：

早上出门时，你的手机会接收到你预先定制的消息，告诉你今天有什么值得关注的新闻、天气状况和交通出行状况，你会以此来判断要不要带伞、穿什么衣服和选择什么样的出行方式。

在公共汽车上，你会通过车内的移动电视观看完今天的早间新闻，还能看到滚动播放的电视广告、MTV 和图文信息。

换乘地铁，你可以在站台上看到天气预报、上下车次信息以及新闻广告和其他节目的图文电视。在车厢内，还有结合沿途站点信息、广告等内容的视频节目。

走出地铁，如果你需要乘坐出租车，那么在车上你可以选择收听广播，也可以选择收看车载录像或者其他类型的移动多媒体节目。

下车后，迎面而来的就是路边高楼大厦上的电了大屏幕，上面或在播放文

字信息，或正在转播电视台的节目。

进入楼内，在你等电梯或者进入电梯后，你会看到这里的屏幕上同样正在播放电视台的节目，或正在播放广告、图文信息或者其他视频节目。

到办公室坐下，你或许会开始用电脑上网，浏览网站信息，文字、声音、图像俱全，让你更透彻地了解了新闻，获取了信息。工作期间，你会用 QQ 或者 MSN 跟同事传输文件，交流工作事宜。顺带着，你把自己用手机拍摄的照片或者录像，发到自己的微博里去，让更多的人看到。

晚上回到家里，面对上百个高清数字电视频道和数十个点播节目，你是不是有点为难，该看哪个节目呢？在看电视的同时，你还用手机上网，发了微信，“织”了微博，回复了评论……

第一节　网络新媒体：四通八达的生活

网络媒体悄无声息地融入到我们的生活中，彻底改变了每一个人的生活方式：当我们有不懂的问题时，网络就是老师；当我们想查找资料时，网络就是一个聚宝盆；当我们想购物时，网络就是一个虚拟的大商场；当我们想出行时，网络就是热心的导航人；当我们想创业时，网络开辟了新渠道……网络媒体的出现，让世界变成了“地球村”，让社会变成了信息的海洋，让我们每一个人都生活在网络构成的四通八达的崭新“生活网”里。

一、了解时事的渠道

获取新闻资讯，了解时事发展，是我们日常生活的重要构成部分。你喜欢以什么样的方式了解新闻时事呢？通过电视看新闻，买份报纸读新闻，通过广播听新闻，还是通过网络看、读、听新闻一起来？哪种渠道能够让我们了解真实、权威、广泛、时效的新闻信息呢？通过网络了解新闻时事应该是个不错的选择。

以网络为载体的网络新闻，具有快速、多面化、多渠道、多媒体、互动等特点，突破了传统新闻的单一传播方式，文字、图像、声音、视频多种手段综合运用，在视、听、感方面给我们带来全新的体验，成为新媒体时代人们了解新闻时事的重要渠道。网络新闻，让我们第一时间知晓天下事。

（一）网络新闻的优势

1. 免费便捷

到目前为止，中国的门户网站以及后来居上的专业新闻网站所提供的即时新闻都是免费的。我们通过网络了解时事新闻的方式也非常便捷，直接登录搜狐、新浪等新闻网站或者通过搜索引擎搜索要关注的新闻就可以了。

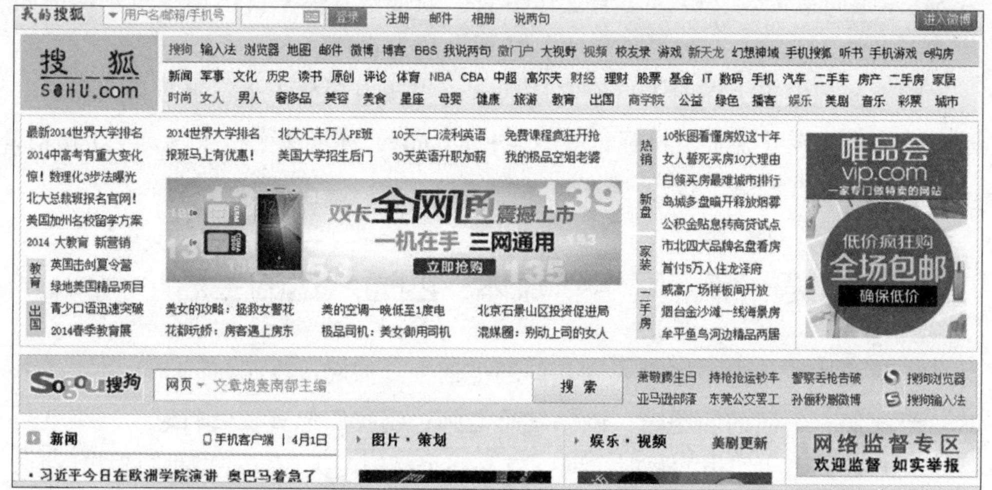

2. 即时快速

有别于报纸的固定排版与一日一更新，网络新闻是 24 小时实时更新。新闻网站在网络新闻发布的竞争上是用秒计算的，只承认第一，没有第二，晚一秒就是落后。

3. 互动性强

互动是网络新闻与生俱来的特质。网站、论坛、博客、微博、新闻跟帖等都成为连接网络新闻与受众最紧密的纽带。一条新闻的背后还会有上千条讨论、上万条跟帖，网友可以在线参与新闻事件的讨论与解析，即时进行互动，真实并且力量巨大。

4. 内容丰富

网络新闻的内容覆盖面大并且丰富多彩。一个专业新闻网站，如新华网的新闻中心，首页链接信息量就至少相当于几十份的《纽约时报》。腾讯新闻就包括了时政新闻、国内新闻、国际新闻、社会新闻、时事评论、新闻图片、新闻专题、新闻论坛、军事、历史等专业时事报道。

5. 贴近受众

网络受众无论身份、地位、职业如何，都可以平等浏览新闻，平等参与新闻事件的讨论，甚至可以借助贴吧、微博、手机视频等方式直接参与新闻事件的传播。新媒体时代已经成为“人人有新闻，人人是记者”的时代，这也说明网络新闻更贴近大众。

6. 方式多样

在表现形式上，网络新闻是以标题链接方式展现的，不但可以随时更新，而且如果想要更深入地了解新闻事件的发展的话，还可以点击链接进入专题报道，这是报纸等媒体做不到的。在发展和创新过程中，网络新闻又增加了短信、手机报、手机视频、博客、播客、微博、微信等一些新的传播和阅读方式，有了这些利器，网络新闻更是如虎添翼。

（二）获取网络新闻的渠道

随着传统新闻媒体与网络新闻媒体的不断结合，各大型门户网站都纷纷开辟了专门的新闻传播板块，加上各种形式的新闻社区及媒体新闻推送方式，使网络新闻的获取变得越来越容易，选择也越来越多。

1. 新闻社区

这是一种以新闻媒体行业为主体，通过专业渠道获取新闻后，发布在定制的新闻网站的新闻传播形式，是网络新闻的主要发源地。这些网站发布的新闻，一般都对各类信息进行了很好的分类，以适合不同受众阅读。新闻社区主要有几种，一种是像《人民日报》《环球时报》《南方周末》《参考消息》等传统新闻出版社的社区网站，一种是像网易新闻网、搜狐新闻网、新浪新闻网、腾讯新闻网、优酷娱乐资讯等一些门户网站开辟的新闻板块，还有一种就是一些大型的 BBS 论坛，如网易新闻论坛、百度贴吧、各地的新闻论坛等。

2. 即时通信新闻

主要以一条极短的信息或一张图片、一段视频等微小的新闻形式出现在各类即时通信社区的新闻消息，如微博、博客、腾讯 QQ、微信等即时通信工具中出现的迷你新闻、弹窗新闻等都属于此类传播方式，如图就是一则腾讯弹窗新闻。这种即时通信中出现的新闻具有高效、即时特点，深受受众欢迎，已经成为新闻传播的主力军。

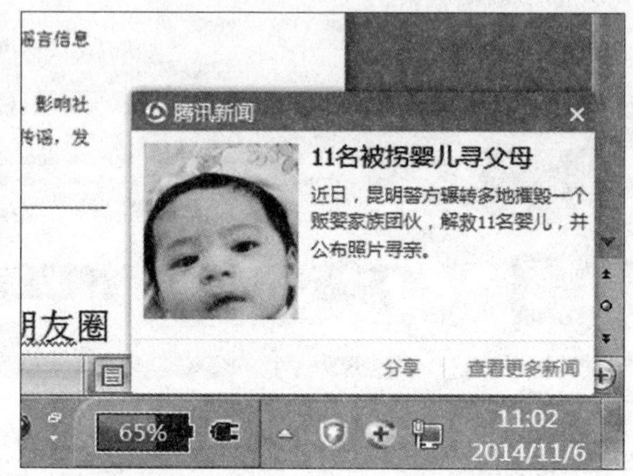

3. 定制新闻

我们也可以通过定制的方式获取新闻，了解时事。定制的新闻内容多，信息量大，并且针对性强，比如对军事新闻感兴趣可以专门定制，对体育新闻感兴趣可以专门定制，只关注某地区的新闻等。当用户通过定制工具订阅了某类型的信息时，这些信息会每天更新，一旦用户连入网络，就会提醒用户阅读，像新浪、百度、QQ 等都可以定制新闻，如下图就是新浪网的地区新闻定制。新闻来源可以包含门户网站、论坛、贴吧、微博、微信等各种新闻发源地。

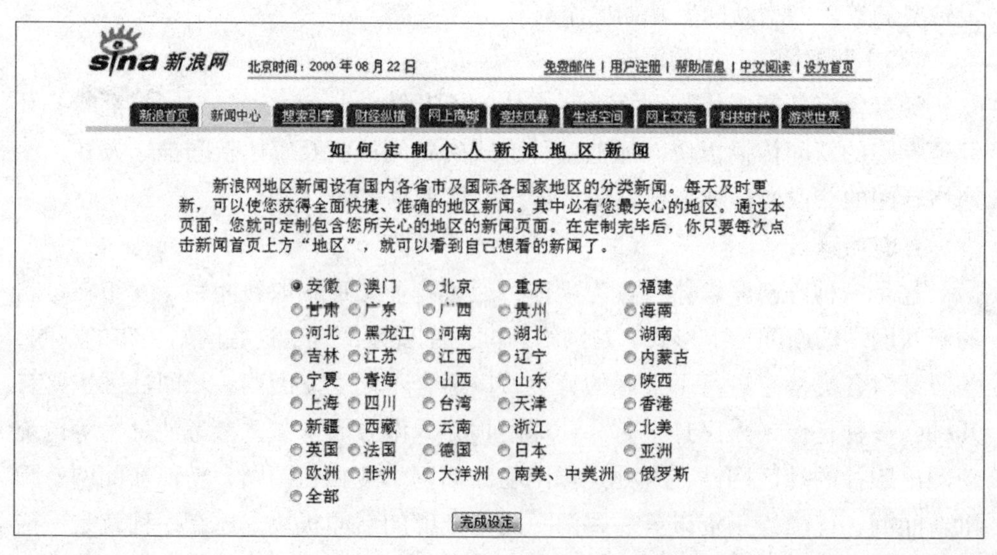

二、沟通交流的工具

一网通天下，利用网络，全球新闻资讯尽在我们的掌控之中，同时也可以通过网络工具跟天南海北的朋友进行交流和沟通。新媒体时代，家人、亲朋好友不在身边，通过网络文字、语音、视频跟家人联络是再平常不过的事情。我们还可以通过网络，跟一些虽然陌生却有着共同兴趣爱好、共同研究领域的群体进行交流探讨，结识朋友，形成圈子或网络社区，进行网络社交。比如 2014 年 CCTV 推出的微视软件，目的就是通过网络建立“TV 圈”。CCTV 微视是一款交互功能强大的社交电视客户端，它并不能用来观看视频，主要的功能是让喜欢观看电视节目、追电视剧的粉丝有个聚集地——“TV 圈”。在观看电视节目和电视剧的同时，在“TV 圈”里吐槽，发表看法，参加互动活动，还能找到兴趣相投的朋友。

现在我们常用的网络沟通交流工具有 E-mail（电子邮件）、QQ、电子传真、MSN、飞信、博客、微博、微信、陌陌、易信、论坛、贴吧、网络社区等。

（一）电子邮件（E-mail）

电子邮件（Electronic Mail，简称 E-mail，也被大家昵称为“伊妹儿”），又称电子信箱、电子邮箱，是一种用电子手段提供信息交换的通信方式，是 Internet 网络应用最广的服务。电子邮件的标志是 @，比如网易的邮箱是 ×××@163.com 或 ×××@126.com，新浪邮箱是 ×××@sina.com 等。

电子邮件可以是文字、图像、声音、视频等各种方式。同时用户可以得到大量免费的新闻、专题邮件，并实现轻松的信息搜索。电子邮件使用简易，投递迅速，收费低廉，易于保存，全球畅通无阻，并且可以群发、加密传输等，使电子邮件被广泛地应用。搜狐、新浪、网易、腾讯等各大门户网站都有电子邮件服务。使用时，登录网站，找到邮箱服务，填写注册信息，就可以拥有一个自己的邮箱，使用时输入用户名和密码就可以进入收发邮件。网站的邮箱服务一般有两类：个人免费邮箱和企业收费邮箱。

（二）QQ

从点开一个跳动的 QQ 头像开始，我们学会了聊天。聊天带来欢乐与方便，语音、视频、表情、传输文件、留言，快乐就在弹指之间。QQ 是深圳腾讯公司于 1999 年 2 月开发的一款基于 Internet 的即时通信（IM）软件。腾讯 QQ 支持在线聊天、语音、视频、点对点传文件、

共享文件、网络硬盘、自定义面板、邮箱、离线留言等多种功能，并可与移动通信终端如手机、IP 电话网、无线寻呼等多种通信方式相连。

QQ 还具有群功能。同事群、老乡群、同学群、好友群……我们可以建立或者加入各种各样的 QQ 群。QQ 群是一个聚集了一定数量 QQ 用户的长期稳定的公共聊天室，群成员可以通过文字、语音进行聊天，在群空间内也可以通过群论坛、群相册、群共享文件等方式进行交流。

除了常用的功能外，QQ 还打造了其他一些业务，比如手机 QQ、企业 QQ（腾讯为中小企业开发的在线客服与营销工具，除具有普通 QQ 的功能外，还有其他一些特点，如好友人数上限为 10 万，支持多人同时在线但对外还是一个号码，没有 QQ 空间只有相应的企业空间等）、QQ 空间（腾讯公司于 2005 年开发出来的个性空间，具有博客的功能，可以发表文字、图片、视频状态等说说）、QQ 音乐、QQ 旋风（网络下载工具）、QQ 输入法、游戏、浏览器、宠物、电脑管家、影音播放器等。

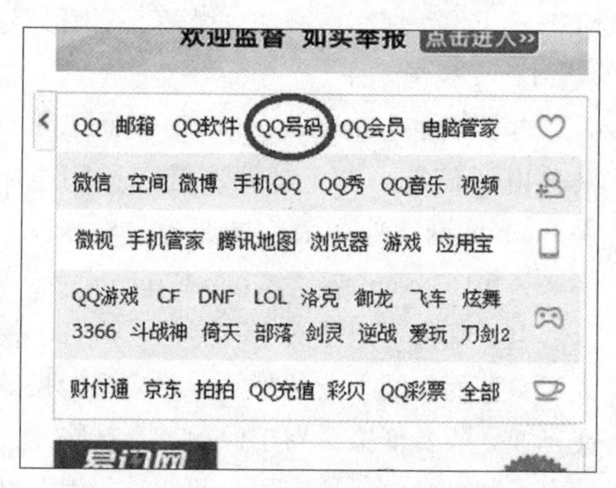

想获取一个 QQ 号码，直接登陆腾讯官网，在首页找到 QQ 号码一栏点击打开后，填写注册信息就可以获取一个自己的 QQ 号码，QQ 号码由数字组成，目前已经是 10 位数。QQ 号码分为免费的“普通号码”、付费的“QQ 靓号”和“QQ 行号码”，包含某种特定寓意（如生日、手机号码）或重复数字的号码通常作为靓号在 QQ 号码商城出售。申请获取了 QQ 号码后就可以和好友聊天、传送文件，发表自己的说说了。

（三）博客

博客（Blog），就是在网络上发布和张贴的文章或流水记录，通常称为“网络日志”，简称为“网志”。

博客是一种由个人管理，内容按照时间先后顺序排列，并且不断更新的网站。任何人都可以像免费电子邮件的注册、写作和发送一样，来完成博客网页的创建、发布、更新和管理。写博客的人称为“博主”，所发布的文章称为“博文”。博客一般都结合了文字、图像、视频、音乐、其他博客或网站的链接，

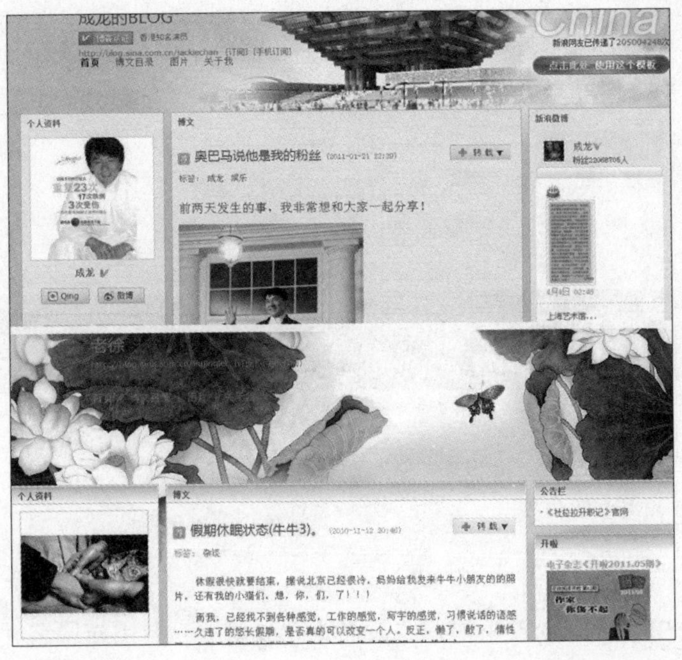

以及其他与主题相关的媒体链接，并且可以让浏览阅读博客的读者以互动的方式发表自己的看法，写留言。博客内容涉及各种主题，如新闻关注、生活记录、艺术、摄影、视频、音乐、播客、育儿、科技、体育等。

博客实际上是社会媒体网络的一部分，它并不完全等同于“网络日记”，网络日记带有明显的私人性质，但博客是私人性质和公共性质的结合，因为博客不仅仅是纯粹个人思想的表达和日常琐事的记录，博客上提供的内容可以用来进行交流和为他人提供帮助，具有共享精神和价值。无论是名人，还是草根，都可以开设自己的博客。搜狐、新浪、网易等都有开博功能，进入这些网站的首页，找到“博客”一栏，点击注册就可以拥有自己的博客。利用博客进行个人自由表达、知识过滤与积累、深度交流与沟通、博客营销等，都是非常好的选择。但是自从有了微博之后，博客开始日渐没落，使用的人越来越少，所以我们看到很多博客更新到2010年、2011年就不再更新了是很正常的。

（四）微博

微博是继博客之后产生的一种新媒体，也是自媒体时代的新宠儿。2010年被称为微博元年，因为在这一年微博取得了极大发展，许多重大的新闻事件、新闻话题都是在微博上最先发布、报道和集中讨论的。随着微博的迅速发展和微博传播优势的日益体现，许多传统媒体也都纷纷开通微博，将微博作为新媒体传播阵地进行新闻信息的传播、自身媒介品牌的推广等行为，如《人民日报》《齐鲁晚报》《山东商报》等都开通了自己的微博。

最早也是最著名的微博是美国的推特（twitter）。2009年8月中国门户网站新浪推出“新浪微博”内测版，成为门户网站中第一家提供微博服务的网站，

微博正式进入中文上网主流人群视野。随着微博在网民中的日益火热，在微博中诞生的各种网络热词也迅速走红网络，微博效应逐渐形成。2013 年上半年，新浪微博注册用户达到 5.36 亿，2012 年第三季度腾讯微博注册用户达到 5.07 亿。2014 年 3 月 28 日新浪微博正式改名为“微博”，启用新域名并推出新的 LOGO 标识，微博成为中国网民上网的主要活动之一。目前新浪、腾讯、搜狐、网易、人民、凤凰、新华、天涯商务等都开通了微博服务。

微博（Weibo）是微型博客（MicroBlog）的简称，即一句话博客，是一个基于用户关系信息分享、传播以及获取的平台。微博提供了这样一个平台，用户既可以作为观众在微博上浏览自己感兴趣的信息，也可以作为发布者在微博上发布内容供别人浏览。微博发布的内容非常简短，通常为 140 字（包括标点符号），微博由此得名。同时微博也可以发布图片、分享视频等。微博最大的特点就是发布信息即时快速、信息传播快速且范围广。例如一位微博用户有 200 万“粉丝”，那么他（她）发布的信息会在瞬间传播给 200 万人。

基于微博信息发布与传播便捷、快速、短小精悍、影响力大等优势，政府、官员、名人、草根等都纷纷开通了自己的微博，进行各种信息传播与信息公开服务。2009 年 9 月已开通微博的著名影星姚晨，因为拥有大量微博粉丝而被称为“微博女王”，其涉及的离婚、再婚等事件几乎都是通过微博进行声明。2014 年 10 月，重庆酉阳乡村小学教师张之睿不幸身患再生障碍性贫血，为不连累家人，患病后她在微博上为自己募捐，网友也积极进行转发，已经成功收到可观的捐款数量。在地震灾难、恐怖袭击等突发性事件或重大新闻事件方面，微博更是充分发挥自己的威力，信息公开、辟谣、反腐、营销等都是微博在实际社会生活中的有效利用。

三、现代生活的锦囊

在工作生活中遇到了不懂的问题怎么办？——上网查一下！

想买东西，可是没有时间，也不愿意出去到处逛，怎么办？——网上买呗！

身体不舒服，不愿意做饭，可是肚子又饿，怎么办？网上订购啊！

想买房子，找中介又费钱又费力，怎么办？上搜房网找！

要去一个陌生的地方，不知道怎么走，怎么办？用网上地图！

去银行办业务，要填单，要排队，怎么办？网上银行几分钟搞定！

……

网络给我们的现代生活带来了无尽的便利，从吃、穿、住、行，到工作、学习、交友，网络都参与其中，时刻与我们产生着千丝万缕的联系，成为我们现代生活的锦囊。

（一）网上搜索

日常生活中遇到了不明白的问题，学习中遇到了疑问，专业知识不太了解，工作过程中报表不会做，诸如此类的问题，我们都可以通过网络搜索来解决。网络为我们提供了海量的共享资源与信息，提供了一个“百宝箱”一样的万能锦囊，各行各业五花八门的信息，网络上都可以搜寻到。比如忘记家里旅行箱

Baidu百度

新闻 网页 贴吧 知道 音乐 图片 视频 地图 百科 文库 更多>>

旅行箱密码锁忘记密码怎么办 百度一下

天气预警 山东省发布大雾黄色预警，尽量减少户外活动

把百度设为主页

加入百度推广 | 搜索风云榜 | 关于百度 | About Baidu | 加入开放首页

©2014 Baidu 使用百度前必读 京ICP证030173号

设的什么密码了，想不起来又急着用，怎么打开呢？上网查一下如何能够打开吧。下面我们通过百度搜索来进行。打开百度网页后输入“旅行箱密码锁忘记密码怎么办”，开始百度。

点击“百度一下”后会显示搜索结果，这里百度为我们搜索到 2110000 个相关结果，为我们提供各种各样的方法。

接下来，从中选择一项打开，浏览，看是否适合自己使用，如果适合按照所教方法打开就万事大吉了。

Bai du 百度　新闻　网页　贴吧　知道　音乐　图片　视频　地图　文库　更多»

旅行箱密码锁忘记密码怎么办　百度一下

旅行箱,密码锁忘记了怎么办啊_百度知道

6个回答 - 提问时间: 2013年06月28日

问题描述: 你是怎样看到那个凹槽的

最佳答案: 这个很简单,不过说起来很难理解和操作,但是总比砸好.密码锁转盘旁边不是都有一个缝的吗,用电筒照一下就可以看到里面(有的很密比较难看,但是使劲看...

zhidao.baidu.com/link... 2013-06-28 V3

忘记旅行箱密码锁密码	6个回答	2006-02-23
求救!!!旅行箱的密码锁被锁死了,但忘记了密码...	2个回答	2012-09-05
大旅行箱数字密码锁忘记了怎么办?	3个回答	2013-08-13

更多知道相关问题>>

旅行箱密码锁忘记密码怎麽办_百度经验

旅行箱密码锁忘记密码怎麽办| 浏览:1334 | 更新:2013-05-25 09:58

忘记密码就慢慢试咯,不用设1000遍吧.你三位数,每个数字转的时候用耳朵注意听一下,转到...

jingyan.baidu.com/art... 2013-05-25 - 百度快照

旅行箱上的密码锁忘记密码了怎么办?三位数的 - 已解决 - 搜搜问问

这是怎么实现的呢？网络为我们提供了很多搜索引擎，可以搜索网络上的所有共享资源与信息。利用搜索引擎，我们就可以找到自己想要的结果。网络上的搜索引擎很多，共享资源海量，自然我们就可以通过网络搜索的方式解决自己工作、生活、

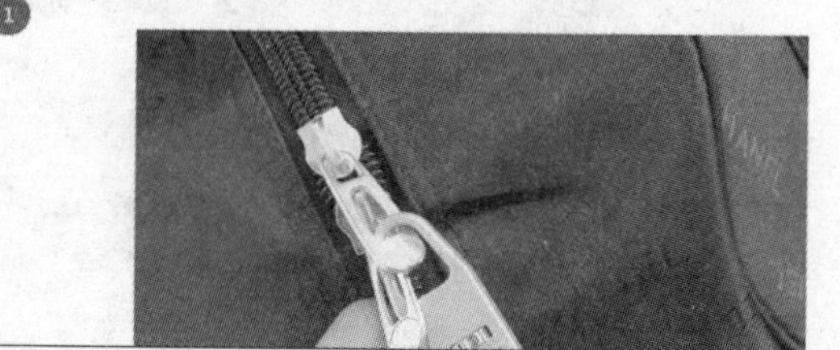
放假回家或出差，拉杆箱是必备物品之一；这时拉杆箱密码忘了怎么办？经常不用，等拿来用时，拉杆箱密码忘了怎么办，这也许是更悲催的事吧。下面拉杆箱什么牌子的好就和大家整理一下网友们对拉杆箱密码忘了怎么办的解决方法，希望能帮上你的忙。

方法步骤

1

学习中碰到的各种问题了。

百度、搜狗、搜狐、谷歌（Google）、雅虎（Yahoo）、搜搜、爱问、QQ搜索、网易搜索、21CN搜索、中国搜索、TOM搜索、eBay、NHN、Yandex、Facebook、Ask和阿里巴巴等搜索引擎都可以帮助我们找到自己想要的结果。了解更多关于网络搜索的知识，如搜索引擎的原理、使用技巧、结果提炼、关键词输入等，能使自己的搜索更精准。会搜索才叫会上网，学会网上搜索，什么天气预报、出行路线、陌生城市、天文地理、科学百科等都可以一网打尽。

（二）网络购物

“亲，今天你网购了吗？”无论是腰缠万贯的富贵阶层、时尚的白领一族，还是普通的工薪阶层，没有网购经历的人正在日渐减少。如今网购已经由时尚变成一种习惯，成为一种普通的购物方式。想必大家对淘宝、京东、天猫、当当、卓越、美团、拉手、易趣、拍拍、优品网等购物网站都耳熟能详了吧？网购为

我们的生活开启了一种新的潮流、一种新的生活方式与购物体验。

网络购物简称网购，是一种网上购物行为，简单来说就是通过网络买东西。网上购物种类繁多，日常用品、书籍、服饰、鞋帽、玩具、软件、唱片、家电、美食等各种物品应有尽有，凡是我们平时到商店里能买到的物品网上同样都有。

与传统购物方式相比，对于消费者来说，网购有什么优势呢？

（1）可以在家“逛商店”，订货不受时间、地点的限制。

（2）从订货、买货到货物上门（由卖家通过快递负责送货上门，但有些需要收取运费）无需亲临现场，既省时又省力。

（3）商品容易查找。网络商店中基本都具有店内商品的分类、搜索功能，通过搜索，购买者可以很方便地找到需要的商品，不需要花费很多精力。以天猫购物网站购买“男童外套”为例。在搜索栏中输入“男童　外套”，点击搜索，网页就会给我们列出跟“男童外套”相关的信息，如品牌、分类、身高等。

还会给我们以图片方式列出搜索到的相关商品，供用户直观选择。进入具体网店后，还可以再按照自己的要求进行具体搜索，很容易找到自己想要的商品。

（4）获得较大量的商品信息，可以买到当地没有的商品。

（5）网上支付较传统拿现金支付更加安全，可避免现金丢失或遭到抢劫。

（6）由于网上商品省去租店面、招雇员及储存保管等一系列费用，总的来说其价格较一般商场的同类商品更低廉。

（7）可以保护个人隐私。很多人不希望别人知道自己购买了什么样的物品，网购就可以解决这一问题。

网络购物如何付款呢？这也是大家非常关心的问题。

网购的付款方式和我们在实体商店购买商品的付款方式不太一样。网购一般都通过在线进行支付，可以使用支付宝、网上银行、财付通、百付宝、网络购物支付卡等来支付。在确认购买信息后，可以直接按照系统的提示进行操作付款即可。但是在付款过程中，一定注意个人账户密码安全问题。

生活中的方方面面，我们都可以通过网络这个“生活锦囊”获取，从而更好地打理我们的生活。这里我们不再详细地一一介绍了，如果有需要，借助于网络来帮助自己获取吧。

四、工作求职的助手

你还奔波在人才市场找工作吗？你还蹲坐在马路边上苦苦等待招工的人吗？你还花费大量资金在报纸上登求职广告吗？换一种途径与思路，试试网上求职找工作吧。随着信息技术和社会的不断发展，在网上求职找工作已经成为广大求职者和招聘者的便利途径，网络已经成为我们招聘、求职必不可少的好帮手了。

（一）求职找工作的网站

可供我们求职找工作的网站有很多。在找工作时要先想好自己的基本意向，如在哪个城市、找什么性质的工作等，选择符合自己需求的网站，比如综合大型招聘网站有58同城、兼职招聘网、前程无忧（51 job）、搜狐招聘、网易职业频道、我的工作网（my job）、智联招聘网、中国劳动网、中华英才网、卓博招聘等。如果确定要在某个城市求职，自然是通过当地的主流人才网站进行最好了，比如要在济南找工作，就可以通过齐鲁人才网、每日人才网、山东人才市场网等来进行。如果要找专业性非常强的工作，可以通过专业类招聘网来进行，比如中国汽车人才网、好极啦金融人才网、中国建筑景观人才网、中国

演艺人才网、中国行业招聘、销售精英网、航天人才网、IT 英才网、医药英才网、中国物流人才网等。

（二）网上求职的形式

我们在网上求职时，一种方式是在网上发布求职信息，等用人单位和自己联系。打开自己想发布求职信息的人才网站，一般是先要注册登记，注明求职意向、要求以及个人情况和通信方式等，完成登记即可。另一种方式就是根据网上发布的招聘信息，发送求职意向，或直接登录单位站点，主动联系。如果招聘单位对你发去的资料感兴趣，就会和你继续联系。

（三）网上求职找工作的注意事项

求职简历或求职电子邮件要尽量简明扼要，把自己的特长、要求等表达清楚，注意不要有字词及语法类错误，使用纯文本形式（多数招聘网站都要求使用 Word 文档的形式）。

不要登录非正规的网站，避免受骗上当。要登录正规、知名网站。注意防范一些招聘骗局，比如要求交报名费、押金、手续费等骗取钱财的，还有网上传销骗局，声称只需要交几十元会费就可以在家创业等。

要注意保密个人信息。网上找工作时不要向任何网上“雇主”发送自己的个人重要资料，如身份证号码、信用卡号、家庭准确地址等，防止被不法分子利用，只留下联系方式和自己大体位置等就可以了。

不要盲目、大量发送自己的简历。求职前首先要有准确定位，否则接下来的面试会让你应接不暇，花费大量时间、精力与费用。

不要以同一份简历来应聘不同的公司，不要以很高的频率发送简历，否则很可能引起招聘单位的反感从而过滤掉你的邮件。

不要忽视已经发送的简历，要时刻关注其进展情况。

当然，求职时不要将全部的希望都寄托在网上，网上找工作只是求职的一个渠道，可以多管齐下，同时以网下方式进行。

五、终身学习的平台

“活到老，学到老”，虽然每个人的学习动机和目的不一样，但网络无疑是一种非常好的学习途径，是我们实现终身学习的良好平台。通过网络进行学习，我们可以共享丰富的网络学习资源，突破传统学习的时间和空间限制。网络提供的自主、开放、创新的学习环境，可以使个体实现自主性学习和个性化学习。

语言学习、网络技术、网络编程、培训技巧、装修知识、管理知识、乐器演奏、书法绘画、养生知识、水电安装、工程预算、种植技术、养殖技术、医疗卫生、家庭教育、市场管理与营销等各行各业的相关知识和技能，我们都能够从网络上学习。当然了，在学习过程中，我们还可以选择一些比较好的、系统化的学

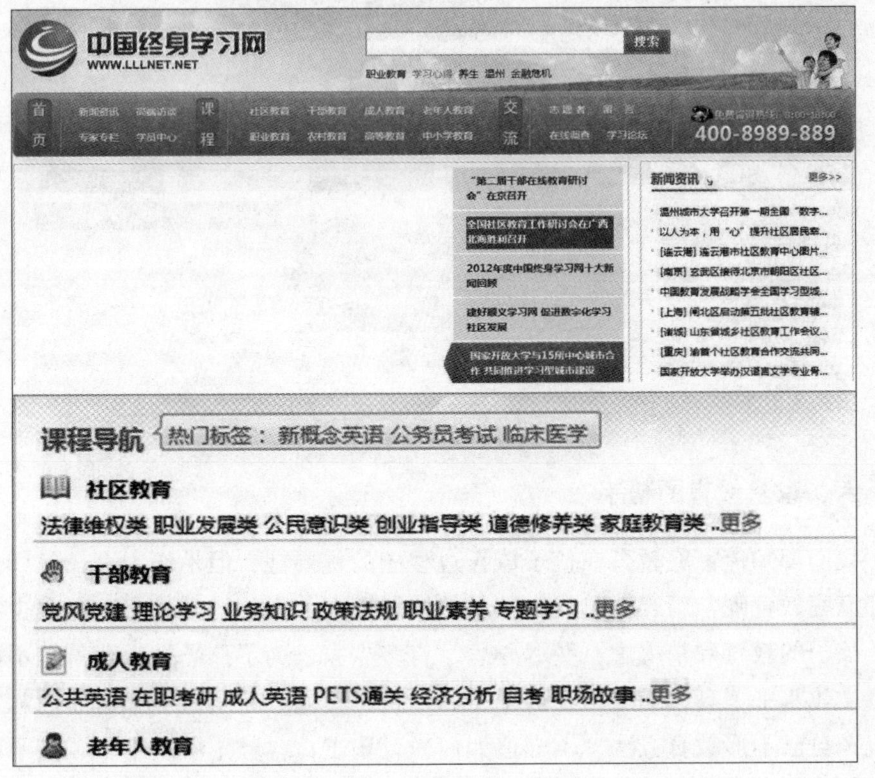

习平台来进行。新媒体时代，网络学习成为重要途径，基本每个城市都建立了自己的终身学习网供市民学习、交流，如济南的泉城学习网、武汉终身学习网、长沙终身教育学习网、太原终身学习网等。

针对不同行业知识技能，供我们学习的网站和平台也不太一样。如要进行英语学习，我们可以选择沪江英语、大耳朵英语、爱思英语、恒星英语、旺旺英语等。这些英语学习平台都有很多免费资料，有关口语、听力、阅读、写作的都可以找到。如果我们想学习养殖、种植技术等，可以选择技术大全网、农业技术学习网等。

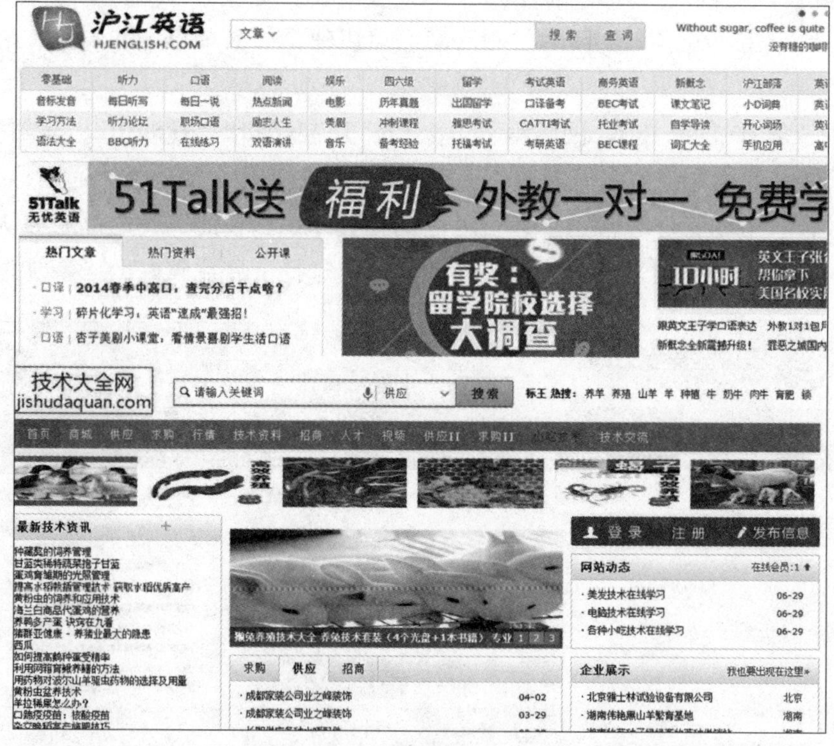

六、家庭教育的帮手

我们都知道家庭教育在孩子成长过程中的重要性，但是作为家长怎样才能做好家庭教育呢？新媒体时代，孩子的接触面广，面临的诱惑多，有多少家长为了孩子的教育殚精竭虑、费尽心思，有多少家长为了孩子的教育苦闷不已。自己文化水平不高，辅导不了孩子学习；自己不懂心理学，不知道如何和孩子交流；自己不懂教育方法，不知道如何教育孩子；自己不懂网络，和孩子有巨大代沟……诸如此类的问题，在现代家庭中估计很多家长都遇到过。如何解决？不妨让网络这位贴心帮手助你一臂之力吧。

（一）充分利用网络提供的丰富教育资源

网络为我们提供了丰富的教育资源，各个年龄段的、各种学科的无所不包。作为家长，可以充分利用这些资源，为孩子的教育提供帮助。比如我们要辅导孩子进行小学语文的学习，就有大量网络资源可以利用，小学语文学习网（人民教育出版社开设）、杏坛小学语文教学网、小学语文网、小学语文资源网等大量专业教学、学习、资源网站都可以帮助我们。比如孩子要学习绘画，可是家长既不懂绘画，又没有能力为孩子请专业老师来教，怎么办？同样可以借助网络绘画教学资源，如我爱画画网、会画网、画画网、宝宝吧、写生派等，再加上一些教学视频、教学文字指导资料等，都可以供我们选择使用。

（二）学习网络中提供的大量教育方法

教育方法是家庭教育中的大难题，是让家长们最为头疼的问题之一。如何让自己掌握更多、更好的教育方法？学习一下这方面的理论、专家指导、实践方法、教育观念、心理学指导等内容无疑会对我们有极大的帮助，但进行系统专业的学习显然难度较高也不太现实，而网络就可以为我们提供这方面的大量资源，助我们一臂之力。我们在搜狗搜索中输入“儿童教育方法”进行模糊搜索，找到约 1677430 条结果，网络中提供的教育方法之多可见一斑。

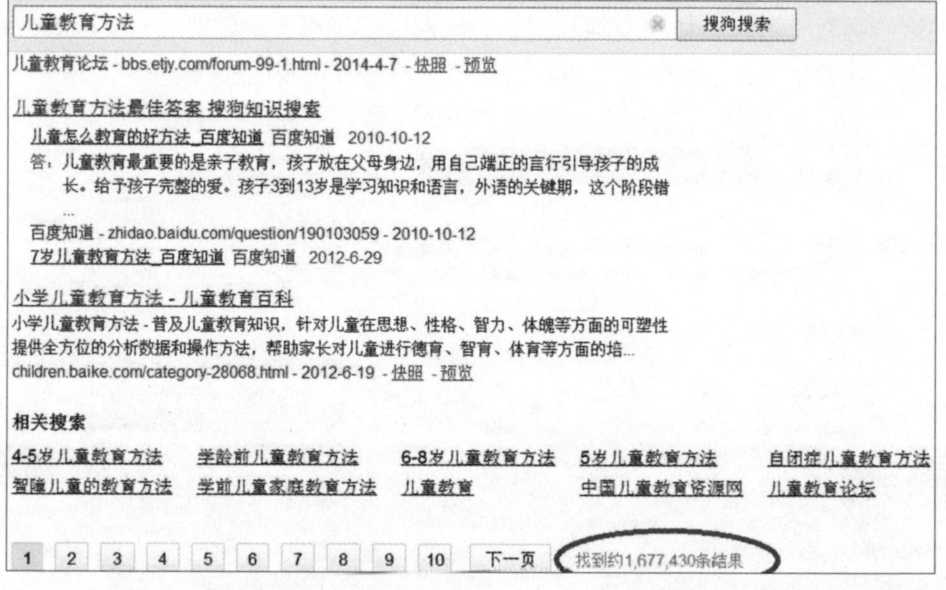

（三）参与家庭教育交流网络平台

家庭教育是个大问题，也有很多诀窍。别人怎么教育孩子的，去哪儿找人交流？在教育孩子的过程中遇到实际问题，想请教一下专家，可是去哪儿找专家？网络上同样给我们提供了解决这些问题的交流平台或交流途径。通过教育网站的在线交流、专家在线咨询等，就可以在家庭教育方面聆听一下别人的教育方法，探索自己的问题所在。如中国家庭教育网，就设立了专门的家庭教育专家在线咨询平台。所以，家长可以参与一些家庭教育交流 QQ 群、微信群、在线咨询、在线讨论圈等，帮助自己解决家庭教育问题。

（四）利用教育网站获取教育信息

孩子该上小学了，所在片区的学校分布、学校师资情况、入学条件是什么？孩子要中考，今年本地区的中考政策是什么？孩子高考了，最新招生信息有哪

些？想上的高校师资、科研、环境如何？诸如此类的教育信息，我们都可以通过网络来获取。比如我们想获取教育领域的政策、法规、最新消息和动态等教育信息，可以通过全面又权威的中华人民共和国教育部网站获取，国家教育资讯网、搜狐教育、新浪教育、腾讯教育等都提供有关教育新闻和教育动态的信息。如果想获得某个领域的专门信息，同样可以访问相应网站，比如针对残疾人教育的中国特殊教育网。

七、市场营销的阵地

以前，企业、商店等的营销活动是通过在报纸、电视、杂志等平台上做广告或者现场推广活动等让消费者了解自己的品牌、产品和服务，然后吸引消费者。新媒体时代，市场营销的阵地也在不断转移，近几年网络成为市场营销的新阵地，网上书店、网上花店、网上礼品店等的诞生就是网络营销阵地转移的结果之一。以互联网为媒体，以新的方式、方法和理念实施营销活动，然后让客户直接进入自己的购物网站或去传统的终端购买产品，网络营销可以更有效地促成个人和组织交易活动的实现。

所谓网络营销，自然就是以网络为主要手段开展的营销活动，在网络上寻找客户、服务客户，从而促成自己的销售交易活动。网络作为一种新的营销环境，具有成本低、效率高、速度快、可控性强、互动性强等独特优势，并且现在网络营销还可以通过软件操作来实现，所以很受大家青睐。

网络营销可以通过什么方式来实现呢？网络营销有多种形式可供选择，下面我们来了解一些常用的网络营销方式。

（一）搜索引擎营销

搜索引擎营销是目前最主要的网站推广营销手段之一，因为是免费的（展示和搜索都不收费），所以受到众多中小网站的重视和许多中小企业、商家的喜爱。搜索引擎推广的基本思想是让用户发现信息，并通过（搜索引擎）搜索点击进入网站、网页进一步了解他所需要的信息。通过搜索引擎进行营销的主要目标主要有两个层次：被搜索引擎收录、在搜索结果中排名靠前。

（二）即时通信营销

这是企业通过即时通信工具推广产品和品牌的手段，可以通过网络在线交流的方式进行。比如中小企业在建立网店或企业网站时都会设有即时通信在线，如果客户对产品或者服务感兴趣，就会主动通过在线交流方式和商家联系。如济南新东方培训学校的在线咨询，可以提供实时在线咨询服务。还可以通过即时营

销通信工具，发布产品信息、促销信息或者企业宣传标语、标志等进行营销。

（三）病毒式营销

病毒式营销是一种常用的网络营销方法，利用的是用户口碑传播的原理，在网络上通过用户相互之间的传播来宣传营销自己的产品。通过网络进行口碑传播会像病毒一样不断复制蔓延，速度快、信息传播量大，而且是用户之间自发进行传播，因此病毒式营销几乎不需要任何费用，但效果却非常好。

（四）论坛营销（BBS 营销）

这是利用网络论坛这种网络交流平台，通过文字、图片、视频等各种方式，传播企业品牌、产品和服务信息，从而让目标客户了解自己的产品和服务，最终达到营销目的的方式。比如可以通过在天涯论坛、猫扑论坛、19 楼论坛等发布各种产品帖子，包括置顶帖、普通帖、连环帖、论战帖、多图帖、视频帖等，利用论坛强大的人气，举办各类踩楼、灌水、贴图、视频等推广活动，调动网友与品牌之间的互动，达到企业品牌传播与产品销售的目的。

（五）聊天群组营销

聊天群组营销其实就是即时通信工具的延伸，是利用各种即时聊天软件中的群功能进行的营销工作，比如 QQ 群、MSN 群、旺旺群、微信群等。利用聊天群组进行营销具有成本低、即时效果和互动效果强的特点，因此被很多企业、商家采用。通过发布文字、图片、视频等方式就可以宣传企业品牌、产品和服务等。

（六）网络知识性营销

网络知识性营销是利用百度的“知道”“百科”或企业网站自建的疑问解答板块等平台，通过与用户之间提问与解答的方式来传播企业品牌、产品和服务信息。比如趵突泉啤酒的营销方式之一就是通过百度百科“趵突泉啤酒”词条进行网络知识营销，词条中包括了趵突泉啤酒的介绍、集团简介、品牌诞生与发展、改革创新与再展宏图。

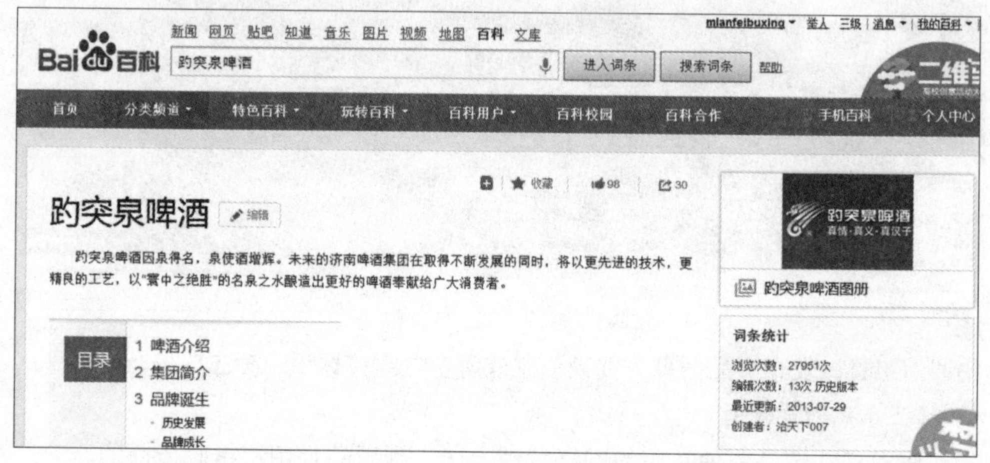

（七）网络事件营销

网络事件营销是企业、组织或商家以网络为传播平台，通过精心策划、实施可以让公众直接参与并享受乐趣的事件，进而达到吸引公众注意力，塑造企业、商家良好形象，推广品牌、推销产品的目的的一种网络营销方式。比如汶川地震时出现的“封杀王老吉”就属于成功的网络事件营销案例。

（八）网络视频营销

这是企业或商家将各种视频短片以各种形式放到互联网上，吸引网友观看，从而达到宣传企业品牌、产品以及服务信息等目的的营销方式，其实是将电视广告与网络营销进行了“珠联璧合”。网络视频广告具有感染力强、形式内容多样、创意新颖等优势，还有互动性强、主动传播、传播速度快、成本低等特点。比如近几年特别盛行的微电影（将企业品牌以短小精悍的电影方式呈现）营销就是典型的网络视频营销。百事微电影就是一个典型例证，2014 年百事全新启动“把乐带回家”产品主题，推出开年大剧系列微电影《把乐带回家 2014》之人情乐、爱情乐、友情乐、亲情乐，百事代言人张国立、古天乐、杨幂、罗志祥、蔡依林、郭采洁、快乐家族等通过一个个快乐又温情的生活故事来诠释百事的品牌。

网络营销的方式还有很多种，比如快捷网址推广法、网站广告营销方式、电子邮件营销、网络图片营销等，企业或商家可以选择适合自己品牌、商品的营销方式来进行，也可以多管齐下，取得更好的营销效果。

第二节 手机新媒体：指尖上的生活

随着科技创新与人类想象力的伸展，未来移动终端与人们生活的关系越来越密切。据中国互联网信息中心 CNNIC 发布的第 34 次调查报告显示，截至 2014 年 6 月，我国网民规模达 6.32 亿，其中手机网民达 5.27 亿，较 2013 年年底增加 2699 万人，网民中使用手机上网的人群占比提升至 83.4%，手机作为第一大上网终端设备的地位更加巩固。网民在手机电子商务类、休闲娱乐类、信息获取类、交流沟通类等应用的使用率都在快速增长。[①]

手机的集成功能越来越强大，手机网上理财、预定机票酒店、购物、打车、交友、看病挂号……总之，生活中的衣食住行，都因为有了手机而变得方便、快捷，大大的地球因为手机的出现而变得越来越小，现代人也越来越享受指尖上的便捷生活。有才的网友总结的一段话形象地说明了我们的手机生活：早晨，手机是闹钟。上班路上，手机是手表。上午，手机是搜索引擎。中午，手机是聊天工具。下午，手机是浏览器。晚上，手机是游戏机。临睡，手机是安眠药。

① 数据和图表均来源于中国互联网络信息中心（CNNIC）《第 34 次中国互联网络发展状况统计报告》，2014 年 7 月 21 日 14：45。

一、什么是智能手机

现在很多人手中的手机都不再仅仅是传统意义上只能打电话、发短信的手机了，而是变得越来越智能化。

智能手机，是指像个人电脑一样，具有独立的操作系统，可以由用户自行安装软件、游戏、导航等第三方服务商提供的程序，通过此类程序不断对手机的功能进行扩充，并可以通过移动通信网络来实现无线网络接入的一类手机的总称。智能手机已经遍布全世界。优秀的操作系统、可自由安装各类软件、完全大屏的全触屏式操作感三大特性，使其完全终结了以前的键盘式手机。其中苹果、三星、诺基亚、HTC 这四大品牌在全世界广为人知，而中国的联想、华为、小米、步步高、中兴、酷派、魅族、OPPO、金立等品牌在中国备受关注。

二、智能手机的特点

智能手机具有以下几大特点：

1. 普通通信功能

具备普通手机的全部功能，能进行通话、短信等手机应用。

2. 具备无线接入互联网的能力

支持 GSM 网络下的 GPRS 或者 CDMA 网络的 CDMA1X 或 3G、4G 网络，直接通过 WiFi 无线上网。

3. 具有 PDA 功能

PDA（Personal Digital Assistant）即个人数字助理，集中了计算、电话、传真和网络等多种功能，不仅可以用来管理个人信息（如通信录、日程计划等），还可以上网浏览、收发电子邮件、发传真等。手持终端的 PDA 功能实际上是计算、通信、网络、存储、娱乐、电子商务等多功能的融合。

4. 开放性的操作系统

拥有独立的核心处理器（CPU）和内存，可以安装更多的应用程序，使智能手机的功能可以得到无限扩展。

5. 人性化

可以根据个人需要扩展机器功能，进行软件升级，智能识别软件兼容性等，实现了与软件市场的同步更新。

三、智能手机的操作系统

就像我们使用的电脑有不同操作系统一样（如微软的 Windows 系列、Linux 类操作系统、苹果的 Mac 操作系统等），操作系统能让手机拥有更丰富的功能和操作界面。安卓手机、苹果手机、黑莓手机，就是安装了不同操作系统的手机，如安卓手机就是指安装了谷歌公司的安卓操作系统的手机。一般来讲，不同操作系统的应用软件是不能相互兼容的，不同品牌手机安装的操作系统也不太一样。

随着智能手机花样的不断翻新与更新换代，其使用的操作系统也不断升级，下面我们就常用的操作系统进行简要介绍。

（一）谷歌（Google）的安卓（Android）操作系统

Android，中文名字为安卓或安致，一般非官方称其为“安卓”，而官方称其为“安致”。安卓是 Google 公司在 2007 年 11 月 5 日公布的手机操作系统，是首个为移动终端打造的真正开放和完整的移动软件，各色应用齐全。安卓系统属于智能系统，很多知名品牌的手机都安装使用此系统，像国际知名品牌 HTC 手机、三星手机、摩托罗拉手机、索尼爱立信手机、小酷手机等。

（二）苹果 iOS

苹果 iOS 是苹果公司研发推出的智能移动操作系统。苹果公司于 2007 年 1 月 9 日在 Macworld 大会上公布这个系统。最初是设计给 iPhone 使用的，后来陆续套用到 iPod touch、iPad 以及 Apple TV 等产品上。原本这个系统名为 iPhone OS，因为 iPad、iPhone、iPod touch 都使用

iPhone OS，所以 2010 年的 WWDC 大会上宣布改名为 iOS。

iOS 具有简单易用的界面、令人惊叹的功能，以及超强的稳定性。尽管其他竞争对手一直努力地追赶，但 iOS 内置的众多技术和功能让苹果（Apple）设备始终保持着遥遥领先的地位。2013 年 9 月 10 日，苹果公司在 2013 秋季新品发布会上正式提供 iOS 7 下载更新，2014 年 2 月 22 日 iOS 7.0.6 发布。iOS 操作系统仅为苹果公司独家采用，苹果手机也全部采用 iOS 操作系统，深受用户喜爱，成为一款发烧级的智能操作系统，因此苹果手机是一款世界顶尖的发烧级手机。

（三）微软 Windows Phone

Windows Phone 简称 WP，是微软公司研发推出的智能操作系统，是和谷歌 Android、苹果 iOS 形成主要竞争的智能手机操作系统。微软公司于 2010 年 10 月 11 日正式发布智能手机操作系统 Windows Phone，并将其使用接口称为“Modern”接口。Windows Phone 具有桌面定制、图标拖拽、滑动控制等一系列前卫的操作体验。其主屏幕通过提供类似仪表盘的体验来显示新的电子邮件、短信、未接来电、日历约会等，让人们对重要信息保持时刻更新。它有一个增强的触摸屏界面，更方便手指操作；有一个最新版本的 IE Mobile 浏览器，把网络、个人电脑和手机的优势集于一身。2012 年 10 月微软发布 Windows Phone8（WP8），支持厂商有三星、华为、HTC 等。

（四）黑莓 Blackberry OS

说到黑莓手机，大家首先想到的可能就是美国总统奥巴马，虽然在美国有无数好莱坞大牌明星都使用黑莓手机，但最有“权势”的黑莓使用者恐怕还是美国总统奥巴马。

Blackberry（黑莓）是加拿大 RIM 公司（Research in Motion Ltd.，RIM）研发推出的与黑莓手机配套的智能操作系统。加拿大 RIM 公司创立于 1999 年，公司总部在加拿大滑铁卢市。2012 年 7 月，黑莓占据了全球智能手机操作系统 7% 的市场份额，在美国市场占 11% 的市场份额，成为全球屈指可数的智能手机操作系统。2013 年 1 月 30 日，RIM 公司在美国纽约召开发布会，宣布 RIM 正式更名为 BlackBerry。

Blackberry 手机内置一种移动电子邮件系统终端，其特色是支持推动式电子邮件、移动电话、文字短信、互联网传真、网页浏览及其他无线信息服务。2014 年 1 月黑莓发布了版本号为 10.2.1 的“黑莓 10”操作系统更新，重大改进是能够支持 Android 4.0 及以上版本的系统。

另外，还有一些常见的智能手机操作系统，如三星集团研发推出的三星 bada 智能操作系统、诺基亚和英特尔联合推出的免费手机智能操作系统 MeeGo（中文昵称米狗）等。

四、3G 手机与 4G 手机

（一）3G 手机

3G 手机最直接的理解就是可以使用 3G 通信技术的手机。3G 的全称为 The 3rd Generation Communication System，中文含义是指第三代数字通信。1995 年问世的第一代数字手机只能进行语音通话，不能收发短信、彩信等；1996 ~ 1997 年出现的第二代数字手机增加了接收数据功能，如收发短信、彩信，接收电子邮件或网页等；第三代与前两代的主要区别是在传输声音和数据速度上的提升，它能够处理图像、音乐、视频流等多种媒体形式，提供包括网页浏览、电话会议、电子商务等在内的多种信息服务。3G 只是一种通信技术标准，能够使用 3G 通信技术的手机就可以称为 3G 手机，或者说用符合 3G 标准的技术做出来的手机就是 3G 手机。

（二）4G 手机

4G，全称为 The 4th Generation Communication System，即第四代通信系统。4G 手机就是支持 4G 网络传输的手机，移动 4G 手机最高下载速度超过 80M bps，达到主流 3G 网络网速的 10 多倍。4G 集 3G 与 WLAN 于一体，并能够传输高质量视频图像，它的图像传输质量与高清晰度电视不相上下。从外

观上看，4G 手机与常见的智能手机无异，主要特点在于屏幕大、分辨率高、内存大、处理器运转快、摄像头高清。4G 功能上要比 3G 更先进，频带利用率更高，速度更快，安全性、兼容性与稳定性更高。

五、手机娱乐

“明星、电影、电视、音乐，提供最全面的娱乐资讯；影讯、预告、乐榜、演出，获得最快捷的实用信息；登录手机新浪网看娱闻辣图，尽享最轻松最快捷的娱乐盛宴。”这是手机新浪网娱乐频道很有吸引力的宣传语。你现在是不是也每天享受手机娱乐，让自己的生活变得更丰富多彩呢？

手机已经成为我们生活中使用频率最高的电子产品之一，用手机随时随地地听音乐、看新闻、看电影、玩游戏已经变得越来越普遍，手机娱乐也因此成为人们生活内容的重要组成部分。于是专业的手机娱乐俱乐部也开始发展起来，为手机用户提供免费、专业、方便的娱乐内容与方式，让手机娱乐变得更轻而易举，触手可及。

（一）手机新闻

很多人都喜欢看新闻，想随时随地地了解国际国内的军事、社会、体育、健康、科技、娱乐等最新资讯，实时了解新闻事件的进展，那么用手机看新闻应该是最佳选择。种类全面，信息接收快，实时更新，多种选择，是众多用户选择手机新闻的原因。

1. 怎么用手机看新闻

我们可以通过两种方式实现用手机看新闻：

（1）通过浏览器直接访问新闻网页。首先打开浏览器的导航页，里面有各个新闻网站的链接，点击就行了。手机浏览器有很多种，比如 360 浏览器、hao123 上网导航、QQ 浏览器、UC 浏览器、苹果手机自带的 safari 浏览器、安卓手机自带的各种各样的浏览器都可以使用。当然也可以直接输入新闻网站网址，打开页面点击新闻板块就可以看新闻了。

（2）通过手机新闻客户端。我们也可以通过手机新闻客户端浏览新闻，也就是在手机中安装相应的应用软件，比如百度新闻、网易新闻、腾讯新闻、新浪新闻、搜狐新闻、凤凰新闻、3G 新闻等。需要安装的新闻客户端，直接利用电脑或手机从官方网站下载安装即可。

2. 经常使用的手机新闻客户端

网易手机新闻客户端、搜狐手机新闻客户端、新浪手机新闻客户端、凤凰手机新闻客户端、腾讯手机新闻客户端、百度手机新闻客户端……目前手机新闻客户端层出不穷，五花八门，用户可根据自己的喜好和需要选择自己想用的手机新闻客户端。

（1）网易新闻手机应用软件，在设计上充分整合了网易新闻的特色，为手机用户提供全天 24 小时滚动即时新闻资讯，包括新闻、体育、娱乐、财经、时尚等共 32 个栏目。除新闻内容丰富之外，网易新闻客户端的跟帖、图集、投票等都广受欢迎，其中的“跟帖”更是网易的拳头产品，“无跟帖，不新闻”已经成为网易新闻客户端的推广语。网易号称是“有态度”的新闻门户，各个版块比较平均，没有特别突出的，但网易新闻的原创内容很出色，如网易轻松一刻、每日之声、易百科等都很有深度。安卓、Windows Phone 等的操作系统可以安装此应用软件。

（2）新浪手机新闻客户端，是由新浪官方打造的手机新闻阅读软件，该软件内容资讯有新浪网以及新浪网提供的号称最快、最全、最深入的全球新闻资讯，让用户永远走在世界的前端，随时了解国际形势，掌控潮流的变化。新浪新闻手机客户端的功能特色体现在多个方面，如 24 小时更新，海量文字、视频及图片形成的全媒体报道，微博知天下，可以按照个人喜好编排新闻栏目的个性化定制，可以下载最新资讯，无网络时也可以正常浏览的无线阅读，可以查看某一新闻的深度评论等。安卓、苹果 iOS 等操作系统都可以安装新浪手机新闻软件。

大量手机用户评价新浪新闻客户端的体育版块非常棒，新浪因为拥有英超、NBA 的版权，所以这方面的新闻非常快速及时，喜欢体育的手机用户可以选择关注。另外新浪博客和微博内容也非常丰富。2014 年 3 月“两会”期间，新浪新闻客户端是唯一进入两会现场的新闻客户端。

（3）腾讯手机新闻客户端，其第一个版本于 2010 年 10 月在苹果商店上架，是国内较早推出客户端产品的新闻门户之一。腾讯手机新闻客户端是基于苹果 iOS、安卓平台的腾讯新闻服务，是腾讯公司打造的一款丰富、及时的新闻应用。腾讯手机新闻在原创方面很有深度，视频新闻直接播放，平台开放。另外，腾讯聚集了很多有特色的第三方应用，如经典语录、恋爱高手等，也吸引了很多用户。

（4）搜狐手机新闻客户端，是搜狐公司出品的一款为智能手机用户量身打造的精品资讯阅读应用，于 2010 年 6 月推出，是全国首个提出个性化阅读服务的新闻客户端，让智能手机用户随时随地“上搜狐，知天下”。搜狐新闻客户端的原创视频做得非常好，喜欢看视频新闻的用户可以考虑选择使用。搜狐新闻客户端的合作厂商有三星、华为、HTC、酷派等。

（5）凤凰手机新闻客户端，以凤凰卫视、凤凰网优厚内容资源为依托，24小时提供及时、权威、客观的新闻资讯，并以独特的海外视野，关注世界，关切民生，彰显新闻价值。还设有热点专题板块，深度追踪社会焦点话题，全面解析新闻背后的新闻。内容精彩丰富，有要闻、财经、娱乐、专题、军事、历史、汽车、时尚、科技、读书、图片等众多频道可以选择。现支持苹果iOS、安卓、Windows Phone等操作系统。

总体来看，凤凰新闻资讯比较快，观点比较新颖，并且基于优越的地理位置，涉及的港台新闻资讯比较多、准确，时效性高。凤凰军事新闻是用户评价较高的。

（6）百度手机新闻客户端，其内容来源于全球最大中文新闻搜索平台百度的海量数据，利用独有的一键搜索功能可以帮助用户搜集最热门的新闻资讯，界面简洁清晰，体验完美交互，同时秉承客观、快速的一贯作风，为用户提供最新、最贴近需求的新闻。百度新闻集中了各家门户的头条，内容比较广，题材也比较多，喜欢广泛涉猎的用户可以考虑。百度搜新闻是全球最大的中文新闻搜索平台，只需"百度一下"全球资讯尽在掌握是其最大特点，有人称百度手机新闻客户端为"最全面的新闻集中营"。安卓、苹果iOS等系统可以安装百度新闻客户端。

手机新闻客户端还有很多，如央视新闻客户端、人民日报新闻客户端等，各家门户都有各自的特点，适合自己的才是最好的。

（二）手机音乐

生活离不开音乐！睡眼蒙眬地赶往上班地点的路途中，辛苦上班劳累一天之后的空闲时间，我们都可以听听音乐放松一下心情。时代变迁中，我们经历了从听磁带、携随身听（walkman）到MP3，再升级到MP4、MP5的每一步。在移动互联网越来越普遍的今天，我们使用移动互联网用手机听音乐，让音乐、手机、移动互联网缘定三生，随时随地带来音乐的享受。

用手机听音乐，我们一般会通过两种方式：一是用播放器播放本地歌曲。现在的手机都有SD存储卡，我们可以通过电脑连接网络下载音乐后存储到手机卡上，然后用手机自带的音乐播放器播放就可以了。如果手机上没有播放器，也可以从网上下载播放器安装，就可以播放手机上的本地歌曲了。二是用手机音乐软件在线播放。如果你已经厌倦了自带播放器只能播放本地歌曲，或者你希望能够自由掌控、想听什么就听什么，那就可以用手机音乐软件来听音乐，海量音乐，自由搜索，高速下载，自由选择，随时随地都可以享受完美的音乐体验。使用方法：在网络上找到并下载想要的手机音乐软件，安装在智能手机上就可以使用了。如果连接移动网络，就随时随地都可以享受音乐带来的愉悦了。手机音乐软件的下载和使用一般都是免费的，只是在使用过程中因为连接网络会产生流量费。

下面我们简要介绍几款常用的手机音乐软件：

1. 手机酷狗

酷狗音乐手机版是一款集播放、音乐效果、在线下载歌词、海量网络曲库、潮流榜单、热门歌手图像自动匹配等众多功能于一身，完全免费的手机音乐播放器。支持较多手机机型和音频格式，支持丰富的皮肤下载等功能，以及与手机搭配和谐、操作简易、管理人性化的特点，使其深受拇指一族的青睐。

2. 手机酷我

酷我手机音乐盒（原名酷我听听）是一款完全免费的手机音乐播放器，可将在电脑上没听完的歌曲随身“带着走”“接着听”，并且享受到与电脑同样高品质的音乐。可以随时将喜爱的歌曲设为铃音，还有方便实用的甩歌功能可以随意地切换歌曲。可以识别歌曲信息，准确地匹配歌手头像和歌词，进行歌曲分类管理，增删改自定义列表等，使用起来非常方便。可以使用手机酷我音乐软件的机型也非常多，三星、华为、小米、酷派等智能手机都可以安装使用。

3. 天天动听

天天动听（TTPOD）是上海水渡石信息技术有限公司开发的音乐播放器，是一款功能强大、完全免费的音乐播放软件。支持歌词和歌曲图片下载，皮肤随心更换，

更有炫丽的可视化效果，同时预置丰富的均衡器效果，支持音效增强，简洁人性化的操作给追求音乐品质的用户带来手机听歌的全新体验。该软件支持很多手机机型和音频格式，支持的手机操作系统有安卓、苹果 iOS、Windows Phone 等。

4. 手机 QQ 音乐

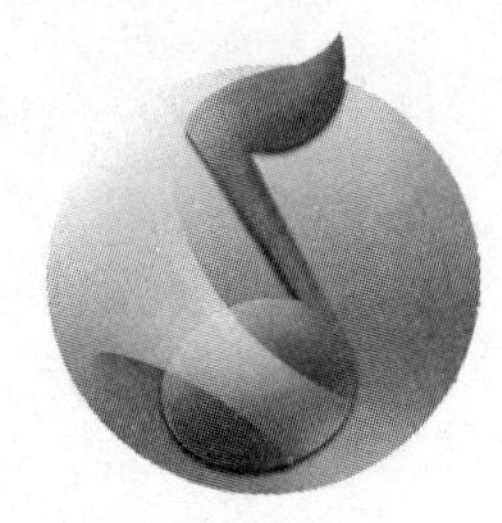

手机 QQ 音乐是现在主流的音乐软件之一，由腾讯官方 QQ 出品。软件以网络音乐为核心，具备播放、下载、专辑图片和歌词等功能，尤其是“我的收藏”歌曲同步功能，将手机平台和 PC 平台打通，是其最大亮点。支持的手机操作系统有安卓、BlackBerry、苹果 iOS、Java、Windows Phone 等。

5. 手机多米音乐

多米音乐手机版是一款集本地音乐播放、在线音乐播放、歌曲搜索、歌曲下载等多功能于一体的手机音乐软件。多米音乐手机版首创的音乐列表同步功能，无需数据线或读卡器即可将电脑端多米音乐与手机多米同步；支持在线与本地播放，拥有百万首歌曲，并且可以下载歌曲到手机；支持多种音频格式，可进行智能模糊搜索；自动识别歌曲信息，快速、精准地为每一首歌曲匹配歌词与专辑图片；设计了流量提醒设计，为用户每月的流量使用添加小闹钟。离线模式下，手机多米所有联网功能都被禁用，让用户可以放心畅听本地音乐。

日前，手机音乐软件有很多，除了上面介绍的之外，还有手机风云直播、网易云音乐、优酷音乐、暴风影音、腾讯音乐、千千静听、开心听等，用户可以根据自己的需求选择使用。

（三）手机电视

手机电视（MobileTV），就是利用具有操作系统和流媒体视频功能的智能手机观看电视的业务。目前智能手机大量普及，网速不断提高，无线 WiFi 不断应用，使用智能手机看电视也就是小菜一碟了。使用手机看电视，全国卫视、地方节目，以及新闻、影视、体育、综艺、纪录片、教育、美食等各类型专业频道应有尽有，观看清晰流畅，用户还可以把精彩的视频片段通过微博等进行分享交流，充分体验掌上玩转视频的无限乐趣。

用手机看电视，我们需要先做好准备工作，那就是先安装好手机电视软件，即手机电视客户端。需要注意的是，用手机看电视非常耗费网络流量，因此尽量在连接 WiFi 的情况下观看。2014 年 3 月，浙江东阳的黄先生因为到泰国旅游时用手机看了一部电影，产生手机漫游数据流量 1020MB，欠 2 万多元话费。目前手机上网也有包月服务，同样可以考虑使用。

下面介绍几款经常使用的手机电视软件，可根据个人爱好选择使用。

1. CCTV 手机电视

CCTV 手机电视台于 2006 年 12 月正式开播，致力于打造国内第一家跨媒体互动的手机电视台。它大规模集成了海内外领先视频资源，引领无线影音娱乐的潮流走向；第一时间发布权威手机视频资讯，搭建起中国最大的手机互动视频播出平台。CCTV 手机电视同时以 WAP 与客户端两种形式提供收视服务，24 小时直播不停，可以进行互动点播，试图为中国手机用户提供最权威、最精美、最便捷、最好看的手机视频收视。

凭借 CCTV 强大资源优势，CCTV 手机电视提供多套直播节目，观众能够同步欣赏 CCTV 众多拥有独家版权的节目，享受第一时间观看的快乐。新闻、体育、娱乐、影视、音乐、动漫，丰富的内容与每日更新的节目库，用户可以随心随意选择，随时随地收看各类精品视频。移动用户通过 GPRS 网络、联通用户通过中国电信的 CDMA1X 无线网络，或者通过 WiFi 网络开通此业务后，可通过手机在线收看央视的直播节目，也可以点播、下载观看节目内容。

2. 手机电视 DopoolPlayer

Dopool 是由新华社 CNC、中经电视、光明电视、视讯中国、天地电视、中报视讯等 30 多个国家主流传媒机构运营的手机电视平台，是国内第一个实现手机流媒体直播的手机电视客户端。Dopool 以国内领先的流媒体直播技术为基础，可以为用户提供清晰、流畅的视音频直播服务，打造一个精彩无限的移动新媒体。2014 年 2 月更新的最新版本 V4.1 适用于安卓手机平台。另外，Windows Phone 等手机平台都可以下载不同版本使用。

3. 手机电视新派 xLive

xLive 软件是目前市面上比较先进的流媒体播放器，最大优点是支持目前中国几乎所有的接入网络，如 CMWAP（wap 网的接入网关，手机上网使用的接入点的名称）接入、WiFi、GPRS、蓝牙等，可以让用户以最低的流量成本欣赏到高清的视频资源。软件拥有手机电视、在线影院、在线音乐、搞笑视频、综艺剧场、手机播客和断点下载等强大功能，能满足大部分移动智能终端的使用需求，支持绝大多数智能机的高流畅和高清晰播放。

（四）手机电影

想要掌中看电影，需要必备一款视频播放应用软件，百度电影、豆瓣电影、观影电影、电影达人秀、100TV、电狐、PPS影音、奇艺影视、乐视影视（Letv）、开讯视频、腾讯视频、风行电影、土豆视频（iTudou）等都可以选择使用。选择使用时要注意手机平台及版本，并在官网上下载安装使用，同样需要注意流量问题。目前用手机看电影大多需要先下载到手机上才能全片观看。

（五）手机游戏

手机游戏是指运行于手机上的游戏软件。现在手机的功能越来越强大，手机游戏当然也远远超越了曾经的“俄罗斯方块”“捕鱼达人”“贪吃蛇”等画面简陋、规则简单的游戏，发展到了可以和掌上游戏机媲美、具有很强娱乐性和交互性的专门手机游戏了。现在又有了堪比电脑游戏的网页游戏。随着技术的发展，买一个好手机足够满足我们路途中的大部分娱乐需要。

1. 手机游戏分类

（1）单机游戏。指手机游戏玩家不连入移动互联网即可在自己手机上玩的游戏，模式多为人机对战，像飞机大战、水果大逃亡、王国统治、极速逃生、城堡守卫战、冰岛保卫战等。

（2）手机网游。即手机上网可以玩的网络游戏，是基于无线互联网，可供多人同时参与的手机游戏类型。目前细分类别主要有WAP网络游戏和客户端网络游戏。随着智能手机的普及、3G覆盖率的增加和4G手机的出现，越来越多的用户开始进入手机玩网游的时代。

手机网游又分为两种：一种是客户端网游，即用户需要下载游戏客户端，登录客户端以后才能进行联网游戏；另一种是非客户端网游，即 WAP 网游，用户不需下载客户端，可以应用 WAP 网页直接联网使用的游戏，WAP 网游具备与客户端网游类似的用户在线交互功能。

目前手机网游的种类非常多，五花八门，数不胜数。我们看一下几个手机网游网站的首页面，如号称手机游戏下载第一站的当乐网、九游（9 game）、iPhone 游戏狗、圈泡网、72G 等，对此就可窥见一斑了。

2. 玩手机游戏注意事项

（1）小心病毒，谨防上当。很多手机病毒开发者早已通过自主开发以及恶意打包知名手机游戏瞄准手机网游这一重大利益渠道，常见的病毒行为主要是通过用户安装的手机游戏病毒推广恶意广告、无提示私自发送扣费短信等。手机病毒行为非常隐蔽，并且现在手机网游玩家特别多，较为混乱芜杂。因此在使用手机玩游戏尤其是手机网游的过程中，不要随意点击、下载不明游戏，尽量在官网通过正规渠道获取。在玩手机网游特别是在进行手机网游交易的时候一定要谨防上当。

（2）有节制，不付费。手机游戏本身的剧情、任务、角色、地图、道具等丰富的内容，容易使玩家沉溺于其中，继而产生付费的冲动。所以玩手机游戏一定要有节制，不能耽误正常的工作、学习，不要花费过多的时间、精力和金钱等。

六、手机阅读

生活节奏、工作节奏越来越快，可用来阅读的时间也变得越来越分散。在电梯里、等车的时候、上下班的公交车上、劳动的间隙等空闲时间里，利用手机进行阅读应该是一个很好的选择。小巧方便，随身携带的手机已经成为阅读的新载体，省去了随身携带书本的麻烦，节省了买书的支出，利用了零碎的时间，手机阅读为忙碌的人们带来了便利的阅读方式。报纸、图书、杂志、漫画、小说、文献，用户可以选择自己需要、感兴趣的内容，既可以联网在线阅读，也可以下载之后离线阅读。并且还可以根据自己的兴趣进行专门选择，比如你对军事类的内容特别感兴趣，就可以专门办理订阅“历史军事包”。

（一）手机阅读方式

手机阅读时代、数字化阅读时代已经来临。利用手机进行阅读，一般可以通过两种不同方式进行：

1. 浏览器在线阅读

手机阅读最直接的方式就是通过浏览器在线阅读。点击浏览器进入网站搜索页面，直接选择要进入的网站，如 hao123、搜狐、新浪、百度等，点击进入后找到所需要的内容，打开即可在线阅读。也可以直接输入要进入的网站网址，打开后选择在线阅读即可。

2. 手机阅读客户端

这种方式就是通过在手机上下载、安装一个手机阅读的客户端软件（有时也称为手机阅读器），然后通过登录客户端再进行阅读。当然有些手机出厂时就将手机阅读器软件安装到手机内部，用户不需要再进行下载就可以直接应用这项功能。安装手机阅读软件后，既可以在线阅读，也可以将图书、杂志等下载到手机上进行离线阅读，用户可以按照实际需要自主选择。并且手机阅读客户端兼容漫画、杂志等图片性质的阅读材料，使用起来非常方便。

（二）常用手机阅读软件

1. 熊猫看书

熊猫看书是网龙公司研发出品的一款阅读软件，支持在线书籍查询、在线书籍分类阅读、书籍收藏与撤销收藏、新闻分类阅读、新闻订阅分类与撤销订阅、图书网络下载等。本款软件拥有丰富的阅读资源，能为用户提供大量的新闻、杂志、图书、小说、漫画等，功能比较全面，支持多种电子书格式，运行快捷，占资源少，使用起来比较方便。熊猫看书适用于苹果iOS、Windows Phone、Android等多个手机平台，是目前市面上支持较多机型的看书软件，现全面支持txt、chm、umd、zip、html、epub、rar和NDB、NDZ等多种文档格式和多格式图像查看。

2. ZAKER（扎客）

ZAKER是一款优秀的资讯聚合与互动分享阅读软件，拥有资讯、娱乐、科技、财经、汽车、体育、本地新闻等十几个板块，上千条媒体、新媒体、自建频道内容资源。用户可根据个人喜好订阅相应内容，也可通过ZAKER智能推送功能获取自己感兴趣的信息。对于感兴趣的内容，用户可以在ZAKER内直接与好友分享互动，也可以通过微博、微信、QQ、邮件、印象笔记等社交媒体平台将图文分享收藏。ZAKER以其优雅的排版设计与舒适的阅读体验著称，被视为社会化阅读的开创者与标杆。2014年1月，ZAKER推出全新V4.0版本，该软件支持苹果iOS、Android、Windows Phone等手机系统。

3. 中国移动手机阅读

中国移动手机阅读客户端是一款集阅读、互动、购买实体书等多种功能于一体的阅读类软件，支持Android1.6以上运行环境。拥有图书、杂志、漫画、听书、资讯等多种内容形态。这是中国移动通过多样化的阅读形式向用户提供各类电子书内容，以在线和下载为主要阅读方式的自有增值业务。手机阅读基于用户对各类题材内容的阅读需求，整合具备内容出版或发行资质的机构提供的各类内容，提供以G3阅读器为主要阅读载体，以WAP、客户端和WWW为辅的阅读体验。手机阅读平台为用户提供各类电子书内容，包括图书、杂志、漫画，用户可以在前端上选择感兴趣的内容在线阅读，也可请求下载之后离线阅读。

4. iReader（掌阅书城）

iReader（掌阅书城）是一款可以在手机上进行下载、试读、阅读、收藏、

娱乐的软件，提供了包括图书、最新资讯等多种内容的下载服务，是一款用户口碑不错的电子书阅读软件，支持 txt、umd、EBK2 等文件格式阅读。网络书城提供海量图书下载，同时与多家知名小说网站建立了战略合作关系，如起点中文网、红袖添香、中文在线等，能够为用户提供较好的阅读体验。

5. Anyview 手机阅读器

Anyview 是一款在手机上运行的阅读软件，支持 txt、umd、html、epub、jpg、gif、png、zip、rar 等多种格式。Anyview 软件具有多种功能，如提供多个网络书库，海量小说免费下；自动扫描手机中的电子书，也可通过作者、书名进行搜索，阅读中可通过关键词查找阅读位置；提供多种阅读环境设置，可添加喜欢的图片当阅读背景，提供十多种翻书方式；具有 WiFi 传书功能，即无需数据线可以直接将小说从电脑传到手机上；可同步轻松翻译英文原著中的生词，让英文阅读不再费力；提供软件加密功能，最大限度地保证用户的阅读隐私等。

目前市面上的手机阅读器还有很多，比如联讯读报、掌上商学院、鲜果联播、掌中新浪、GGbook、灵动阅读器、听网、掌上书院、开卷有益、塔读小说网等都可以选择使用。只不过在选择时需要注意：一方面，选择手机阅读软件时，一定要注意选择支持格式多一点的，否则即使下载了电子书也识别不出来，就只能干着急了；另一方面，下载阅读软件时尽量到官网或通过客户端直接升级，防止不法分子在阅读安装包中植入恶意扣费代码。

七、手机社交

随着新型社交平台的不断发展，手机社交也迅速进入人们的日常生活，并且不断普及，方便了人们之间的沟通与交流，拉近了人与人之间的距离，成为人们日常生活的一部分。手机微博、QQ、微信、易信、飞信、YY、MSN、群群、遇见、陌陌等都是我们常用的手机社交软件，喜欢哪一款社交软件，下载安装到手机中，就可以开始你的社交生活了。

（一）手机微博

2009 年微博开始风靡于中国网络，随着微博的流行，手机微博也迅速进入到人们的日常生活中。顾名思义，手机微博就是移动化的个人终端与网络微博的有机结合，用户可以通过手机向自己的微博网站发布消息，就像发短信一样简单。新浪、腾讯、网易等都开通了手机微博客户端，下载安装后就可以用手机微博随时随地获取资讯，分享身边的新鲜事，三言两语记录生活的点滴，享受精彩生活。

下面以新浪手机微博为例来简单介绍一下手机微博的使用。新浪是较早推出手机微博客户端的网站之一，新浪手机微博集阅读、发布、评论、转发、私信、关注等主要功能为一体，本地相机即拍、即传、即发，可以随时随地分享身边的精彩。

要使用手机微博，首先需要下载手机微博软件并安装注册后才可以使用。在正规网站或新浪官网上找到并下载、安装微博客户端软件后，登录到安装好的微博页面，点击注册，填写完相应的资料后，就会获得一个新浪微博账号，用注册时的账号（一般是邮箱）和密码即可登录手机微博。

1. 基本页面

新浪手机微博的界面由一个首页并在底部搭配各种应用功能组成。“首页”是显示你关注的人或者你自己发的微博信息内容。“信息”里面的内容都是与用户本人有关的信息内容，由 @ 评论和私信构成。“我的资料”主要是查看自己的资料，包括登录名、关注了谁、谁关注了我以及本人所发的微博汇总。“广场”相当于一个城市的集市，在这里可以搜索想要搜索的人和话题，了解今天微博最热门的话题、转发、评论等，也可以去看看别人都在做什么说什么，或者关注一些电影明星、体育明星的微博等。

2. 怎么发送、转发微博

登录微博后，点击撰写，就可以编写自己的微博了。发微博时，文字不能超过 140 个汉字。在编写微博的过程中，可以加入 @、话题、图片、地图定位、表情等功能。在编写完成后，点击发送，就完成了一次微博发布。你看到别人发的某条微博很感兴趣，也想发给关注自己的人分享一下，就可以使用转发功能。转发微博时，直接点击转发功能，还可以在转发的时候加上自己的评论，你的粉丝就可以看到你转发的微博了。

另外，新浪手机微博里还有 @、评论、私信、话题、关注和上传图片视频等，都比较简单易用。新浪手机微博支持安卓、苹果 iOS 等手机操作系统。

（二）手机微信

摇一摇、扫一扫、附近的人、漂流瓶、朋友圈、聊天、微信群、飞机大战……微信中的这些项目是不是每天都在你的生活中出现？空闲时、等车时、无聊时、和朋友联系时，你是不是都在用微信？现在很多人有事没事都会打开微信瞅瞅，看看朋友圈有没有什么精美的文章可以转发，朋友们又发什么心情状态了，有没有有价值的链接和值得关注的微信号……

1. 什么是微信

微信（WeChat）是腾讯公司（Tencent）于 2011 年 1 月 21 日推出的一个为智能终端提供即时通信服务的免费应用程序，2014 年又推出了电脑版微信。

微信支持跨通信运营商、跨操作系统平台通过网络快速发送免费(需消耗少量网络流量)的语音短信、视频、图片和文字，同时也可以使用通过共享流媒体内容的资料和“摇一摇”“漂流瓶”“朋友圈”“公众平台”“语音记事本”“扫二维码”“微信支付理财”等服务插件。目前全国微民（微信注册用户）有 6 亿多人，每日活跃用户 1 亿多人，并且呈现快速增长趋势。微信已成为亚洲地区最大用户群体的移动即时通信软件。手机微信支持 Android、苹果 iOS、Windows Phone、MAC、BlackBerry 等操作系统，并提供多种语言界面。

2. 微信有哪些功能

微信是继微博之后的又一大“网络神器”，已俘获了众多用户的心。为什么微信具有如此强大的吸引力？答案就是，微信具有极为强大、全面的功能。微信几乎涵盖了博客、短信、微博、飞信、QQ，甚至是电话、网银等功能，为人们带来了无穷的便利，让人们进入一个全新的世界，真是无所不微，无所不信。下图是 2014 年 8 月中国互联网络信息中心（CNNIC）发布的《2014 年

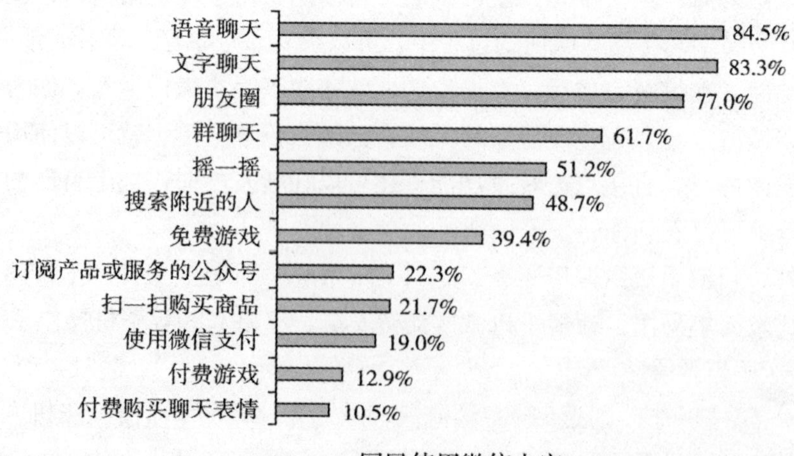

网民使用微信内容

中国社交类应用用户行为研究报告》中的网民使用微信内容数据（截至 2014 年 6 月）。①

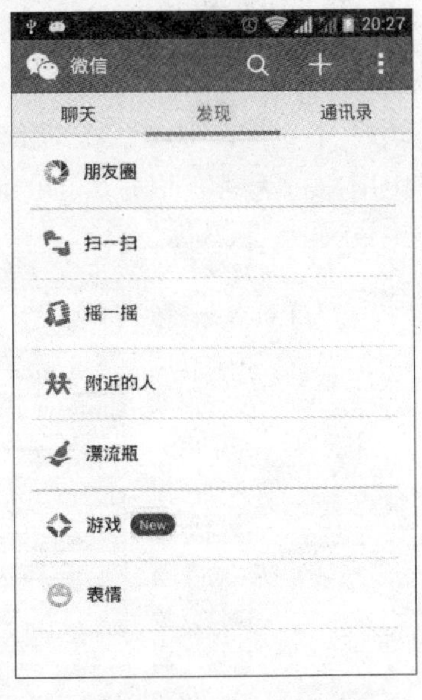

微信具有多种功能。聊天功能：微信支持发送语音短信、视频、图片（包括表情）和文字，并支持多人群聊。实时对讲机功能：用户可以通过语音聊天室和单个好友或一群好友语音对讲，并且消息是实时的，微信让你的手机随时变身成为对讲机。“朋友圈”功能：利用微信可以添加好友，方式主要有查看 QQ 好友、手机通信录，分享微信号，“摇一摇”，二维码查找添加好友和“漂流瓶”接受好友等。添加好友后，用户可以通过朋友圈发表文字、图片及微视频等，同时也可分享链接。用户可以对好友新发的内容进行“评论”或“赞”，也可转发、收藏等，当然用户只能看相同好友的评论或赞。提醒功能：用户可以通过语音告诉好友打电话或是查看邮件。开启 QQ 邮箱提醒后可接收来自 QQ 邮箱的邮件，收到邮件后可直接回复或转发。开启私信助手后可接收来自 QQ 微博的私信，收到私信后可直接回复。助手功能：拥有通信录安全助手、语音记事本、群发助手、流量查询等。交友功能：有“漂流瓶”、查看“附近的人”“摇一摇”等不同交友功能和方式。娱乐功能：可以通过微信来浏览腾讯微博内容，进行微博阅读；可以进入微信游戏中心玩飞机大战、节奏大师等游戏；可以接收、阅读最新腾讯新闻，包括文字、图片和视频新闻。服务功能：如微信公众平台，通过这一平台，个人和企业都可以打造一个微信公众号，可以群发文字、图片、语音三个类别的内容，进行工作联系、商业营销等。微信商城：是基于微信而研发的一款社会化电子商务系统，消费者只要通过微信平台，就可以实现商品查询、选购、体验、互动、订购与支付的线上线下一体化服务模式，目前的“微商”就是利用了微信的这种功能。

2013 年 12 月 31 日，微信 5.0 for Windows Phone 上线，添加了绑定银行卡功能，在公众号、扫二维码、APP 中实现一键支付，可以实现充值话费、电影

---

① 数据和图片均来自于中国互联网络信息中心（CNNIC）发布的《2014 年中国社交类应用用户行为研究报告》。

票购买、彩票购买、精选商品购买和AA付账等功能。2014年1月4日，微信在产品内添加由“滴滴打车”提供的打车功能，付车费可采用微信支付。2014年3月开放微信支付功能，微信版手机支付可以通过财付通、快钱、银联、货到付款等多种支付方式，解决商家因单一支付方式给消费者带来的不便。截至2014年6月，中国互联网络信息中心（CNNIC）发布的《2014年中国社交类应用用户行为研究报告》中的网民使用微信支付数据如下图所示。①

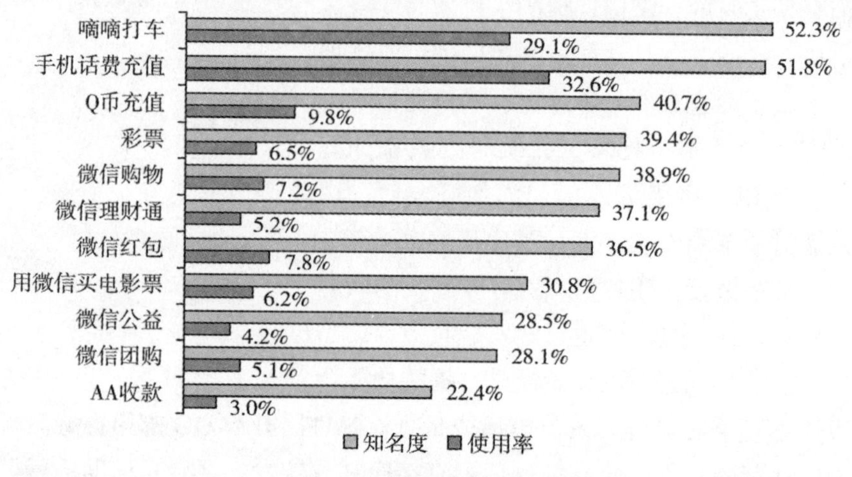

微信支付内容的知名度和使用率

3. 微信的安装使用

跟其他功能的手机客户端软件一样，要使用微信，也要先下载、安装、注册之后才能使用。下载时应尽量选择官方网站或正规平台。

4. 微信使用安全技巧

的确，像微信官方网站上的宣传语“微信，是一种生活方式”一样，微信确确实实地改变了人们的生活，尤其是年轻一代的生活。朋友圈、微信群、交友、分享、资讯、支付、理财、微商，方便快捷、省流量，让很多人都喜欢上了微信。但是有利也有弊，因为使用微信，其手机定位功能可泄露个人隐私，附近的人、“摇一摇”交友可能交来“恶狼”，扫一扫二维码中隐藏木马盗取网银钱财等不良事件也时有发生，因此在使用微信时安全问题不可小觑，大家要时刻绷紧安全弦。

① 数据和图片均来自于中国互联网络信息中心（CNNIC）发布的《2014年中国社交类应用用户行为研究报告》。

如何既能使用微信又能保证安全呢？下面为大家分享一些微信使用安全技巧：

（1）隐私设置要得当，个人信息慎公开。用户在使用微信扩大社交圈子、结交好友的同时，还可通过微信的隐私设置来防止个人信息的不当公开。如果不想被陌生人打扰或泄露自己的隐私，用户可以在“设置”的“隐私”中关闭“通过 QQ 号搜索到我”“通过手机号搜索到我”，以及对“朋友圈”权限进行设置。很多人喜欢“摇一摇”查找附近的人，但是一旦被不法分子利用就有可能上当受骗，因此每次用完后要及时清理位置信息，在公共场合时最好关闭定位功能。

（2）敏感信息需谨慎，财产往来核真伪。与微信好友聊天中，不要提及账号、密码、财物、住址、电话、单位等个人敏感信息。对于一些敏感词如“中奖”“网银”“转账”“付款”等涉及金钱的信息要谨慎对待，防止受骗。

（3）微信支付需留意，信息审核很重要。微信支付除提供了全方位的安全防护和客户服务外，还设置了包括硬件锁、支付密码验证、终端异常判断、交易异常实时监控、交易紧急冻结等在内的一整套安全机制来确保资金安全。

建议用户设置手机锁屏密码，这样即使别人拿到手机也无法开启使用。另外，微信支付密码切勿设置成与手机锁屏密码或者其他密码一致。如果手机、身份证、钱包同时丢失，用户可通过微信支付客服反馈情况，微信支付核实后会进行交易异常判断、账户紧急冻结等手段，保证用户账户安全。另外，当用户在公众账号内进行交易时，一定要认准账号加“V”标志，带“V”的即为微信认证商户的官方公众号，同时在交易时要认准“微信安全支付”认证字样，只有这

样才能确保支付安全。对于未经认证的公众号所发布的支付页面、链接等，用户需保持警惕，不要轻易点陌生链接。不要轻易扫描二维码，防止扫描的二维码链接中隐藏的木马、病毒，盗取网银账号继而盗取钱财等。

（4）微信交友需慎重，色情信息请远离。目前微信采用的不是实名制，因此许多信息需要用户自己加以甄别。最好不要添加无头像、无相册、无签名的“三无”用户，对于有较靓帅哥美女照片的头像也应该谨慎添加。另外，利用微信交友进行色情交易的也大有人在，微信用户要洁身自好。对于涉嫌诈骗、发布色情信息或其他违法信息的微信账号，千万不要纵容，一定要及时对其进行举报。

（5）及时绑定账号，尽量减少损失。使用微信时，可以将微信号与手机账号、邮箱账号绑定，忘记密码时可以通过手机账号、邮箱账号及时找回，尽量减少损失。另外为保证安全，用户在注册微信账号时，尽可能不要与其他注册共用一个账号密码，比如注册微信号时可以使用手机号而不使用 QQ 号。

（三）手机易信

1. 什么是手机易信

易信是由网易和电信联合开发的一款能免费聊天的即时通信软件，可以通过手机通信录向联系人发送免费短信，向手机或固定电话发送电话留言，也可以向好友发送语音、视频、图片、表情和文字，还可以通过“朋友圈”拍照记录生活、上传文字、图片，与好友们分享自己的近况。易信三网通用，能免费发短信、电话留言、通话，吸引了很多手机用户使用。易信支持 WiFi、3G 和 4G 数据网络，目前支持 iPhone、Android 手机系统版本，支持跨通信运营商、跨手机操作系统平台。

2. 手机易信有哪些功能

首先是聊天功能。易信提供多种聊天方式，用户可以跟手机中的联系人进行实时沟通，可以发送语音短信、视频、图片、表情和文字。易信提供“已读”和“对方正在输入”的信息状态显示，让用户知道对方是否已经收到、读到消息。连续语音聊天时，易信提供自动连续播放语音的聊天模式，享受类似语音电话的体验。其次是免费通信功能。易信可以给电信、移动、联通用户发送免费短信，即使对方没有使用易信或对方没有手机网络，消息也能马上送达。用户可以通过易信向手机或固定电话发送免费电话留言。最后是其娱乐功能。用户可以通过朋友圈发表文字和图片，也可以对好友新发的照片进行“评论”或“喜欢”。易信可以语音识别找到好友，二维码扫描易信账户添加好友。易信拥有海量的音乐曲库，可以向好友发送推荐的音乐。

3. 如何使用手机易信

初次使用易信，和其他手机软件一样，需要先下载、安装、注册、登录后才可以使用。易信使用手机号码注册，手机通信录里的人基本上都是相识的熟人，保证了好友身份的真实性。

（四）手机飞信

手机飞信（Fetion）是中国移动的综合通信服务，它融合语音、GPRS、短信等多种通信方式，可以实现互联网和移动网之间的通信服务。使用飞信不但可以免费从电脑给手机发短信（或用手机给电脑发短信），而且可以随时随地与好友进行语音聊天。

中国移动飞信业务 2007 年 6 月 5 日正式开通使用，2012 年 7 月 4 日更新版本为“飞信 2012 骄阳”，向联通、电信用户开放注册。中国移动飞信实现了多端信息（电脑端、手机端、平板端等）接收，MP3、图片和普通 OFFICE 文件都能随时随地任意传输，用户可以与好友保持畅快有效的沟通。飞信具有防骚扰功能，使用飞信时，只有对方被用户邀请成为飞信好友后，才能与用户免费进行通话和短信，比较安全。当然飞信现在也具有向未加为好友的移动手机号码直接发送短信的功能，但是需要收取普通短信的费用。

飞信（晨曦版及以上版本）对联通、电信用户开放注册，实现了三网合一，移动、联通、电信都可以注册并使用飞信，互加飞信好友。并且可以建立飞信群进行短信群发，非常方便，目前有很多团体和组织都使用飞信的这一功能进行办公。

初次使用飞信同样需要下载、安装、注册、登录后才可以使用，既可以在电脑上下载安装，也可以在手机上下载安装。

（五）手机陌陌、比邻

1. 手机陌陌

陌陌（momo）是陌陌科技于 2011 年 8 月推出的一款基于 iPhone、Android、Windows Phone 等手机操作平台的手机应用社交产品。这款软件可以实现认识身边的人、加入附近的群组、查看附近的留言、参加附近的活动，还可以和朋友交换各自的地理位置，用有趣的表情聊天等功能。

跟微信、微博、QQ、YY、MSN等手机软件一样，陌陌也是一款手机社交软件。陌陌可以提供用户真实的位置信息，解决了某些社交软件过于虚幻、缺乏真实线下互动的问题。使用陌陌，除了可以认识周围任意范围内的陌生人，查看对方的个人信息和位置外，还可以免费发送短信、语音、照片以及精准的地理位置，可以帮助用户拓展交际范围，而不仅仅限于熟人圈子。另外借助于自身的移动社交应用，陌陌还推出了自己的游戏如《陌陌争霸》《劲舞团》《陌陌泡泡兔》等。

2. 手机比邻

“海内存知己，天涯若比邻。”比邻这一款社交手机软件的名字即来源于此千古名句。比邻是一个较为特殊的手机社交软件，因为比邻是只打给陌生人的电话，而且是免费的。比邻手机社交客户端于2013年5月上线，适用于 Android、iOS 等手机平台。

下载、安装比邻手机客户端之后，用户可以随时开始呼叫，24小时都会有人等候，通过即时通话，可以与陌生人聊感兴趣的话题，可以通过精彩的图片和文字分享生活中的点滴，可以了解其他用户的个人资料和生活相册，还可以结识来自不同地方但是有共同话题的新朋友，可以免费发送动态表情短信与好友联络。看看比邻软件自己设立的比邻使用场景吧：喜欢旅行，来比邻分享旅途故事；喜欢音乐，来比邻演唱你的主打曲；喜欢时尚，来比邻说出对潮流的见解。

（六）手机 QQ

手机QQ是腾讯公司专门为手机用户打造的一款手机即时通信软件，将QQ聊天从电脑搬到了手机上，目前已经全面覆盖至各大手机平台，服务超过6亿的月活跃用户。

手机QQ具有电脑QQ所具有的基础功能，包括聊天、视频通话、表情、文件传输、聊天记录（包括聊天记录漫游）、群、群助手、拍照发送、地理位置发送等。2013年QQ提出“乐在沟通”新主张，实现了更好的移动化社交、娱乐与生活体验，增加了闪照、多彩气泡、原创表情、个性主题、游戏、阅读、语音、视频、附近的人、QQ钱包（手机支付、充话费、买彩票等支付功能）、扫一扫、腾讯新闻、应用宝、生活优惠等新功能，可以满足不同移动场景下的沟通和分享需求。手机 QQ 的管理功能包括好友管理、个人状态、好友分组、详细信息、修改备注、个性设置、QQ 等级显示、多账号保存、流量统计、常用账号设置等。

手机 QQ 支持 iOS、Android、Windows Phone、BlackBerry 等手机操作系统，并且可以与电脑端无缝连接，包括音乐试听、手机影院、文件传输等功能，是目前使用非常广泛的一款手机社交软件。手机 QQ 为免费软件，但在下载及使用过程中会产生流量费用，该费用由运营商收取。

手机社交软件还有很多，如手机人人、飞信云聊、米聊、薇密、连我、对面、来往、环聊、遇见、新浪 Show、飘飘等，还有国外著名的 Facebook（脸谱网）、Twitter（推特）、LINE、Vine、Viber 等。但是我们在使用功能齐全、强大、丰富的手机社交软件，扩大自己交往圈子，为生活带来欢乐的同时，也要时刻绷紧安全弦，防止在使用手机社交的过程中产生不必要的麻烦和伤害。面对面的沟通其实更重要，不要沉溺于手机社交所构建的虚拟环境，面对真实世界，心与心之间的真实沟通才是最美好的。

八、手机服务

（一）手机拍摄

一处美景，一份美食，一起突发事件，只需要随手掏出手机，就能记录点点滴滴，省去了大相机的麻烦；手机自拍，更是让手机拍照变得愈发火热；一些重要新闻事件、媒体采访时，手机拍摄都可派上大用场。用手机“随手拍”逐渐成为一种生活方式，成为生活中的主流现象。

1. 影响手机拍照质量的因素有哪些

我们使用手机拍照的过程是，光线进入镜头成像，生成的光学图像投射到手机中的感光元件 CMOS 或 CCD 上，感光元件把光图像转化成电信号记录下来，再由手机中的 ISP 芯片（图像信号处理器）对信息进行处理，最后由手机

处理器处理并储存，浏览照片时把照片调入内存显示到屏幕上。

手机拍照质量的好坏，取决于很多因素。现在智能手机的拍摄质量，无论是硬件还是软件都发生了翻天覆地的变化，以前手机的摄像头一般是200万、300万像素，现在已经到了主流800万甚至是1300万了，除了像素数量上的提高，其他一些核心组件也不断发展提高，从而整体上提高了智能手机的拍摄质量。

（1）手机摄像头中的感光元件。也称为手机传感器，是决定手机摄像头成像品质最为重要的一部分，也经常被手机厂商作为宣传的重点。目前主要有CCD传感器和CMOS传感器两种。

CCD的优势在于成像质量好，但是制造工艺复杂，成本居高不下，特别是大型CCD价格非常高昂且耗电高。在相同分辨率下，CCD价格比CMOS高，图像质量也比CMOS高。

CMOS影像传感器具有耗电低的优势，加上工艺技术的进步，CMOS的画质水平也不断提高，目前市面上的手机摄像头很多都采用CMOS传感器，只有部分高端机使用CCD传感器。

（2）摄像头类型。主要有背照式和堆栈式两种，也就是说现在主流的手机摄像头主要采用背照式和堆栈式两种类型的传感器，在厂家宣传时，也通常用这两种传感器类型对手机的摄像头性能进行宣传。

①背照式：一般情况下，传统手机摄像头传感器在日光较为充足的时候拍照没什么问题，但在弱光情况下就有点"捉襟见肘"了，很难在低亮度条件下拍摄出清晰的照片。而背照式传感器的手机摄像头能够在弱光环境下，提高30% ~ 50%的感光能力，能够在弱光下拍摄出更高质量的照片。所谓背照式，就是通过改造感光元件内部的结构，将感光层的元件调转方向，让光能从背面直射进去，减少中间环节光线的损失，同时把与感光无关的走线与光电二极管分开到芯片的两边或下面，这样又增加了感光元件的曝光面积，从而显著提高光的效能，大大改善低光照条件下的拍摄效果。

②堆栈式：简单点说，堆栈式传感器就是将原来放置于传感器正面的电路改为放置在传感器背面，使得传感器的感光面积更大，画质更好。目前堆栈式手机传感器是索尼独家的传感器产品，是背照式传感器的衍生产物，也是目前手机摄像头中较为先进的一种，像国产的OPPO Find 5就是世界上首款采用堆栈式CMOS传感器的手机。

（3）摄像头的像素数量。目前市场上主流水平的手机摄像头像素一般都在 800 万以上，低于 800 万像素的摄像头一般难以保证效果。像素数量的多少是拍照手机的重要指标之一，但是大家不要误认为像素数量高手机拍照效果就一定好，也就是说 1300 万像素的手机不一定比 800 万像素手机拍照质量好，这是因为像素数量还要跟手机硬件配套才能实现较好的拍摄质量，即像素数量高，感光元件面积大，才能真正实现拍摄质量高。反之，如果只提高像素数量而不增大感光元件面积，800 万像素手机的拍摄质量可能比不上 500 万像素的手机。

（4）厂家拍照软件。虽然好的成像效果离不开好的手机摄像头硬件支持，但是为什么采用了相同摄像头的不同手机，拍摄质量也可能会差别很大呢？比如索尼是目前顶级手机摄像头的主要生产厂商之一，其生产的手机摄像头被广泛地应用在苹果、三星等厂商的产品上，同时也用在自己的手机产品中，但从实际效果和市场反应来看，索尼手机的拍照画质与其他厂商的手机拍照画质相比并无优势。例如 800 万像素的 iPhone 5S 拍照效果要好于索尼 1300W 像素的手机，原因何在？其中最重要的影响因素就是系统和软件的配置优化，手机系统拍照软件同样是各家厂商在手机摄像画质方面效果差异很大的决定性因素之一。

（5）闪光灯等因素。是否带补光灯，是否支持夜间或者环境光线不好的情况下拍摄，还有变焦系统、聚焦功能、光学防抖、快门等，都会影响手机的拍摄质量，需要综合起来考虑。

2. 手机拍摄技巧

用手机拍摄简单易操作，但是想要拍出好照片也是需要一些拍摄技巧的。

（1）拍下来。手机我们天天随身携带，因此很多特殊情况下就可能用得上。比如当前很多突发新闻事件的披露，都是有人在现场用手机第一时间拍下来的，在这种情况下，“拍下来”要比“拍得好”重要得多。

（2）正确握持手机。用手机拍照时，横向握持机身，快门正好在右手食指的活动范围，各种拍摄参数的设置可以很方便地用拇指进

行调节，然后通过手机的LCD屏幕进行取景。拍摄时注意不要遮挡镜头和闪光灯。

（3）持稳拍摄。如果在按下快门的一瞬间手抖动了，拍出的照片会发虚或者模糊不清，所以拍摄时一定要持稳手机，按下拍摄键以后注意给手机一个“反应”时间，稍等一会儿再查看拍摄效果，切记不要按下拍摄键后马上转动手机。

（4）少使用调焦功能。使用手机的调焦功能进行缩放时会使照片质量变差，如果想放大或缩小景物或人物，可以靠人移动来实现。

（5）注意拍摄光线。手机的灵敏度没有照相机高，在光线较暗的环境中，手机的拍摄效果一般都不好。因此拍摄现场的光照条件要亮一些，暗的时候可以使用闪光灯和补光灯。当然也不要用手机镜头对着强光拍摄，否则拍摄的效果也不好。另外，合理使用光线还可以使拍摄变得有艺术感，比如，利用早晨和傍晚的光线条件，借助于夜晚霓虹灯的光线等。

（6）合理构图。很多人尤其是初学者用手机拍摄时往往会将拍摄对象放到画面中央，对准焦点后直接按动快门，这样拍出来的照片千篇一律，不够生动。可以合理使用一些构图方法，比如“三等分法”（黄金分割法），就是在拍摄时把主体人物（景物等）稍微偏离中心点，同时注意和其他元素相互呼应，这样拍摄的照片主体景物更加鲜明、突出。

（7）选择合适的拍摄角度。不同角度拍出来的影像效果差别很大，比如用俯拍的角度可以拍摄大场面，仰拍可以体现建筑物的高大、别致，侧拍可以让人物面部更生动有层次。

手机拍照技巧浅显易懂，拿起你的手机，随着地点的不断变换，公车上、地铁上、广场上、公园里、农田间……展现你的自信，记录美好瞬间，成为手机摄影大师吧。

3. 手机拍摄软件

手机拍摄方便灵活，还可以即时上传网络，深得人们的喜爱。当然手机拍摄深得人心还有一个重要原因，就是丰富的手机图像处理软件。不需要复杂高深的专业知识，使用简洁明了的工具就可以让自己的照片达到专业摄影效果，夜景效果、胶片效果、黑白照片、微距拍摄效果、反转片效果等等。用户只需要下载中意的拍摄软件安装在手机中，就可以轻松成为图像处理大师了。POCO（图客）相机、搞怪相机、美图秀秀、百变魔图、相机 360、布丁相机、美图贴贴等都是目前非常流行的手机拍照软件。

（二）手机出行

离开自己熟悉的城市，去往异地他乡，一切都是陌生的：公交车怎么坐，目的地在哪儿，苦等 TAXI 却没有空车，开车去送货、去旅游却不知道怎么走……别着急，有手机帮你找公交、打出租、设计路线并导航，手机里蕴藏着出行的大智慧！

1. 手机公交

随着城市的快速发展，城市人口不断增加，交通变得越来越繁忙，公交车系统也变得越来越复杂和庞大，这给人们的交通出行带来很大不便，需要花费更多的时间和精力选择路线、等车、充值。如果是初来乍到的外地人，就更麻烦了。不过现在有了手机公交软件，就可以帮我们大忙了。

（1）公交微步（WayBook）。2013 年 7 月 18 日山东济南公交公司一款名为“微步”的手机软件正式公测，乘坐公交车的人们可以随时随地获取公交车所在地点、公交线路和换乘方案等信息了。

要使用微步，同样需要先下载、安装。第一次登录该软件时，系统会提示“济南公交”想使用您当前的位置，点击“同意”后，系统自动定位到乘客当前所在位置。再进行乘客注册，注册成功后就可以正式使用软件了。“微步”包含普通公交、K 系列公交、电车和 BRT 等所有公交线路，分安卓版和苹果版，软件使用完全免费。

公交微步具有什么功能呢？

①定位功能。该软件在对手机进行定位后，显示距离用户位置最近的公交站牌在哪里，分别有哪几路公交车经过。这对于路不熟、出门找不到站牌的乘客非常方便。

②站点查询。如果乘客想要查询某条公交线路的详细信息，“站点查询”搜索功能将按顺序列出乘客所查询线路上的所有站点及线路上所有车辆的实时运行位置，乘客可以选择线

路图、站列表、车列表3种不同的方式进行查看。乘客想要去某一地点但并不清楚该乘坐哪条公交线路，“站点查询”搜索功能可以告诉乘客经过该站点的所有公交线路；选择合适的线路后点击进入线路，还可查看到线路上所有车辆的实时运行位置。

③换乘方案。“公交换乘”适用于知道出行起点和终点，但不清楚如何乘坐公交车到达的情况。通过“公交换乘”查询，换乘结果会从较快捷、少换乘、少步行3个方面给出相应的换乘方案供乘客选择。

④收藏功能。可以将经常使用的线路进行收藏，方便查阅，就不用再次搜索了。

⑤车辆实时位置查询。要乘坐的公交车到哪儿了？车辆实时位置同样可在软件中查询，微步软件每隔几秒就刷新一次车辆的实时位置。图像中可显示在某一时刻所有在该条线路上运行的公交班次。如果乘客选定上车站点及下车站点后，可在“提醒设置”中选择“公交到达前1站”自动提醒服务，当车辆到达目的地前一站时，手机会自动进行语音播报提醒，车辆到站后，手机屏幕上会出现“车已到，请上车”等提醒。

（2）爱帮公交。这是目前一款非常热门的免费全国公交查询手机软件，覆盖北京、上海、广州、深圳、武汉、长沙、长春、大连、贵阳、哈尔滨、合肥、济南、昆明、兰州、南京、青岛、西安、郑州、厦门等400多个城市，24万个公交站点，6万条公交线路，每周至少两次同步更新全国主要城市公交动态，是用户出行的好帮手。

爱帮公交提供在线公交、地铁信息查询服务，具有自动定位、地图查看、地图选址、点查询、换乘方案、好友分享、离线收藏等多种功能，数据全面、准确、更新速度快。爱帮公交手机客户端支持Android、iOS等手机操作系统，目前用户已超千万，是交通出行手机客户端中用户量较多的一款手机软件。

（3）8684公交。这是一款手机公交查询软件，其主要功能是提供中国国内各城市的公交信息查询，目前有Android和iOS两种版本。8684系列还有多款生活应用，包括8684火车、8684地铁、8684长途、8684外卖等。

8684公交具有站点查询功能、换乘查询、站点定位、查询分享、闹铃功能（使用这个功能，手机客户端可以提醒用户即将到达设置的站点，避免用户坐过站）、广场（用户可以从 8684 公交进入网络交流平台，与同样使用该软件的用户进行交流，手机、电脑都可以）。8684 公交手机客户端的特性是下载之后可以离线查询，不需要联网；更新及时，数据比较新、全，线路改变当日数据会即时更新；覆盖面广，覆盖全国 30 多个省级行政区（包括香港）；软件内置了各地的简易地图，方便出行。

（4）彩虹公交（Rainbow Bus）。这是 2012 年推出的一款基于安卓和 iOS 的免费手机公交查询软件，支持全国 400 多个城市、115 万个公交站点、4 万多条线路查询，包括夜班车、地铁线路图等，是非常受用户欢迎的公交线路查询软件之一。

彩虹公交手机客户端具有的功能和特色：公交查询与换乘、公交地铁混合换乘查询、地图导航（支持步行导航和游标测距）、夜班车查询（支持夜班车和白班车混合换乘查询及首末班车提醒）、到站提醒、周边查询（景点、酒店、地铁口等查找）、实景站牌、打车功能（提供路线打车费用参考数据、与快的打车合作一键打车）、语音识别、指南针与天气预报、离线查询、同行广场等。

随着国家“十二五”期间推出“智能公交”发展计划，结合 3G、4G 通信与信息软件及互联网的发展，国内多家公司推出多种手机公交查询软件。除了上面我们介绍的之外，还有很多款好用的手机公交客户端软件，如路路通掌上公交、酷米客公交、熊猫公交、兜兜公交等。需要注意的是，有些手机公交客户端只支持部分城市，因此选择使用时要考虑该客户端是不是覆盖用户的城市所在地。

2. 手机打车

手机打车又称为手机召车，是指利用智能手机内安装的应用，发出电召出租车的请求。手机打车客户端分为司机端和乘客端，分别安装在司机和乘客手机内，双方匹配使用。乘客打开安装的手机打车客户端，可以查看附近空车，发出召车请求。司机的手机客户端会语音播报附近乘客的召车请求，可以选择接受或者拒绝。用手机打车是乘客和司机直接联系，订

单由乘客直接发往司机，并且乘客和司机所处位置都是透明可见的，直接、便利、效率高。目前手机打车方式非常受乘客和司机的欢迎，使用人数和频率都呈上涨趋势，打车软件也因此被乘客称为“打车神器”。

目前推出的手机打车软件有滴滴打车、快的打车、爱招车、摇摇召车等。乘客要使用时，到官方网站上下载、安装乘客端软件到手机上；司机下载、安装司机端到手机上。使用时，乘客在手机中点击“我要用车”，并用语音发送或输入方式发送用车时间、出发地、目的地，然后等待司机来电。用车信息会被传送给乘客附近的出租车司机们，司机可以在手机中一键抢应并和乘客联系。

国外打车手机软件优步（Uber）也已经开始抢占中国市场。实际上，要说国际上的打车软件巨头，非 Uber 莫属，目前它已经在全球 31 个国家、80 多个城市开展了叫车业务。2014 年年初，Uber 正式登陆中国市场，在上海、广州、深圳三地开展打车业务。当然用 Uber 手机打车软件可是“打豪车”，因为打来的是奔驰、宝马来接送您。对于想要豪车服务的客户来说用 Uber 就很方便了，当然客户也要付出比一般出租车高得多的费用。

3. 手机导航

手机导航实际是指手机导航软件，即借助于安装应用软件实现手机导航。目前比较流行的导航软件有腾讯路宝、高德导航、百度导航、图吧导航、搜狗地图、凯立德导航、老虎地图、谷歌地图等。

以百度导航手机客户端为例。百度导航手机客户端是一款免费的手机地图软件，支持公交、地铁、自驾线路实时查询等，导航时可以进行地点查找、多种路线规划、语音导航、实时交通、实景导航、海量电子眼、路口放大图导航、便捷查找周边服务（加油站、酒店、美食等）等功能，同时支持联网搜索，即使没下载也可以使用，下载离线数据包后支持离线使用。新版的百度导航手机客户端还可以提供违章查询、公交查询和打车服务等。

（三）手机购物

不用去实体店铺，也不用坐在电脑前“淘货”，一部手机就能完成“逛店”、选购和支付的全过程。动动手指就能淘宝贝，边走边购物的“手机购物”正成为一种新时尚。用手机访问淘宝、当当、卓越、易购，购买日常生活用品、电影票、火车票、书籍、电器、入场券、衣服、美食……以手机购物为代表的移动电子商务已经驶入发展的快车道，从传统的店购，到电脑上购物，再到手机购物，购物模式不断升级。

1. 什么是手机购物

手机购物，是指利用手机上网实现网购的过程，属于移动互联网电子商务。其原理和电脑上网购物一样，只不过载体从电脑变成了上网手机。进入智能机和 3G 时代以来，iOS 平台和 Android 平台上的手机购物应用成为主流模式。中国手机购物目前正以极快的速度发展，比较有代表性的智能手机应用中，传统网购有淘宝、凡客、京东、当当、中国购等，综合性导购应用有口袋购物、蘑菇街、菜市场、闪购等。

2. 怎么用手机购物

要想利用手机进行网购，一般情况下都要首先具备三个条件：智能手机、购物软件、网银或支付宝。

首先，下载一个手机购物客户端软件如京东、淘宝等，安装在手机上并注册。其次，下载一个手机支付宝软件安装在手机上，如果银行卡开通了网银，可以直接用支付宝绑定银行卡用来进行购物付款。再次，登录安装的购物软件进入商城浏览、搜索自己想购买的物品，选中之后放进购物筐，可以接着选择其他物品，也可以直接点击“立即购买”，即会转入下一步。接着填写收货地址、购买数量、给卖家留言等相关信息生成交易记录。然后可以直接选择支付宝付款，也可以用绑定的银行卡付款。最后等待快递或者 EMS 送货，收到货物检查无误后就可以“确认收货”，如果发现货物有问题就要及时跟卖家联系或者申请退货等。收到货物后可以对卖家进行评价，卖家也可以对买家进行评价。经过这些步骤，一次成功的手机购物之旅就完成了。

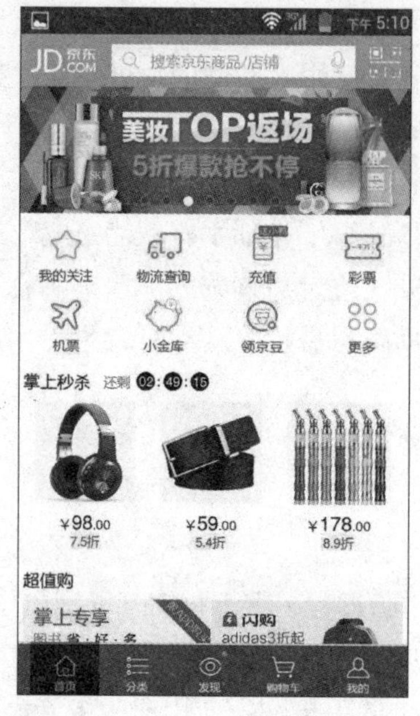

3. 手机团购

团购在我们的生活中占据了重要地位，现在很多人团购的频率非常高，如美食、电影票、酒店、KTV、景点门票、美容、生活用品等。团购省钱又省时间，是居家购物非常好的一种选择。以手机美团为例看看如何进行团购吧。

（1）下载手机美团客户端，安装、注册。

（2）进入手机美团页面，选择自己想要团购的分类，点击进入。（浏览时可以选择城市、排列顺序等）

（3）选择要团购的物品，查看物品信息、购买须知（一定要认真阅读相关事项）等。如果确定要购买，点击“立即抢购”，进入下一页面，确认数量、价钱等相关信息后点击“提交订单”。如果是多人进行打折团购，需要等待凑够最低团购人数后才可以。

（4）进入支付页面后选择绑定的手机银行卡（网银）进行支付后即可。

（5）美团美食、电影票、景点门票等，要使用时，拿手机到现场调出“我的美团”验证码进行现场验证后就可以了。

（6）如果团购付款后不满意或者因各种原因不想团购了，可以进行退款。

目前中国的团购网有美团、大众点评、拉手网、窝窝团、糯米网、聚划算、百度团购、24券等很多家，并且每个城市也都有自己的团购网，使用起来非常方便。

（四）手机同城生活服务

手机“同城生活圈”为用户提供所在城市的各种生活服务信息、身边的信息。手机“同城生活圈”是集购物、生活、健身、交友、学校、婚庆、医疗、美食、娱乐、汽车、教育、房产、文化活动等于一体构建的一个圆形社区中心，是全国性的各城市大型生活服务类信息平台。同城生活圈作为一种新的手机客户端，为广大智能手机用户提供简单、方便、快捷、直接的服务，可以让用户衣食住行吃喝玩乐购一手掌握。

下载所在城市“同城生活”手机客户端并安装注册，就可以登录同城生活圈，找到身边的商家优惠、生活优惠、便民信息、商业信息、新闻信息，并可以通过商家预留的服务电话方便快捷地联系到对方，同城进行各种优惠交易。目前北京、

重庆、西安、银川、乌鲁木齐、济南等各大城市都建立了手机同城生活服务圈。我们经常使用的手机同城应当属于58同城了。58同城是国内领先的生活分类信息网站，海量生活信息免费发布查询，提供房屋交易、招聘、二手物品买卖、二手车、58团购、商家黄页、宠物、票务、旅游、交友、搬家等多种生活信息，每天都有千万人在使用。看看58同城的广告语就可以大体明白手机同城的作用：“这是一个神奇的网站，58同城，不用中介租房子，不用花钱招人才。58同城，一折吃喝玩乐，闲置物品能换钱，一个神奇的网站！”

（五）手机支付

手机支付是伴随着智能手机发展而兴起的一种崭新支付方式，指用户在手机上通过网络进行的在线资金支付行为，是继卡类支付、网络支付后的支付新宠。可以通过手机进行各种网上支付服务，如购物、买票、话费充值、转账还款、打车、在线旅行预定等，一般在银行网点能办的支付业务通过手机银行都能办理，手机理财自然也不例外。

目前经常使用的手机支付方式有多种，如支付宝、移动支付、微信支付、易宝支付等。手机支付方便快捷，但是因为牵扯到个人钱财问题，因此使用时要谨慎，注意手机支付的安全性。如何保证手机支付的安全问题呢？

1. 确保终端安全

为手机安装专业安全软件，防范手机病毒和恶意程序；到官方站点下载手机应用程序。

2. 妥善保管敏感信息

保管好个人身份证、银行卡及手机校验码等隐私信息，不轻易提供给他人；不要在手机浏览器中保存账户或密码信息，并定期清理浏览器中的缓存、Cookies和表单等信息。

3. 重视密码安全

为手机设置开机、屏幕解锁等密码；避免“一码走天下”，在不同网站设置不同的用户名和密码组合；避免使用连续、重复、生日、身份证号码等简易容易被猜中的密码，使用大小写字母、数字、符号组合的复杂密码，并定期更换密码。

4. 养成良好操作习惯

为转账等交易设置每日每账户交易限额，确保账户支付在一定额度之内；在登录手机银行或支付机构网站时，应尽量使用银行或第三方支付公司的手机应用程序，建议不要直接通过浏览器进行操作。

5. 出现问题及时咨询

妥善保存银行资料，并仔细核查。若有任何怀疑或者个人资料有任何更改（比如联系方式、地址等有变动），要尽快联系银行或者确定后再使用。

第四章 新媒体时代新问题的应对法则

“世界上最遥远的距离，就是我在你身边，而你却在玩手机。”

跟朋友一起吃饭聊天，对方却在不停地微信、语音、自拍、刷屏，心不在焉，不由悲从心生；大街上走路玩手机、开车玩手机、站在路边玩手机的“低头族”比比皆是，景象奇异；回到家里也是如此，夫妻各自忙着玩手机，没有交流与倾听，或许以后人们离婚的原因大部分是因为手机而不是婚外情；人们没时间陪孩子玩游戏，没时间陪父母说话，却花大把的时间捧着手机傻笑。用“百年前躺着吸鸦片，百年后躺着玩手机”来描述真是贴切无比，姿态也是惊人的相似。

不知不觉中，我们形成了一种可怕的习惯，早晨睁开眼先找手机在哪里，晚上睡之前最后一件事是玩手机，手机似乎已经成了我们身体的一部分，离开手机，我们就会茫然无措，与世隔绝一般的孤独。手机，正像鸦片一样，蚕食着我们的热情与灵魂，分裂着我们的友情与亲情……所以，一家咖啡馆的牌子上写道：“我们没有 WiFi，和你身边的人说说话吧！”

新媒体时代，手机媒体成为人们现代生活中一道新的风景线，为我们提供了无处不在的方便与快捷，但同时也带给我们无尽的烦恼与困惑。新媒体时代，新的问题产生了，我们需要不断做出新的改变，应对、解决新问题。

第一节　新媒体生活给我们带来的负面影响

以网络和手机为代表的新媒体在为我们开启崭新生活方式的同时，不可避免地也会带来一些负面影响，垃圾信息、网络谣言、隐私泄露、手机成瘾、网络成瘾、网络诈骗、网络色情、网络暴力等都是新媒体时代我们必须面对的新问题。

一、垃圾信息泛滥

信息是社会的一项重要资源，和其他资源一样，信息资源中也会有形形色色的垃圾。垃圾信息就是那些混在大量有用信息中的无用信息、有害信息，以及对人类社会的各个方面带来危害的信息。它对信息的安全应用和传播构成了威胁。比如各种各样的计算机病毒就是一类垃圾信息，它会使计算机在运行时发生各种故障甚至瘫痪。通过网络传播的黄色淫秽、宣扬民族主义或背离社会道德、国家法律的信息，也是一类垃圾信息，传播这类垃圾信息的行为就是“计算机犯罪”行为。所以凡是用户没有定制过的包含有广告、欺骗、色情、诅咒等违法违规内容，对用户造成骚扰并影响用户正常使用、工作和生活的所有信息均为垃圾信息。

垃圾信息由来已久，可以说几乎所有用户都不同程度地受到过骚扰。商家促销信息、转账汇款的诈骗短信、房产推销信息、发票销售信息、留学移民短信、招聘诈骗信息……新媒体时代的垃圾信息可谓无孔不入，我们几乎天天受其骚扰。垃圾信息浪费了用户的阅读时间，还污染了环境，给社会带来极大的负面效应。

二、人际关系疏远

“世界上最远的距离不是天堂和地狱，而是我在你身边，你却在低头玩手机。”想必这是一句我们大家都已经很熟悉的话。虽然原先只是一句网络上的流行语，但是现在却屡屡变成现实，着实让我们觉得悲凉不已。2012 年青岛发生的“家庭聚餐儿孙全在玩手机　老人一怒摔盘子离席”的事情已经不再是新闻。家庭、单位聚餐时大家都忙于玩手机，没有人真正面对面地敞开心扉进行交流；情侣约会、朋友相聚时，大家都各自低头玩手机，却没有真诚地交流彼此内心的真情实感；美其名曰回家看望老人，却一直抱着手机没撒手，坐在电脑前没离开，唯独没陪老人聊聊天……

新媒体时代，很多时候我们都沉浸在网络的虚拟世界中，写博客、看播客、发微博、逛论坛、玩微信、打网游、聊 QQ，在使用新媒体的过程中我们的人际交往模式也在不知不觉受到影响。我们在众多的社交软件中游逛、聊天、交友，看似是不断扩大自己的人际交往圈，不断地在和朋友们交流，但是为什么我们的人际交往却变得越来越虚拟化、冷漠化和低俗化？为什么有人天天挂在社交软件上却患上了“孤僻症”？

我们中的很多人尤其是年轻一代，因为沉溺网络，参加其他活动的频率和时间缩短，减少和忽视了与身边亲朋好友面对面相处的机会，现实生活中的人际交往疏远，心理距离不断扩大。济南市民王先生曾在一次广播节目中吐露自己的心声："原来没有电脑的时候，每天晚上我都会和父母在一块聊天遛弯，可是自从买了电脑能上网以后，我每天晚上都窝在自己的网络小世界里，发微博、说说、聊天，不再和父母交流。一段时间后我突然发现和父母坐在一起的时候竟然不知道该说什么好，原本就不擅长与同事交流的我更害怕与同事聊天了。"用网络虚拟的沟通代替现实生活中融洽的人际交往，导致了人与人之间情感的疏离和信任危机，更容易引发心理孤独与压抑，长此以往会情绪低落、思维迟缓、自我评价能力降低，进而影响良好人际关系的建立与现实人际沟通能力。同时新媒体的人际交往中监控缺失，使人们在虚拟人际交往中承担责任较少，所以损害名誉和人格、传播虚假信息、情感欺骗、传播色情暴力等现象不断发生，增加了人们对这些负面因素的接触概率，很容易使一些辨别能力不强、自控能力较差的人加以接收或者模仿，从而导致现实人际道德的失范，导致人际交往的低俗化。

因此，我们必须认识到这一问题的严重性，认识到人与人之间面对面的沟通是最直接最真诚的，从而合理适度使用新媒体。

三、沉溺网络，虚度光阴

新媒体时代五花八门的媒体整天围绕在我们身边，尤其是网络媒体和手机媒体更是像影子一样和我们形影不离，人们沉浸在这些媒体为我们提供的信息海洋中，或阅读、或浏览、或娱乐、或聊天，更有甚者或许只是在网络上漫无目的地随意逛荡，将大把的时间花费在网络中，消耗在玩手机上了！

相信很多使用电脑和手机上网的人都有过这样的经历和感受，在网络上就那么随便一看，不知不觉中却有好几个小时就在鼠标和键盘之间溜走了。很多时候，我们利用网络并不是为了办公、交易、学习或阅读，而仅仅是为了消遣、娱乐。

以网络游戏为例，我们来看看高中生小史的网游经历。2008 年刚满 16 岁的小史在同学带动下迷上了网络游戏，开始逃课玩游戏。刚开始的时候还是偶尔逃课去网吧玩游戏，后来越来越迷恋，一天泡在网上的时间开始长达 12 个小时，基本都不上课了。最过分的时候小史连续玩两天睡一天觉，甚至为玩游戏把电脑显示器都搬到床上，睡觉的时候也都开着游戏挂机。用小史自己的话说，迷恋网游的这段时间就像吸了毒一样，除了上网什么也不想，网络已经成了生活的全部。学习成绩一塌糊涂、天天逃课的小史被所在高中开除，也根本听不进父母的教育和劝说，甚至曾经离家出走一个月。持续不间断地上网使他的健康状况开始恶化，身高一米八的他体重只有 110 斤，视力严重下降，精神衰弱、失眠、内分泌失调等健康问题接踵而至。值得庆幸的是，2014 年迷恋网游长达 6 年的小史终于清醒，开始强制戒网。但是 6 年人生中最美好、最宝贵的时间，却全虚度在网络游戏上，让人痛心。

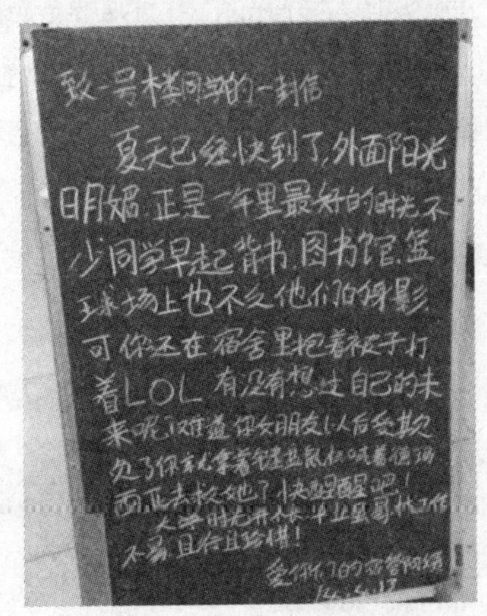

2014 年 4 月 13 日河南安阳工学院三里屯宿舍区一号楼门前黑板上的一封“劝诫信”迅速走红网络。这封“劝诫信”来自该校一位宿舍管理员阿姨，信中以诙谐幽默的方式劝诫大学生们不要沉溺于网游，要珍惜时间，不要虚度光阴。应该警醒的不仅仅是大学生们，而是所有沉溺于网络虚度光阴的人们，网络不是我们的全部，珍惜宝贵的时间吧。

四、指尖上的毒瘾：手机依赖症

“无论走到哪里都要将手机握在手里，就连过马路等红灯、吃饭等上菜的空隙都要刷几下手机屏幕，看看微信朋友圈有什么动态、QQ 有没有留言、美团有没有新优惠。以前手机的用途就是接、打电话或发短信，但自从用了智能手机，一定得时刻拿着手机，不然心里就空落落的，六神无主，像丢了魂似的。”这是超市理货员小秦的烦恼，你是否也有同样的烦恼呢？

面对花样不断翻新的智能手机，许许多多的“小秦”正被其深深迷住，不论何种时间何种场合，都会习惯性地掏出手机，随着手指在屏幕上的舞动，听音乐、看电影、打游戏、聊天、收发电子邮件、查阅新闻、发微博、处理公务、发微信状态，忙个不亦乐乎，周围的一切都不复存在，真有点“一手机即天下”的状态。这些时下流行的手机“低头族”，尤其以白领群体、中青年男子和大学生群体为主，已经被一部小小的智能手机所奴役，正成为手机的奴隶。因为过度依赖手机，其实已经染上“手机依赖症”，成为“手机控”，有多少人正

被锁进这个小小的手机“监狱”内。出门忘带手机便惴惴不安，好像丢了魂一样；一上午手机铃声没响，就感到异常失落，总以为手机出了毛病；手机刷微博、玩游戏是睡前和醒来时候的“必修课”；上班、开会、等车、聚会上总是低头玩手机；视力、身体、沟通能力越来越差；最怕别人借手机，因为太多秘密都在手机内……

“手机依赖症”又称“手机瘾”，是新媒体时代伴随着智能手机的普及而产生的一种新型心理疾病，这种指尖上的“毒瘾”就像在患者身上套了一个气泡，让其和外界隔绝开来。一旦离开了手机的世界便会坐立不安，行为失控，产生一系列生理、心理和社会行为上的不正常反应，具体表现为焦虑、烦躁不安、情绪低落、幻觉、眼疾、全身麻木、交流能力退化、人际关系冷漠等。可怕的“网瘾”恶魔阴魂未散，“手机毒瘾”又再度来袭，确实该引起人们的警醒了。手机只是一个工具，我们不能让手机奴役了我们，让冰冷的人机关系剥夺取代了温馨的人际交流，但愿大家能够变得理性一点，清醒地认识到使用智能手机是为了让生活更方便、更美好，而不是成为手机的奴隶。

五、网络依赖导致创造力退化

作业怎么答，总结怎么写，介绍信怎么开，吃饭去哪里，小乌龟怎么养，皮肤病怎么治……不知道？“百度”一下啊！但凡我们遇到不懂的、不会的、不明白的问题，很多人的第一反应可能都是“上网查一下”，上网搜索成了很多人的第一选择。

网络是知识的海洋，利用网络可以查找、学习、整合我们所需要的知识和资料，无论对于我们的工作、学习、生活和休闲都有极大的帮助。但是在不断地网络搜索过程中，同样会产生网络搜索依赖，让我们的大脑“犯懒”退化，被网络上已有的内容牵着鼻子走，不愿意再自己动脑独立思考，想象力被扼杀，创造力丧失。

某调查中心曾经对2000位网民进行调查，结果显示89.8%的人承认存在“搜索依赖”，并且超过20%的人认为自己的网络搜索依赖“症状严重”。比如在一家企业任职的杨先生就称自己完全离不开网络搜索，方案撰写、设计创意、调查分析，甚至是一日三餐吃什么，都要通过上网搜索来决定。家有四年级学生的杨妈妈存在同样的问题，每逢儿子写作业遇到不会的问题问自己时，这位妈妈的第一反应就是“等会，妈妈给你上网查一下”。对于学生群体来说，搜索依赖症则更为突出，无论是小学生、初中生，还是大学生、研究生，作业、作文、论文都可以通过网上搜索的方式来解决。甚至曾有传闻说，一位妈妈带自己腹泻的宝宝去医院看病时，竟然发现医生在网上搜索“幼儿腹泻的治疗”。通过网上搜索方式解决自己遇到的问题，过程简单了，但是结果却不容乐观。因此，我们要充分意识到网络搜索只是辅助我们解决问题的一种工具而不是全部，更重要的是我们自己的思考力与辨别力。

六、网络暴力

2007 年 12 月 19 日，31 岁的女子姜岩在博客上诉说自己丈夫有外遇后，从 24 层跳楼身亡。她的“死亡博客”记录了自杀前两个月的心路历程，并披露了“出轨”的丈夫王菲与第三者东某的一段婚外情。这在网络世界引起轩然大波，主人公王菲旋即遭“人肉搜索”。北飞的候鸟、大旗网、天涯 3 家网站纷纷刊登和转载网民对此事进行评论的帖子。随后王菲的家庭住址、工作单位及东某的个人信息逐渐在网上被披露。随后网民在网上的宣泄也逐步从网络世界中的谩骂，演变成一场现实生活中的暴力：在网上，王菲不断收到恐吓邮件，甚至部分网友扬言要“通缉和追杀”他；在工作中，很多网友将此事闹到他的单位，王菲因此遭到辞退，其他单位一接到王菲求职也退避三舍；在生活中，王菲父母的住宅被人多次骚扰，门口贴满诬陷恐吓的标语……备受谴责，不堪忍受的王菲于 2008 年以侵犯名誉权、隐私权为由，将张乐奕（姜岩的大学同学，注册了“北飞的候鸟”非经营性网站）、北京凌云互动信息技术有限公司、海南天涯在线网络科技有限公司起诉至北京市朝阳区人民法院。后经法院审判，“北飞的候鸟”网站创办者张乐奕因为宣扬隐私对王菲构成侵权。这一事件就是“网络暴力第一案”。

在这个案例中，“人肉搜索”起到了重要推动作用。所谓的“人肉搜索”，是网民利用一些网站的搜索功能，不断变换输入关键词来搜索目标，或通过一些较受欢迎的网络论坛来交换信息，从被搜索的目标对象入手，搜查其本人及朋友的博客、论坛等，从而找出搜索目标的所在地、工作、背景、详细身份资料。“人肉搜索”是网络暴力的一种典型体现。

网络暴力是指网民在网络上的暴力行为，是社会暴力在网络上的延伸。网络暴力不同于现实生活中拳脚相加血肉相搏的暴力行为，而是借助网络的虚拟空间用语言文字、图片、视频、语音等对人进行人身攻击、侮辱、诽谤的恶劣行为。这些语言文字刻薄、恶毒甚至残忍，不但对事件当事人进行人身攻击，恶意诋毁，有时还会从虚拟网络转移到现实社会中，对事件当事人进行“人肉搜索”，

将其真实身份、姓名、照片、生活细节等个人隐私公布于众，会严重地影响事件当事人的精神状态，扰乱当事人的工作、学习和生活秩序，甚至造成精神失常、自杀等更为严重的后果。

网络的虚拟性、开放性、交互性、匿名性，很容易使部分网民不负责任的言行演化为“网络暴力”。除了广大网民要自觉遵守网络文明，提高自身素质和自律能力外，相关职能部门也加快了对个人信息保护的立法研究，已经开始出台相应的法规、制度，对网络暴力行为进行依法惩治，通过法律手段规范人们的网络行为，净化网络环境。

七、网络色情

网络的产生，就像打开了一个“潘多拉魔盒”，在提供有用信息和途径的同时，也夹杂着“乌烟瘴气”与“苍蝇蚊子”，无孔不入的网上色情信息就像“电子海洛因”一样无处不在。网上淫秽色情等有害信息以图片、视频、文字等各种形式发展蔓延并不断传播，影视网站、视频聊天室、博客、微博、微信、陌陌等都成为不法分子传播淫秽色情的途径，一些网站大量发布不堪入目的黄色低俗图片、文字视听信息，严重污染网络环境，扰乱网上秩序。

面对这些网络色情信息，众多网民尤其是广大青少年群体很容易被其吸引，沉溺其中不能自拔，进而引发各种犯罪。据不完全统计，青少年犯罪当中有高达 80% 的人是通过网络受到诱惑，或是沉溺于网络或受到网络色情信息侵蚀，进而进行诈骗、强奸、抢劫等犯罪，这一数据令人震惊、痛心。建立色情网站成为许多不法分子牟取暴利的工具，发布传播色情信息成为许多犯罪分子侵扰、诈骗、诽谤他人的工具。网络色情信息成为贻害无穷的网络“黄祸”与精神鸦片，成为没有遮拦的核辐射。色情信息的传播败坏社会风气，影响积极价值观的形成，损害人们身心健康，社会危害巨大。因此，对网络色情信息必须进行严厉打击。目前世界各国都已经意识到其严重危害，都设置了专门的网络色情打击机构和机关，打击力度也非常大。

八、公共场所的媒体噪音污染

随着移动网络的发展，随时随地上网变得轻而易举，随时随地听音乐、看视频、在线聊天已经成为不起眼的小事情。这些本来都是科技发展带给我们的便利，可是如果使用不当，会给我们带来一些负面的、不愉快的影响。

在乘坐公交车、地铁、长途车等公共交通工具时，有的人喜欢坐在车上用手机听音乐，可是却不带耳机，对别人造成极大干扰。2014 年 9 月，济南市民小王下班乘坐公交车时，一初中生模样的男孩在车上用手机播放音乐，播的基本都是摇滚类快歌，甚是吵闹，车上很多人都皱起了眉头，不胜其烦。小王出于好意提醒男孩把音乐关掉或戴上耳机，没想到男孩不但认识不到自己的错误，反倒怪小王多管闲事，险些发生殴斗。用手机听音乐是一件惬意的娱乐活动，本无可厚非，但是如果在公共场所影响他人，就涉及道德素质问题了。尤其是有些人在公共场所旁若无人地用手机播放一些低俗的说唱音乐，声音很大，那就成为扰民的噪音了。

同样的情况，很多人在火车站候车、在餐厅就餐时，为打发时间或出于娱乐需要，会用平板、手机、笔记本等看视频或与朋友在线聊天，不仅声音，不断换屏的画面同样会对他人产生干扰，属于涉及公共场所道德素质问题。年轻妈妈小李带着自己 4 岁的女儿在火车站候车时，旁边一小伙子在用平板电脑看电影，其中有许多明显少儿不宜的镜头，无奈小李只好拉着行李拖着女儿移到别的地方去了。

九、隐私泄露问题

QQ 号码被盗，里边的个人注册信息、好友信息、空间信息等属于个人隐私的信息全部丢失泄露，更糟糕的是，坏人利用这些信息冒名顶替自己对好友行骗。利用手机进行网购，却泄露了自己的网银信息，被盗刷几千块。为打发时间用微信找人聊天，没想到却泄露个人家庭住址，被不法分子威胁。明明是自己的私人视频、照片，却莫名其妙出现在网上并且被疯传。曾有报道称，某高校一女孩有一段时间走在路上总觉得别人看自己的眼神怪怪的，被人指指点点的，但自己却搞不清是什么原因。直到有一天她去学校附近网吧上网时，网吧老板见了她吃惊地说她特别像某某论坛里贴图区上的一个女孩。该女生赶紧登录上去打开一看，眼前的景象差点让她晕厥过去，这些图片竟然是她只穿着内裤在宿舍走动的场景。诸如此类因为使用现代媒体而导致隐私信息泄露的问

题比比皆是，已成为新媒体时代让人颇为担心和头疼的问题。

第二节　网络谣言来袭

2014 年 3 月 14 日 16 时 14 分，四川成都，在群光广场、新世界百货等数家商场内购物的人群加上部分工作人员突然跑出，春熙路、总府路、盐市口短时间内聚集了大量人流，人们惊恐地在路上奔逃，从而发生了“春熙路奔逃事件”。人们惊恐奔逃，有的人说是着火了，有的人说是有歹徒在附近某商场持刀砍人行凶，有的人说地震了，导致人群产生恐慌情绪，慌乱中几百人四处奔逃。警方迅速出动大批警力进入现场，商场纷纷启动应急预案，安保人员持械在街头展开巡逻。经警方对事发现场及周边仔细巡查、走访，发现并未发生过任何危害公共安全的事件。成都警方第一时间通过“@ 平安成都”和“@ 平安锦江”官方微博及时辟谣，事发现场及周边很快恢复正常秩序。

2014 年 3 月 15 日，锦江区公安分局根据调查结果，依法做出处理决定：李某某（男，18 岁，四川资阳人）涉嫌编造虚假恐怖信息（该不实信息被点击浏览 10 余万次并大量转发），影响极其恶劣；谢某某（女，21 岁，在校学生）涉嫌编造虚假信息，但认错态度较好并主动删除不实信息；陈某某（商场店铺商家）因误信、误传火灾险情，加剧恐慌情绪蔓延。依法给予三人拘留和治安处罚。

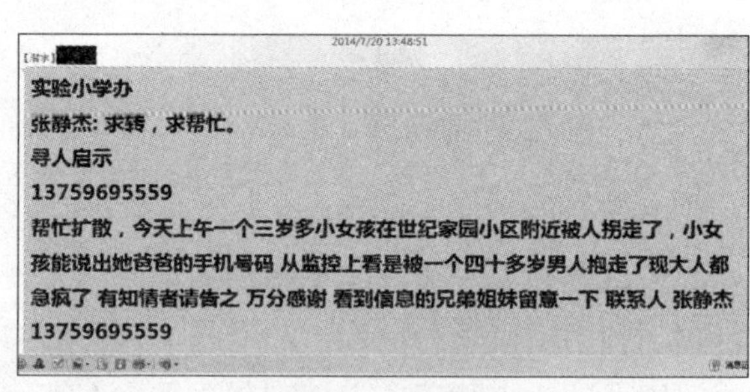
2014/7/20 13:48:51
实验小学办
张静杰：求转，求帮忙。
寻人启示
13759695559
帮忙扩散，今天上午一个三岁多小女孩在世纪家园小区附近被人拐走了，小女孩能说出她爸爸的手机号码 从监控上看是被一个四十多岁男人抱走了现大人都急疯了 有知情者请告之 万分感谢 看到信息的兄弟姐妹留意一下 联系人 张静杰
13759695559

误会多年的虚假信息

网络越来越发达，信息传播越来越快捷，但也成为各类流言、谣言产生、传播、扩散的温床与途径，QQ 群、论坛、微博、社交网站都加速了谣言的传播。细想一下，有数不清的谣言曾经在网络上疯狂传播：“少女被割肾”“中国人拍的《金陵十三钗》在日本票房为零”、2011 年的“抢盐事件”……这些耸人听闻的谣言是不是也曾经让你心生恐惧？

谣言，有时候会引发社会动荡和信任危机，损毁国家形象等，造成巨大危害，是不折不扣的“网络毒瘤”。基于此，我们有责任认清、辨识各类网络谣言并自觉抵制，不造谣、不信谣、不传谣，共同净化网络环境。

一、什么是网络谣言

网络谣言是指通过网络介质（如邮箱、聊天软件、社交网站、网络论坛等）传播的没有事实依据的信息，涉及突发事件、公共领域、名人要员、颠覆传统、离经叛道、生活常识等各种各样的内容。

二、网络谣言的种类

根据网络上大量出现的谣言，我们进行总结归纳，以利于大家更好地识别各类信息是不是谣言。

（一）按照谣言的产生方式进行分类

1. 凭空杜撰型谣言

多数谣言都属于这一类，没有任何事实依据地编造杜撰，不管其真实性是否被验证。如 2013 年 7 月有网民在网络上发布“6 名罪犯越狱后在贵州一个月杀害 78 名女性……4 月 25 号铜仁大学又失踪一名女性。据了解，已进入铜仁地区的六名男子开一辆绿色三菱。昨晚 9 点，又发现一名女子死于铜仁西四队宾馆”的信息，引发广大群众关注。后经警方调查核实为虚假信息：铜仁市根本没有“铜仁大学”，也没有所谓“铜仁西四队宾馆”；那一时期贵州省不存在 5 ~ 6 人的越狱犯罪团伙，更没有 78 名女性被害的系列案件发生。

2. 夸大其词型谣言

这种谣言往往有基本的事实，但对事实进行了夸大其词，比如本来受伤 10 人却在传播中被说成是 100 人，这种谣言迷惑性比较大，容易让人被基本事实蒙住眼睛失去判断。

3. 断章取义型谣言

这种谣言是从某个大的内容中摘取的，看整篇内容才可以理解其真实的含义，但如果被人从中间拉出一小段进行传播并不加以解释，就会造成完全不同甚至相反的理解。这种谣言只要看原来的整体就可以识别出来。比如网络上曾出现的“高铁司机培训只有 10 天时间”这则谣言，其信息源头是人民日报的一篇报道《“提速先锋”李东晓》，原文完整的信息为：“7 月 1 日，京津城际高铁进入试运行。此前的 4 个月，动车必须在线路上跑完 40 多万公里。为了节约列车运回北京的时间，当了 20 多年火车司机的李东晓只用了 10 天时间来熟悉列车。”被别有用心的人断章取义成为“高铁司机培训只有 10 天时间”。

4. 半真半假型谣言

这种谣言有真的成分也有假的内容,往往真的东西里面被掺入假的因素。比如说某个抗战老兵的历史遭遇的时候，有记者就加入了很多自己臆想中的情节用来感染人；有人借北京摔孩子事件编写的冷笑话也会让人误解。

5. 假戏真做型谣言

网络传播中有很多被人为设计的情节与场面，比如由网络推手人为设计的“撑伞”“喂饭”等“假善良舞台剧”，但这种剧作却被拿来当成偶发的社会真实去传播。曾经让许多人感动的“清洁工中暑，小女孩给她撑伞”“爱心女孩跪地为流浪老人喂饭”“母亲抱着患眼癌的女婴跪地爬行以获得‘广州富家公子’的捐款承诺”等，后经证实都是虚假的炒作。

6. 刻意暗示型谣言

传播谣言的人并没有直接针对某个事件进行编造，但所有的谣言内容却会给人以最直接的形象暗示，让人产生明显的联想和攻击效果。

7. 辟谣求证型谣言

这也是网络名人最喜欢用的传播谣言方式，编造谣言后先以自己的微博小号发出，然后用大号进行求证式传播，既达到了传播谣言的目的，又避免了引火烧身。这类谣言的常用词为“求证”“求辟谣”等。

8. 逻辑诡辩型谣言

看似非常有道理的逻辑分析，其实充满了狡辩，或者偷换概念，或者弄错前提。比如“民国时期京沪铁路全程仅需8小时”的谣言,这类谣言最具有迷惑性,但只要用真正的逻辑进行判断则很容易被拆穿。

9. 记忆偏差型谣言

有些谣言的产生并不是故意编造，而是因为发布时出现了差错，或在后来的传播中不断被误读，才导致谣言产生。这种谣言本质恶性不大，但有时候也会产生严重后果。

（二）按照谣言涉及的领域进行分类

1. 热点新闻类

围绕社会热点新闻、突发性事件，造谣者或有意而为之或道听途说散布有关不实信息，进一步炒热该事件，引发舆论关注，造成恶劣影响。比如2014年随着新疆暴恐案和云南鲁甸地震等事件的发生，有网民利用网络社交软件在互联网上编造、散布或转发境外网站刊登的“北京西四环又现不明枪声”“暴恐分子敲门施暴”“北京通州出现地震云，预示2 ~ 6天有地震”等谣言。

2014年3月1日云南昆明发生“3·01”严重暴力恐怖事件后，广大网友严厉谴责犯罪分子，哀悼遇害者。但同时也有个别人在网上编造、传播所谓的“暴恐分子分成若干组，潜入某某城市实施暴恐活动”“多地发生暴恐活动，死伤多人”等谣言信息，故意制造恐慌情绪，扰乱社会秩序。3月3日，浙江王某在其个人微博账号发帖称：“新疆暴徒现已在杭州市西湖区一带施行暴行，已致无辜群众10多人死亡，80多人受伤。”四川徐某通过个人实名认证微博发帖称：“当日凌晨，三名少数民族口音的匪徒持六十厘米长刀在（成都）川音后巷砍杀路人，其中一名嫌疑人被民警当场抓获。”经公安机关调查，以上信息均属谣言。后警方查明王某、刘某等45人在互联网上通过微博、微信群、QQ群、论坛和贴吧等编造、传播谣言信息的违法事实，并依法分别作出警告、拘留等治安处罚。

2. 历史人文类

此类谣言散布者常常借助历史文化的关注度来博得眼球，达到其自私自利的目的。这方面的典型案例就是“秦火火”犯罪团伙，他们运用夸大的言词、坚决的口吻，通过抹黑名人、大事件等来炒热自己。我们再来看一则曾在网络上掀起巨大波澜的信息：“朝鲜战争时，美国曾打算用原子弹轰炸北京。蒋介石马上派张自忠飞赴纽约与美国交涉，要其放弃轰炸北京，无果。蒋于是紧急调动第五舰队驶向夏威夷威慑美国太平洋舰队，并派战斗机拦截美军轰炸机，最终逼迫美国放弃轰炸北京。”消息一出，众多网民开始高度赞扬蒋介石的“民族立场”。后经网民史料反驳，其传播才渐渐平息。

3. 食品卫生类

食品卫生类谣言相当泛滥。民以食为天，随着生活质量的提高，人们对食品的要求越来越高，对自身的膳食营养越来越关注。随之而来的是各种关于食品保健方面的信息，其中不乏有商家故意炒作夸大，还有很多道听途说的信息被以讹传讹，以致人们长期受到蒙蔽，如海南香蕉“巴拿马病”被谣传为“吃香蕉致癌”、兰州拉面使用蓬灰致癌、臭豆腐用大便当辅料等。

4. 社会治安类

造谣者出于好玩、戏谑或恶意为之等目的，围绕百姓生活制造并传播谣言，常常以“惊人事件”“耸人听闻的标题”博得网民眼球。如香港儿童被拐割肾、北京小学生被绑取眼角膜、四川20名儿童失踪尸体被挖掉器官、河南男孩洗澡心脏被挖、东莞女孩失踪内脏被挖等一系列耸人听闻的网络谣传，其实都是出自“儿童＋失踪死亡＋器官被盗”的耸人听闻的标题式生产范本。

2014年3月18日19时38分，网民“其实还是事实”在新浪微博上发布信息称：“宜昌市伍家岗（金贝幼儿园）发生了一起重大事件，幼儿园老师给幼儿发放预防病毒药物，结果幼儿被毒死，那些老师虽然好心，但也不能随便给那些幼儿吃药啊。真可怜啊，看着就心痛。”发现该情况后，宜昌市公安局迅速对该微博内容进行核实，经调查，该消息纯属谣言。公安机关调查发现该消息为网民江某所发，19日凌晨1时许，民警在宜昌城区汉宜村一出租房内将江某抓获。江某交代了其为博取网民眼球，炮制谣言并在网上大量传播的事实。江某的行为已经触犯《中华人民共和国治安管理处罚法》第二十五条第一项的规定，公安机关依法对其处以行政拘留十天的处罚。

5. 娱乐名人类

此类谣言的关注焦点就是娱乐圈或者一些名人。比如非常典型的名人“被去世”型网络谣言：2010年5月26日，有网友在其微博宣称，知名散文家、文化学者余秋雨先生昨日凌晨5时因心肌梗死在上海华山医院病故，享年64岁。2011年3月29日，一条题为“成龙因心脏病突发在美国去世”的新闻出现在国外网站，迅速引发关注。2010年12月6日晚，一网友发布微博称金庸因中脑炎合并胼胝体积水于2010年12月6日19时07分，在香港尖沙咀圣玛利亚医院去世（后知名记者闾丘露薇在其微博辟谣，香港没有这家医院，造谣者也太不专业了）。

6. 金融经济类

此类谣言涉及国家民生、政策等方面，造谣者常常不明实情真相进行臆断，不实信息的产生还常来自于国内外媒体之间的失误传播。国外此类谣言同样不少，一名新泽西州的15岁男孩列别德，用八千美元做本钱，先以低价买入一些不受注意的蚊型股，再利用多个假名在Yahoo的BBS上发表言论吹捧这些股票，从中获利222万港元。

7. 健康常识类

当代人注重健康养生，网络经常会流传出各种偏方、秘诀、土办法，网民面对鱼龙混杂的“健康知识”，更愿意抱着“宁可信其有，不可信其无”的态度。所以此类谣言更容易被持续、长久地发酵、传播。像什么“蘑菇特能吸收重金属，每月最多只可以吃200克”“酸性体质是万病之源”“大蒜扔进油锅里炸能鉴别地沟油”“儿童得白血病是因为喝可乐”“烤的玉米不能吃，百分之百有毒”等，都已经被证实为谣传。

8. 战争军事类

这一类主要是有关军事生活、军事行动、战争等内容的谣言。在网络上军

事谣言并不罕见，比如前些年两岸关系紧张的时候网上曾谣言横飞：“两岸的战斗机在海峡上空打起来了，据说大陆的 SU–27 战机击落了四架台湾 F–16，后来有两架大陆战机遭到台湾幻影 –2000 的攻击，几乎被击落。”最后这条让两岸都震惊的消息被揭穿是谣言，是江苏某网民在“信息港”网站散布的。

（三）按照谣言的危害性质进行分类

1. 黑色谣言

黑色谣言是指谣言目标明确，经过周密策划，以恶意中伤、混淆视听、打击谋利为目的，并具有极强攻击性、危害性和功利性的谣言。如美国某机构污蔑中国干扰其卫星正常工作，中国网络部队攻击其政府网站等；美国某少年通过编造谣言，引致人们对某股票的大力追捧从中谋得暴利。

2. 粉色谣言

这是表达人们的某种期待、愿望，将欲望当做现实的谣言。如大学生要发补助了，教师要按照公务员待遇发工资了，某种食物能够治疗某种大病等。

3. 白色谣言

白色谣言多是无害中性的，一般以娱乐为目的，如“将某信息转发二十条就能全家平安”“将某邮件传递二十条就可以成为星级会员”“某明星结婚了”等。

三、网络谣言的特点

纵观形形色色的网络谣言，会发现它既具有口头谣言的特点，又具有自己的一些特点。

（一）迅捷性

网络谣言产生后通过不同的网络介质会迅速流向广大网民，即刻在社会大众中广为传播，其传播速度比其他谣言更为迅速，传播范围更为广泛，可以说瞬间就会遍及世界每个角落。网络谣言直接复制、转发方便等因素导致其传播更为方便，产生的后果和危害也比其他谣言方式更为巨大。2013 年 7 月 15 日，一条“延安雨灾导致 1358 人死亡、35830 人受伤，113 人失踪”的虚假信息出现在网络上，短短时间内，微信、新浪微博、腾讯微博、百度贴吧、华商论坛等社交媒体和论坛马上就开始了疯狂传播，速度之快让人咋舌。

（二）炒作性

炒作可以说是网络谣言产生与传播的直接动因，现在有很多人为了不同目的借机炒作自己。网络谣言的快速、大范围传播的特性更是被各种不同目的制

造、传播谣言的人借机利用。像曾经造成恶劣影响的秦火火造谣、传谣团伙，就是通过制造并传播如张海迪入日本国籍、雷锋生活奢侈、“7·23”动车事故外国人获天价赔偿、红十字会强制捐款、李双江之子非亲生、杨澜从股市骗钱诈捐逃税等一系列谣言来炒作自身，提高自己的知名度，然后获得非法利益。

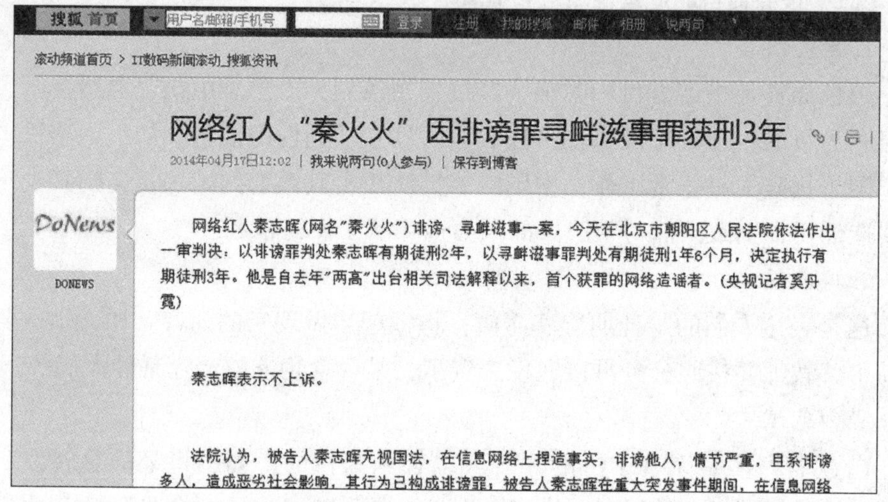

网络红人“秦火火”因诽谤罪寻衅滋事罪获刑3年

2014年04月17日12:02 | 我来说两句(0人参与) | 保存到博客

网络红人秦志晖(网名"秦火火")诽谤、寻衅滋事一案，今天在北京市朝阳区人民法院依法作出一审判决：以诽谤罪判处秦志晖有期徒刑2年，以寻衅滋事罪判处有期徒刑1年6个月，决定执行有期徒刑3年。他是自去年"两高"出台相关司法解释以来，首个获罪的网络造谣者。(央视记者奚丹霓)

秦志晖表示不上诉。

法院认为，被告人秦志晖无视国法，在信息网络上捏造事实，诽谤他人，情节严重，且系诽谤多人，造成恶劣社会影响，其行为已构成诽谤罪；被告人秦志晖在重大突发事件期间，在信息网络

（三）迷惑性

谣言捕风捉影、似是而非、以讹传讹、真假混杂，带有很强的迷惑性，可以说迷惑性是网络谣言的本质特点。从日本福岛核电站事件造成中国部分地区疯狂抢购食盐事件，我们会发现网络谣言的迷惑性之强，若不加以有效遏制，直接结果就是造成社会混乱。

（四）反复性

同一谣言有时会反复出现，销声匿迹一段时间后又卷土重来。比如关于“针刺传播艾滋病”的谣言就是一个反复传播的典型例子。2001 年，关于艾滋病患者用毒针扎人的谣言在网络上广泛传播，谣传的案情发生在天津，警方辟谣后谣传平息。2005 年的艾滋病日后不久，艾滋病患者用毒针扎人的谣传又一次在各大城市传播开来，深圳、上海、温州、福州、济南、南京、银川、南宁、兰州等各城市都开始传播。谣传中称有来自新疆的艾滋病感染者，在火车站、汽车站等人群密集地用装有自己感染病毒血液的针扎人，各大城市、各种版本在网络上疯传。这种反复出现的谣言杀伤力非常大，危害不言而喻。

（五）破坏性

破坏性是网络谣言的“毒树之果”。网络谣言就像一颗毒瘤，不断产生着

各种不良反应，小则伤害个体，大则危害群体。2011 年 2 月江苏省盐城市响水县的“爆炸谣言”，导致大量不明真相群众产生恐慌情绪并离家外出避难，结果引发多起车祸，造成 4 人死亡多人受伤。2008 年的“蛆虫柑橘”谣言引发柑橘消费恐慌，导致柑橘大量滞销，直接造成经济损失 15 亿元之多。2011 年 9 月秦火火谣言团伙制造的“红十字会强行募捐”谣言，引发了公众对红十字会的强烈不满，失去对红十字会等慈善机构的信任，导致信任危机。

四、网络谣言的产生

社会生活的不确定性，为谣言的产生和传播提供了温床；网民科学知识的欠缺，为谣言的传播提供了可乘之机；社会信息管理的滞后，为谣言的传播提供了机会；部分地方政府部门公信力的下降，为谣言的传播助长了力量；国内一些媒体及少数党员干部纪律观念淡漠，为谣言的传播开辟了道路；网络推手的幕后操作，为谣言的扩散注入了强化剂……当然在很多情况下，网络谣言的产生是这些方面的综合作用。

（一）以谋取利益为目的的造谣

商业利益的驱动，是谣言滋生的经济动因。

一些有组织的网络水军、网络推手制造社会热点谣言，借机谋取经济利益。比如“秦火火（真名秦志晖）”“立二拆四（真名杨秀宇）”造谣团伙的造谣目的就是为了出名后谋取经济利益，他们认为只要出了名就会有出版社来找，就能出书挣钱。谈到为何要针对名人时他们供认，只有颠覆名人才能快速提高自己的知名度。2013 年 8 月 28 日，四川西昌警方侦破凉山州首例有组织的网络造谣、炒作案，抓获两名嫌疑人。两名嫌疑人是来自南充蓬安的一对“80 后”夫妻，他们在猫扑、天涯、人民网等论坛以及新浪、腾讯微博上，注册了 3300 多个账号，加入了 100 多个 QQ 群，从 2012 年开始，两人共参与网上造谣、炒作等事件 2153 次，支付宝账户收入 395965.2 元。他们的盈利方式为帮别人论坛置顶、专职发帖、刷微博人气等赚取报酬。8 月 28 日，两人涉嫌在网上以盈利为目的炒作传播谣言、寻衅滋事，被西昌警方刑拘。

（二）以打击报复为目的的造谣

网络谣言中有很多是造谣者因个人问题而编造谣言，对他人打击报复、发泄私愤。比如造谣者平时与他人有纠纷瓜葛或某种矛盾，便通过网络谣言贬低攻击对方。网络上有过广泛影响的“闫德利事件”，就是其前男友杨某为报复闫德利而捏造了闫曾从事性交易，并患有艾滋病的网络谣言（河北省容城县司法机关已对其男友采取司法措施）。

还有一些人出于对一些领导干部作风和工作态度有成见或出于仇官心态，也会制造一些领导干部的“性丑闻”，或脱离群众、贪污受贿、公款吃喝、假公济私等假新闻，假借“网络反腐”编造谣言并恶意传播，以此来发泄自己的不满情绪；还有一些竞争对手之间的互相打压，也会通过在网络上造谣的方式进行。

（三）以获高点击率为目的的造谣

网络上的很多人为博取眼球、获高点击率，经常会不辨是非地捏造不实消息并传播。比如一些网络名人经常进行的造谣传谣行为，就是抓住网民的猎奇心理炮制香艳丑态、花边新闻，编造一些所谓的“真实故事”乱发乱转来赚取点击率和拥护者。

（四）以个人爱好为目的的造谣

有些网民不考虑社会安定大局，出于个人的爱好故意胡编乱造一些让人恐惧或害怕的消息进行传播，有的谣言只不过是造谣者想恶搞一下试试网络效果如何而产生的，还有网民以幸灾乐祸、凑热闹的心态传谣，更有许多网民出于从众心理，抱着“宁可信其有不可信其无”或者“大家都信了，我也信”的心理认同谣言并继续传播。

（五）以诈骗为目的的造谣

有些不法分子也会以网络造谣的方式骗取钱财物，比如以发电子邮件的方式制造遗产赠予谣言、股票预测谣言、富婆借种生子谣言等，来达到骗取钱财的目的。

（六）以强迫性转发为目的的传谣

有人在网络上发送一些莫明其妙的谣言信件，要求你转发给多少人以上，否则就对你和你的家人进行疯狂诅咒，这样一来，许多定力不强的网民就被“强迫性”地转发了谣言。我们称这

些谣言信息为“恶意诅咒帖”，其中最多出现的字眼就是“请将此帖转发多少个群以上（或者转发给多少人以上），否则你和你的家人将……”现在邮件、手机短信、微信、QQ 群里的“恶意诅咒帖”比较多。

（七）听风是雨以讹传讹式造谣

有很多人听风就是雨，把道听途说的小道消息添油加醋，瞎编一通后疯传，并且经常以转发的形式进行。这些谣言，有时通过口口传播，有时借助于现代媒体渠道如微博、微信、QQ 群等进行疯狂传播。我们开篇分析的“春熙路奔逃事件”，经警方现场核实确认，系有人造谣“有人砍人”，接着有人不管真假，立即发微信，传言春熙路有人砍人。

五、网络谣言的传播

（一）网络谣言的传播渠道

1. 各类论坛

各大网站上的各类论坛几乎已经成为众人心目中谣言的集散地。有时论坛中的造谣和传谣活动此起彼伏，一谣未平，一谣又起，因为论坛中以“主题”为中心进行讨论的方式正好符合了谣言也具有的“主题”特征。在很多人心目中，论坛上的消息可信度比较低，但是因为有些论坛里的消息也不完全是虚假的，比如清华大学论坛中相当一部分消息事后被证实是真实的，因此，网民面对论坛中的各种消息时，也无法完全置之不理，于是就在半信半疑中，谣言在论坛里得到了巨大的生命力和传播力，接下来又在网下通过人际口头传播，从而广为人知。

2. 网络新闻

网络新闻自诞生之日起就以传播迅速的优势席卷全球。据统计，现在约有超过二成的网民通过网络获取每日最新新闻，有超过六成的新闻媒体采用因特网技术传输新闻，几乎百分之八十的报社建立了自己的网站。然而在许多网民心中，有些网络新闻的可信度也不是很高，有时还被人们称为谣言新闻。原因就是有些新闻网站往往依赖网民的自由投稿获得信息，缺乏对事实真实性的检验和把关，更有很多新闻网站在新闻竞争过程中不顾事实，怎么吸引人怎么写、怎么编。但随着网络环境的不断净化，网络新闻的可信度在不断提高，尤其是一些正规的门户网站。

3. 电子邮件

利用电子邮件的群发功能，可以使一条信息顷刻间传播给成千上万的网民，

而其私人色彩更使电子邮件显得比一般的消息真实。因此，很多谣言会通过电子邮件的渠道进行传播，形成了网络时代的连锁电子邮件谣言。“请你将收到的这封邮件转发给你的二十个亲友，你的邮箱功能就会升级”，如果不发呢，就威胁会受到惩罚。很多网民觉得转发一下就是举手之劳，没有必要搞得自己既担忧又不愉快，于是谣言就通过电子邮件的群发变得泛滥成灾了。

4. 互动社交网站

目前快速、简单、互动性强的社交网站使用率非常高。以大家最为常用的QQ互动聊天工具为例。QQ的家人、亲朋好友、同事、圈子等具有模拟真实社会人际交往的特点，大大增强了它在人们心目中所传信息的可信度，同时它又具有可以方便地复制、离线留言、群发等特点，使其对于谣言的传播更具便利性，有时即使传播的是谣言也会被误认为是真理。易信、微信等的朋友圈亦是如此。因此互动性强的社交网站成为网络谣言的一个重要传播渠道。

别让谣言污染“朋友圈”（人民论坛）

钟新文

《人民日报》（2014年08月11日 04版）

日前，一些人利用微信“朋友圈”散布“警方在医院门口击毙暴恐分子”“西四环又现不明枪声”等谣言，被依法查处。一石激起千层浪，案件引起很多人“吐槽”：“是该管管了”“别让谣言污染‘朋友圈’”……由此而来的思考是：微信时代，我们如何面对谣言？

近几年，即时通信工具异军突起，光微信就有6亿多用户。刷微信、看公众号、逛“朋友圈”，日益成为人们生活的新元素。然而，信息大潮激荡下，也有暗流涌动；情感交汇之中，也有机心暗藏。

“所有的邪恶中，谣言散播最快”。看看这些年微信上疯传的假消息，“酒驾一律拘役六个月”“暴恐分子扮成干活的人敲门施暴”等，无一不传播着混淆视听、制造恐慌的负能量。前段时间，“人贩子进京”谣言满天飞的时候，一些很少上网的老人，都心急火燎提醒子女“看住孩子”。

各类微信谣言中，政治谣言尤须警惕。一些人唯恐天下不乱，或望风捕影，夸大事实；或断章取义，歪曲事实；或杜撰虚构，伪造事实，推出一个个耸人听闻、似是

国外情况亦是如此。韩国《朝鲜日报》2014年6月26日的报道《韩社交网络谣言满天飞　社会越来越危险》中指出，Kakao Talk（韩国手机社交软件）等社交服务平台已经成为韩国人日常生活中重要的沟通工具。目前韩国每天有3700万国民（占总人口的75%以上）收发Kakao Talk信息，日均收发量达60亿条以上，Facebook的用户每天也达830万人。比任何报纸、广播和电视报道的内容都要多的信息和情报在社交网站上传播，但副作用也很明显。一些未经考证的内容通过社交网站迅速传播后成为既定事实，一些蓄意捏造的内容也通过社交网站不断传播，社交网站成为谣言的集散地。

5. 手机短信

手机短信可以通过群发的形式把信息快速、大面积地传播开，当人们收到熟悉的人发来的短信时，对这一信息的信任程度要远远高于通过其他途径获取的信息。目前全世界的手机覆盖率如此之高，意味着手机短信也成为谣言传播的一个重要途径。

（二）网络谣言的传播模式

网络谣言的传播模式一般有链状传播、树状传播、放射状传播、旋涡型复式传播等四种。

1. 链状传播

是指谣言从一个人传到另一个人，一环扣一环。如利用电子邮件、微信聊天、QQ 聊天互动空间等散布谣言。在链状传播的过程中，存在大量因为误听误传而产生的谣言。

2. 树状传播

是指谣言从一个人传到几个人，再从几个人传到一定数量人群的传播模式。有人称其为“葡萄藤”式传播，如在社交网站、论坛、微博等领域散布的谣言。

3. 放射状传播

是指谣言从信源向无数接收者发送。这是网络谣言特有的传播模式。因为在网络上可以通过简单的“复制、转发、群发”来实现，如手机短信群发、QQ 信息群发、微信朋友圈等。这种传播模式使谣言能同时传递给很多人，达到了极高的传播效率。

4. 旋涡型复式传播

是指融口头传播与媒体传播、新媒体与传统媒体传播于一体的传播模式。这种媒介的交叉组合能为谣言的传播积累更大的能量，造成的破坏性也相应较大。

六、网络谣言的危害

“网络毒瘤”“网络阴暗新闻”“网上心理毒品”“网络毒药”等都是人们对网络谣言的形象称谓。如果说有意恶搞和哗众取宠式的谣言像米饭中的沙子，一不留神可能硌了牙齿、伤了肠胃，

人民日报：认清网络谣言的社会危害(1)

2012-04-16 07:38:14 人民日报 【大 中 小】

网络的迅猛发展在给信息交流带来快捷方便的同时，也使谣言“插上了翅膀”。特别是近几年来，随着手机短信、即时通讯工具和微博等新兴媒体的崛起，网络谣言也呈激增之势。借助现代信息技术，网络谣言不仅限于特定人群、特定时空、特定范围传播，其传播速度与影响范围呈几何级数增长，危害巨大，后果十分严重，不能不引起全社会的高度警惕。

威胁社会稳定，损害国家形象

网络谣言既有针对公民个人的诽谤，也有针对公共事件的捏造。小而言之，网络谣言败坏个人名誉，给受害人造成极大的精神困扰；大而言之，网络谣言影响社会稳定，给正常的社会秩序带来现实或潜在的威胁，甚至损害国家形象。

2011年3月，在日本发生特大地震后仅一周，中国多地发生群众抢购食盐的事件，而这一切都

那么以破坏为目的的谣言就犹如毒药，对个人生活、群体工作乃至整个社会都可能产生意想不到的危害。短短的一篇网络帖子、一则网络笑话，看似无足轻重，却可能会玷污公民名誉，影响群众生活，威胁社会稳定，破坏国家形象，危害巨大。

台湾曾经公布了一项名为“网络10大罪状”的民意调查，结果显示网络外遇、垃圾邮件、网络谣言、网络上瘾症、网络色情、网络并发症、网络赌博、网络购物狂、网络疏离症、网络假民主为网络10大罪状，网络谣言榜上有名并且名列前茅，可见网络谣言危害之恶劣。

《人民日报》也曾于2012年4月16日刊发评论文章《认清网络谣言的社会危害》，文章指出“谣言会威胁社会稳定，损害国家形象”，可见网络谣言的危害之重。

（一）破坏社会稳定，损害国家形象

2011年3月11日，日本福岛第一核电站发生爆炸与核泄漏事故，令人意想不到的是3月16日起中国的老百姓开始疯狂抢购食盐。面对巨额暴利，有不法商贩开始肆意提高盐价，平常3元一包的普通碘盐被炒到18元，40多元一箱的竟然卖到600元。随着真相的不断曝光，抢盐事件慢慢平息，盐业股随之出现大跳水，很多小户、散户被套牢，血本无归，民众正常生活、市场正常秩序被严重扰乱。而导致这一抢盐事件发生的源头是网络上盛传的三则消息：一是食盐能抵御核辐射，二是日本的核辐射将会影响到中国，三是日本的核辐射会污染海水进而污染中国的食盐。这些网络谣言引发了民众对“核”的恐慌，而这种恐慌正是导致中国多地群众抢购食盐事件发生的原因。“抢盐”闹剧不但破坏了正常的市场秩序，影响了群众生活，甚至闹成了国际笑话，被外国媒体广泛报道，给国家形象造成了损害。

（二）造成经济损失

2011年2月17日网络上出现了一篇《内地“皮革奶粉”死灰复燃　长期食用可致癌》的文章，指出销声匿迹数年后内地再现“皮革奶粉”踪影，立即引起人们对食品安全的担忧。伊利、蒙牛、三元、光明的股价应声下跌，蒙牛跌幅高达3.3%。后来虽经农业部正式回应、中央电视台《新闻1＋1》栏目专

题报道这是别有用心的人编造的谣言，提醒广大群众不要轻信，但是这一引起社会广泛关注的“奶粉门”事件，还是对中国的乳制品行业尤其是国产奶粉造成重创，调查显示，近七成民众明确表示不会选购国产奶粉。2013 年广为流传的“槟榔致癌”谣言，给海南农民造成了数以百万计的重大经济损失。

（三）降低公众对网络信息的信任度

曾经轰动一时的“故宫博物院安全事件”严重伤害了人们对故宫博物院的信任，“郭美美登上《时代杂志》封面事件”使人们失去了对红十字会等慈善机构的信任，这些谣言事件的发生对社会信任度破坏很大。

2003 年曾有香港媒体披露：“香港警方于去年底接获内地公安机关的通知，北京故宫博物院百件清朝乾隆年间的观音佛像国宝文物在运往山西展览途中失窃，而后被偷运到香港，并于 2002 年 10 月 28 日委托佳士得香港拍卖行在港公开拍卖，目前已有 20 件被拍出，总售价为 390 万港元。其中最名贵的一件是清乾隆粉彩描金无量寿佛坐像，头戴五叶宝冠，端坐莲座之上，为稀世之宝，被一古董商以 227.4 万港元拍得，未被拍卖的文物目前仍由佳士得保管。”这家别有用心的媒体以“故宫国宝去岁十月赴晋展览失窃百件”为题，对国宝在港被拍卖一事进行了大量报道，报道内容随即被港台部分媒体进行了转载，一时间关于“百件国宝赴晋遭窃”的消息被传得沸沸扬扬，在社会上引起轩然大波，故宫博物院立即陷入舆论的旋涡。此后故宫博物院发表声明予以澄清，文物失窃并被拍卖是谣言，纯属无稽之谈，声明指出：“近 20 年来，我院从未在山西省举办过任何展览，更不存在去年故宫博物院在山西办展之事。至于我院文物‘运往山西展览途中被窃，涉及超过一百件文物’纯属无稽之谈。”此谣言虽经澄清，但是不明真相的人们对故宫博物院的信任度却降低了不少。

（四）增加事件解决难度

2012 年 2 月 21 日，一位网络昵称为“米朵麻麻”的网友通过微博发布“今天去打预防针，医生说 252 医院封了，出现了‘非典’变异病毒，真是吓人”的信息，随后大量网友看到此信息并开始不断求证“保定 252 医院出现‘非典’”的消息。25 日卫生部通报，经核实，此次疫情为腺病毒 55 型引起的呼吸道感染，截至 2 月 25 日 8 时，发病病例都是轻症为主，没有危重病人，也没有死亡病例。27 日卫生部透露：保定市公安局新市区分局经调查，于 2 月 26 日依法查处这起散布谣言案，涉案人员被依法劳教两年。原来这是一互联网站的经营者刘某某为提高网站点击率而发布的虚假信息，并自己跟帖制造影响，才产生了接下来的一系列问题。从这一谣言的传播和大量网友的求证态度来看，实际上大家

对政府部门所采取的严格预防、治疗措施及数据公开等方面还是存在疑惑，因为此谣言一出，很多人选择了相信，并且在求证的过程中不断转发，扩大了谣言范围，给谣言的澄清及平息增加了难度，使公众对政府部门处理“非典”的措施产生更大疑问。

（五）损坏个人和集体名誉

网络谣言轻则对个人的工作生活造成困扰，重则会严重损毁个人声誉，甚至引发意想不到的后果。对于集体来讲，谣言会毁坏其在社会上的声誉，降低其社会信任度，继而造成工作开展困难或巨大经济损失。

2009 年 10 月 14 日，一名自称闫德利的女子在博客上公布了 279 名曾与自己发生过性关系的男性手机号码，并称自己身染艾滋病，同时曝光的还有大量所谓的“闫德利的艳照”，这一消息在网上引发轩然大波。在北京一家餐馆打工的女子闫德利，一夜之间成为千万网民唾弃咒骂的恶毒女人，成为存心报复社会的“艾滋女”。2009 年 10 月 21 日，河北容城警方在北京某小区将“艾滋女闫德利”事件的始作俑者——闫德利的前男友杨某抓获。经核实，闫德利确有其人但并未患艾滋病，在网络上诽谤她的是她在北京的前男友，一切都是杨某冒名在博客上发布的谣言信息，所公布的“嫖客”电话号码实际上是闫德利同事、朋友等的电话。容城县人民法院以互联网侮辱、诽谤他人的罪名判处杨某有期徒刑 3 年。事情虽已过去，但这一谣言带来的恶劣后果却是严重的。闫德利成为这一谣言事件中最冤的受害者，名誉和隐私（在官方未发布任何消息之前，闫德利及其家人的住址、单位等一系列隐私都在博文上被公布）被彻底毁掉。受事件影响，闫德利无法正常工作，已辞去酒店领班工作，身体和精神状态每况愈下，心灵上受到了终生难以抚平的伤害，其家人的身体和精神状况也一度处于崩溃的边缘。被公布的 200 多个手机号码的持有者也饱受质疑和误解，给他们的工作、生活带来很大困扰。

第三节　网络谣言的识别与应对

面对铺天盖地的各类网络谣言，作为普通网民，要清醒地认识到网络谣言的巨大危害，擦亮眼睛去辨别这些信息的真假，自觉抵制各类谣言，不造谣、不传谣，做一个守法健康的网民。如何识别形形色色的网络谣言呢？实际上，谣言的产生与传播万变不离其宗，是谣言就会有破绽，是假的就真不了。只要我们了解谣言中常见的一些字眼，掌握辨别谣言的一些方法，提高警惕，谣言就会无处遁形。

一、网络谣言中的常见字眼

网络谣言因为具有一定的隐匿性、欺骗性，所以辨识难度较高，但只要我们善于总结分析就不难发现，谣言当中有很多常用性词语，即很多字眼都是重复性非常高的。经过梳理大量网络谣言，我们发现一些字眼经常在网络谣言中出现，官员、富豪、官二代、富二代、名人、明星、权力、腐败、丑闻、不作为、爱心、慈善、最、数字（整数且较大）、地震、爆炸、泄露、污染、辐射、灾害、事故、抢、自杀、袭击、改革、孩子（儿童）、老人、女大学生、农民工、残疾人、后妈、食品、营养、保健、病毒、艾滋病、性、求证、求辟谣、求扩散、转发让更多人知道、揭秘、寻人启事、紧急通知、真相、据说、据传、有传言、有网友爆料等等。看到这些熟悉的字眼时，你就要警醒了：这可能是谣言，不要轻信和盲目转发。

下面我们选择网络谣言中出现频率较高的几方面进行分析，抛砖引玉。

（一）官、富、名人

网络谣言一般都有鲜明的指向，比如特定的人群或事。大量事实表明，网络谣言对平淡无奇、毫无看点的人或事往往没有兴趣，而是偏爱处于社会两极

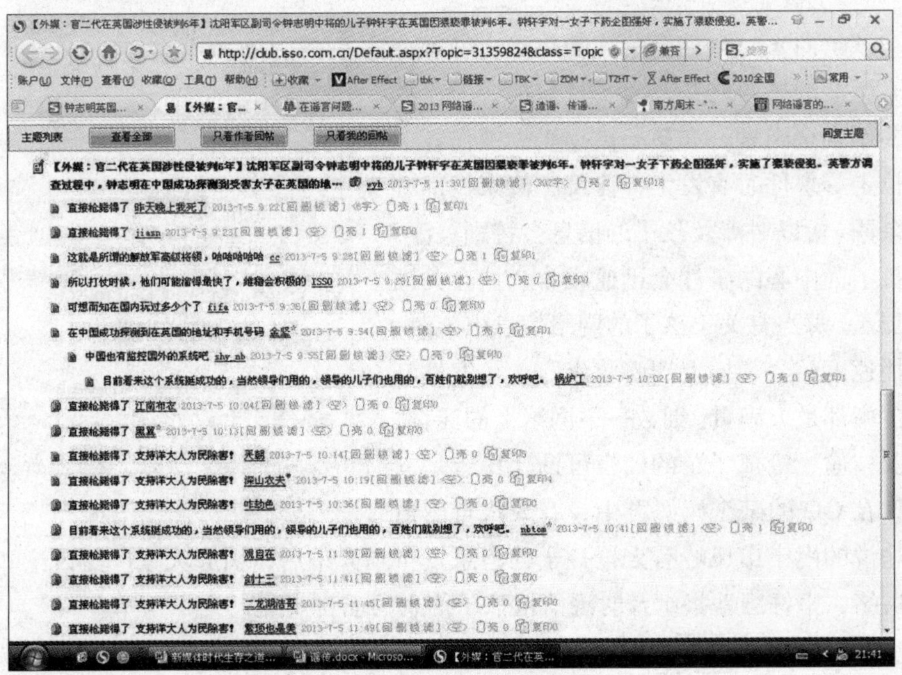

的那些人和关乎社会焦点问题的某些事。例如，在新媒体时代形形色色的网络谣言中，涉及政府官员、社会名人、富二代、官二代的占了相当大的数量，成为重点“光顾”的人群。

在谣言事件中，如果当事人的身份涉及“富、官”这类敏感词语的时候，少数网民会立即先入为主地带上“有色眼镜”来看待，网络舆论则会不断美化受害者一方的形象，以达到加深对施害者仇恨的目的，而仇恨的情感一旦过度膨胀，就会左右人们的理性判断，使人们离真相越来越远。2013 年网络上曾经流传着这样一则帖子：“沈阳军区副司令钟志明中将的儿子钟轩宇在英国因猥亵罪被判 6 年。钟轩宇对一女子下药企图强奸，实施了猥亵侵犯。英警方调查过程中，钟志明在中国成功探测到受害女子在英国的地址和手机号码，发出威胁短信和电话，派人到英国跟踪威胁，表示愿出 400 万以换取女子撤案。”后经查实，网络上流传的帖子为谣言，沈阳军区副司令员钟志明的独生子名叫钟波，从未出过国，更与钟轩宇没有任何关系。但是看一下某网站这一帖子后面的跟帖，会发现绝大多数跟帖都是以一种幸灾乐祸、仇恨、发泄等情绪进行的，跟主题帖中“沈阳军区副司令钟志明中将的儿子犯罪”有根本性关系。网络曾经盛传的“金庸去世”“县长夫人在巴黎狂购”“绝症男子杀死八名村官”等网络谣言都是以名人、官、富等为噱头做文章的。

（二）孩子

孩子向来是全社会关注的焦点，是每个家庭生活的核心之一，由于目前社会上存在很多不安全因素，如孩子被拐卖、被伤害、被抢走等事件时有发生，让每一位家长都心有余悸，所以对涉及孩子的信息会特别关注，以孩子为中心的事件会迅速成为全社会关注的焦点。每当有关于孩子的网络信息出现时，传播速度就会“插上翅膀腾飞”，转发量、点击率都是大满贯。细数一下网络上的谣言，涉及“偷、抢孩子”的谣言可谓比比皆是。比如在 QQ 的某个妈妈群中，有人将自己道听途说的南宁市凤岭有人抢孩子的消息发布到群中后，引起大家广泛讨论和紧张情绪，幸好当地报纸及时澄清抢孩子信息为谣言。

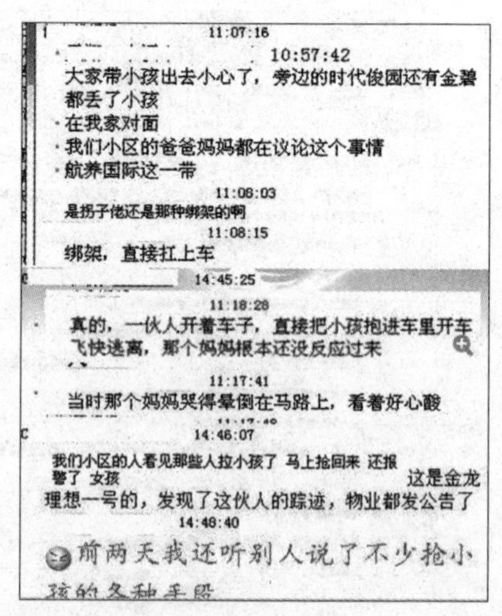

2011 年 8 月一则发布于某论坛上的网帖称：“北京市通州区马驹桥镇某超

市和周边市场内，一些不明身份人员趁家长不注意时抱走小孩，甚至强行抢夺。”帖子发后3天时间内回复量已有几百，不少居民表示愤怒、担忧与恐惧。后通州区公安局展开调查，证实该网帖为恶意编造。

2013年6月广西壮族自治区南宁市很多市民的手机微信里收到别人转发的一则帖子：“最近有一帮人，专门找独自带孩子去玩的妈妈或老人。他们拍大人后背下药，待大人被迷晕后把孩子抱走。万达就丢了一个小女孩，幸亏女孩的妈妈咬舌头清醒得快，立马报警，把万达所有出口堵住，最后逮到一人。这帮人把小女孩带到卫生间，换掉衣服又把头发给剃了……”微信中，这则帖子还有板有眼地描述称“（警方）都已经下通缉了”。帖子末尾处，发帖人还要求“请转发”。后经警方查实，此微信帖子所说事件为虚假信息，系谣言。

这样的谣言或信息不胜其数，比比皆是。部分网民发布或转发这样的信息本是出于好意，想对家长们起到一个提醒、警示作用，殊不知，这些“有鼻子有眼”的虚假或未经证实的信息发布传播后，会引起整个社会人们的恐慌，严重干扰大家的正常工作和生活。更不排除部分网民别有用心，唯恐天下不乱，故意编造和传播虚假信息以制造社会恐慌，达到其不可告人的目的。所以还是提醒大家，不要听信和传播没有依据的传闻，以免引起无端的猜疑，造成不必要的恐慌，影响正常的工作、学习和生活。

（三）地震、灾害、爆炸等公共问题

涉及群体性事件、重大自然灾害、征地拆迁、公共安全等公共问题的事件，往往会受到谣言的重点“照顾”，如汶川地震后不到4天的时间里公安机关就查处涉嫌制造并散播谣言者17人，因为公共问题跟每个人的生存息息相关，更容易引发群体性的大规模关注。

2008年5月14日，汶川大地震后第三天，受“都江堰一化工厂发生爆炸”“成都水质受到污染”的谣言误导，四川都江堰、崇州等地上万居民朝郫县集体迁移，成都市民开始恐慌性蓄水，一度导致超市、商场矿泉水被抢购一空。政府有关部门紧急辟谣，及时澄清事实真相，很快劝止了郫县万人大迁移，使当地局势和社会情绪归于平静。

2011年7月23日，北京到福州的D301与杭州到福州的D3115在20时34分行至温州双屿路段下岙路时，D3115遭到雷击后失去动力停车，造成D301追尾，D3115两个车厢脱轨坠桥，事故造成数百人伤亡。“7·23”温州动车追尾事故发生后，也曾经引发了一系列的谣言，像“掩埋活人”传言（有人在微博上发布一张被称为“神秘手”的图片，称搜救工作已经结束后，在从高架铁

路桥上摔下成两段的动车车厢里发现有人。微博发布后，引发了网上“掩埋活人”传言。后来该图片的拍摄者鞠焕宗上传系列图片辟谣，车厢里的人事实上为清理车厢内部的施救人员。“遇难者遗体不经家属同意就被火化”“港人举旗上街哀悼动车追尾事故遇难者”（所传图片实际为2010年8月香港市民悼念在菲律宾遇害游客的图片）、“吊下动车车厢时有遇难者遗体掉出”（实际证实为车体碎片）等，这些传言引起了强烈反响与巨大争议，无论是对伤亡者、家属还是其他民众都是一种伤害，同时对于事故的调查、处理与善后事宜也是一种阻碍。

（四）历史

“历史课本骗了我们70年”“90%的中国人不知道的历史真相”“60多年过去了，有几个中国人知道这段历史”……相信很多人都在网络上见过这类标题的帖子与信息，这些类似颠覆历史教科书的内容引起了很多网友的兴趣，很多人在转发的同时还会加上一些“这些年历史白学了”“政治是无情的，喉舌是机械的”等感慨。由于这些“历史”通常都建立在“爱国”的情绪基础上，所以特别容易引发网友特别是年轻网友的共鸣，轻易就会引发关注并掀起转发热潮。但我们认真辨别分析一下，就会发现这些信息大多数都是不正确的，是网友们的一些情绪化表达。虽然这些信息并不能完全视为“谣言”，但也存在一定危害，所以大家要明辨是非，不要轻信与转发。

“有几个中国人知道，蒋介石动用70万国军发动了淞沪会战。在会战中，国军空军炸毁日本海军陆战队司令部，炸沉日本海军第3舰队旗舰，改变了日军在中国战场的战略部署。”事实是淞沪会战中中国官兵浴血奋战，但并未能炸毁日本海军陆战队司令部，该司令部建筑直至抗战胜利后依然存在。日本海军第3舰队旗舰“出云号”也并未被炸沉，而是1944年中途岛战役中被美军击沉于菲律宾。

“修高铁有何用！难怪铁道部长被双规，民国时期京沪铁路全程仅需8小时！不服气请去查当年历史档案和列车时刻表。”温甬动车事故期间，曾有这样一条微博出现并迅速吸引了许多人的眼球。这条微博中展现的今昔强烈对比令不少人愕然，继而点燃了对铁道部门“不作为”“腐败”等问题的讨伐。直到有人明确指出，国民政府统治时期的“京”是指南京，起点与终点之间的距离仅有约300公里，这一传言才渐渐淡出人们视线。

这些历史类网帖，多多少少对历史事实进行了一些剪切、修改甚至是编造，最终出现在大家面前时，基本都是颠覆历史、褒贬鲜明的样貌。这些传言为什么如此吸引人，有这么大的市场？主要原因是人们在现实中有了不满或困惑，就开始寄希望于过去，把思想投射到“想象的过去”。当然我们传统历史教育的刻板化、脸谱化，也容易催生这种想法，使人们愿意接受一些新鲜、颠覆的说法。

二、慧眼识谣言

了解了网络谣言的产生与特点，只要我们再掌握几种网络谣言识别“武器”，就能提高对谣言的辨识能力，进而抵制谣言的传播了。

（一）武器 1——看信息来源

有些信息来源于道听途说，有些属于个人臆想式的“孤证”；有些媒体发布的信息也没有明确的信息来源，或消息来源不确切、不权威，只好标明“网传”。类似信息的可靠性值得怀疑，不能轻信。

（二）武器 2——善于搜索对比

要善于搜索、比对。一些谣言属于“旧闻翻新”，虚化了时间、地点、人物等要素，而只描述了事件后重新上传以误导网民；还有一些谣言的内容情节离奇。可以用关键词搜索的方法，将不同的说法进行比对以判断信息的可信度。

（三）武器 3——有条件尽量直接核实

对于发布在微博、微信上的“原创内容”，联系到发帖者本人只是举手之劳，却可以核实信息的真伪。

（四）武器 4——多画问号

多问几个为什么。假消息虽然具有欺骗性，但肯定有违背常识和逻辑的地方。对于貌似“科学”的谣言，需要再了解相关科学知识，或请教有关专家后才能做出判断，不能盲目轻信和随意传播。

三、网络谣言的罪与罚

网络是自由之网，也是法治之网。

2014 年 2 月 9 日，吉林省梅河口市男子刘某为提升自己微博的知名度，利用微博伪造散布 H7N9 疫情致人死亡的虚假信息：“梅河口一家医院因 H7N9 有人死亡，年龄 31 岁，参与抢救的医生已被隔离……梅河口市已有多人被感染……”这条微博短时间内被网友转发，给当地居民造成极大恐慌。后来发布虚假信息者被警方拘留，并处 500 元罚款。

2014 年 7 月 15 日，北京网民马某、海南网民裴某先后在新浪微博编造发布

谣言“明天上午对 ××× 实施抓捕？刚看到消息，北京到上海上空已经军事管制”“上海进出港航班全面延误，是因为抓某人，为了防止某人跑掉或者顽抗，就以军事演习为名，把机场给封锁了”。该消息在网上传播引起不少网民关注和不安，造成恶劣影响。公安机关迅速展开调查，对马某、裴某予以刑事拘留。

在古代，对造谣、妖言惑众者的惩罚是非常严重的，有割舌、火烧祭天等酷刑，可见人们对谣言的痛恨之情。新媒体时代，网络谣言的制造、传播、转发更是举手之劳，因此产生的危害也更大，更令人们痛恨。新媒体时代我们面对的是隐匿、开放的网络虚拟世界，所以很多网民认为可以没有限制、没有约束地享受网络的“真正自由”，殊不知，如果离开了法律保障，网络自由就无从谈起。无论人们在网络中怎样隐匿自己，也必须自觉遵守道德准则和法律规范，网络已经纳入“恢恢法网”之列，受其约束与监管。

（一）网络上散布谣言者要承担的法律责任及相关法律

对于网络上散布谣言需要承担的法律责任，主要分为三种：

1. 民事责任

如果散布谣言侵犯了公民个人的名誉权或者侵犯了法人的商誉，依据我国民法通则的规定，要承担停止侵害、恢复名誉、消除影响、赔礼道歉及赔偿损失的责任。

《中华人民共和国民法通则》第一百零一条规定：“公民、法人享有名誉权，公民的人格尊严受法律保护，禁止用侮辱、诽谤等方式损害公民、法人的名誉。”网络上曾经传播的“湖南某中学女生被包养”“北京京温商城安徽女孩遭强奸”等谣言，都是侵犯名誉权的典型案例。

《中华人民共和国侵权责任法》第三十六条规定：“网络用户、网络服务提供者利用网络侵害他人民事权益的，应当承担责任。网络用户利用网络服务实施侵权行为的，被侵权人有权通知网络服务提供者采取删除、屏蔽、断开链接等必要措施。网络服务提供者接到通知后未及时采取必要措施的，对损害的扩大部分与该网络用户承担连带责任。网络服务提供者知道网络用户利用其网络服务侵害他人民事权益，未采取必要措施的，与该用户承担连带责任。”

2. 行政责任

散布谣言，谎报险情、疫情、警情或者以其他方法故意扰乱公共秩序的，利用信息网络公然侮辱、恐吓他人或者捏造事实诽谤他人，或是编造虚假信息，或者明知是编造的虚假信息还在网络上散布，尚不构成犯罪的，要依据《中华人民共和国治安管理处罚法》等规定给予拘留、罚款等行政处罚。

网络谣言对社会公共秩序造成侵害时，就成为治安管理处罚法和刑法的规制对象。《中华人民共和国治安管理处罚法》第二十五条规定：“散布谣言，谎报险情、疫情、警情或者以其他方法故意扰乱公共秩序的，处五日以上十日以下拘留，并可以处五百元以下罚款；情节较轻的，处五日以下拘留或者五百元以下罚款。”而对于“公然侮辱他人或者捏造事实诽谤他人的”，该法第四十二条规定处五日以下拘留或者五百元以下罚款；情节较重的，处五日以上十日以下拘留，可以并处五百元以下罚款。

2013 年 8 月 22 日 13 时 06 分，网民“爱 JUNIOR”在其 QQ 空间说说里发帖称：“邯郸市各县城外乡村相继出事！有几个人拿着香皂，到人家里去推销，说你闻这香皂，特香，等你一闻，一两分钟的时间就晕过去了，他就把值钱的东西都拿走了。”针对帖文内容，邯郸警方迅速对全市 19 个县市区公安局的近期报案、立案情况进行核实，并抽出专门警力走访群众，均没有得到相应情况的反映。警方找到发帖人宋某，依法对其进行了行政拘留两日的处理。

3. 刑事责任

散布谣言构成犯罪的，要依据《中华人民共和国刑法》的规定追究刑事责任。

《中华人民共和国刑法》第二百九十一条对于“投放虚假的爆炸性、毒害性、放射性、传染病病原体等物质，或者编造爆炸威胁、生化威胁、放射威胁等恐怖信息，或者明知是编造的恐怖信息而故意传播，严重扰乱社会秩序的”，明确规定为编造、传播恐怖信息罪。

2013 年 8 月四川达州警方破获了一起制造“达州沃尔玛出了大事”的造谣案件。造谣者编造凶杀案信息并附血淋淋凶案现场图片，使达州市民一度相信沃尔玛超市发生了凶杀案，议论纷纷，人心惶惶。8 月 20 日发帖人王某被抓获并被依法刑事拘留。

2013 年 9 月 9 日，最高人民法院、最高人民检察院公布出台了《最高人民法院、最高人民检察院关于办理利用信息网络实施诽谤等刑事案件适用法律若干问题的解释》，于 2013 年 9 月 10 日起施行。其中明确规定：利用信息网络诽谤他人时，如果具有下列情形之一，就应认定为“情节严重”，即同一诽谤信息实际被点击、浏览次数达到 5000 次以上，或者被转发次数达到 500 次以上的；造成被害人或者近亲属精神失常、自残、自杀等严重后果的；两年内曾因诽谤受过行政处分，又诽谤他人的；其他情节严重的情形。同时还规定在信息网络上发布信息勒索他人可认定敲诈勒索罪，网上散布谣言闹事可追究寻衅滋事罪等。

现有的法规条例，已经对网络谣言形成了相对严密的法律网络，广大网民一定要了解并熟知，清醒地认识到制造与传播网络谣言可能导致相当严重的后果。

（二）世界各国惩治网络谣言的有关法律法规

目前，针对危害重大的网络谣言，世界各国立法都对惩治网络谣言制定了相关法律法规。了解熟悉这些情况同样对我们是一种警示。

1. 德国

1997 年德国颁布了全球首部网络成文法《信息与通讯服务法》，其中就涉及对网络谣言的惩治，其后对网络谣言的追惩逐步涵盖了《刑法典》《民法典》《信息自由法》等。其《刑法典》规定，对造成社会不安定、危害公共秩序的传谣者，最高将判处 5 年监禁。

2. 美国

迄今为止，美国已经先后出台了《电信法》《通讯正当行为法》《儿童互联网保护法》等 130 多部法律法规，对包括网络谣言在内的众多网络侵权和犯罪行为严加惩治。2010 年美国在全球率先开始将各类社交网站、公共交流平台等置于政府常态监控之下，大力推动互联网的透明化。美国还是全球最大的过滤软件生产国，通过强大的网络过滤技术和监控系统实施对不良信息的动态监控。

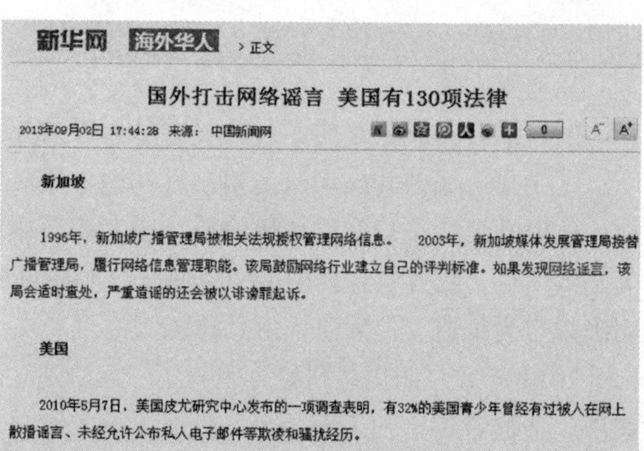
新华网 海外华人 > 正文

国外打击网络谣言 美国有130项法律

2013年09月02日 17:44:28 来源：中国新闻网

新加坡

1996年，新加坡广播管理局被相关法规授权管理网络信息。 2003年，新加坡媒体发展管理局接替广播管理局，履行网络信息管理职能。该局鼓励网络行业建立自己的评判标准。如果发现网络谣言，该局会适时查处，严重造谣的还会被以诽谤罪起诉。

美国

2010年5月7日，美国皮尤研究中心发布的一项调查表明，有32%的美国青少年曾经有过被人在网上散播谣言、未经允许公布私人电子邮件等欺凌和骚扰经历。

3. 日本

日本的《个人信息保护法》和《电子契约法》等，将各类网站、网页传播、电子公告服务纳入法制管辖，使得网络谣言无所遁形。

4. 新加坡

新加坡的《广播法》强化了互联网供应商和内容服务提供商在屏蔽、封堵、删除网络谣言方面的责任和义务。

5. 韩国

韩国的《电子通讯基本法》规定，对于危害公共利益的网络谣言，传谣者将被处以5年以下有期徒刑，并可罚款达5000万韩元。

6. 印度

印度的《信息技术法》规定，对在网上散布虚假、欺诈信息的个人最高可判处3年有期徒刑，而对于利用计算机技术故意破坏国家安全和实施恐怖行为者可以判处终身监禁。修改后的该法进一步明确，对于存在不良内容的网站，印度政府有关部门有权查封，如果网站在36小时之内没有删除有关内容，将会受到法律的严厉惩治。

英国、法国等一些国家同样都制定了针对网络谣言治理的相关法律规定。所有实践都表明，网络谣言的制造和传播，已经不属于公民表达自由权利的正当行使，尤其是当其危害他人合法权益和社会公共利益之时，必须对其严惩不贷。

网络无限，道德有界；网络无形，法律有绳；网络之上，法网恢恢。无论是网上还是网下，任何犯罪行为都要受到法律的严惩，企图在网络上生谣、传谣者必定会玩火自焚，受到法律的制裁。依法治网，乃依法治国之必要。

四、网络谣言的应对

在新媒体时代背景下，网络谣言的出现在所难免，而信息公开不及时，沟通渠道不通畅，管理制度不规范，网民素养有待提高，是网络谣言滋生泛滥的重要原因。因此，打击网络谣言，需要政府、媒体、网民等各方携起手来共同努力，一起构筑应对网络谣言的防火线。

（一）政府及相关部门：谣言止于公开

对于事件的发生做到早发现、早调查、早澄清，对于事件信息要公开、透明、及时，以防谣言发酵导致广泛传播，增加消解难度。

对政府以及其他权威机构而言，在发生谣言时需要在第一时间对外发布信息，用尽可能权威、翔实、清晰的事实证据阐释事件的来龙去脉，澄清迷惑，取信于民。信息的公开、透明、及时，是应对包括网络谣言在内的一切公共事件的基本原则。因此，政府及其他权威机构应尽快熟悉和掌握网络工具，熟悉其运作规律，预防谣言产生，提高辟谣效率。

（二）大众媒体：谣言止于责任

大众传媒作为大众传播的主体，具有信息发布的社会职能，又肩负着政治舆论的引导责任。大众传媒具有广泛的传播性与参与性，因此在制止、反对网络谣言的过程中肩负重任，要以身作则不造谣不传谣，又要及时反应做好传播

与引导工作。大众传媒可以通过事先的舆论监督及时发现谣言的萌芽，也可以通过信息发布和解释填补网民的信息空白，在政府与公众之间构建一个公共空间，让网络谣言现形。同时大众传媒要弘扬主旋律，传播正能量，强化社会责任意识，真正承担起公众传媒的责任。

（三）新媒体：谣言止于思考

新媒体是网络谣言产生、传播最适宜、最便捷、最疯狂的渠道。在打击网络谣言的过程中，应当加大谣言打击力度，用法律和规则来治理互联网上的谣言，净化网络空间环境。各种新媒体在发布、传播各种信息时，需加强管理，去伪存真，出现问题时要配合传统媒体进行辟谣行动。所有媒体要联合政府部门，完善信息公开制度，推动信息规范化、常态化、透明化，使造谣者无谣可造。

（四）网民：谣言止于素养

加强公民网络素质是打击网络谣言、净化网络环境的重要措施。对使用新媒体的用户来说，大家应该像鸟儿爱护羽毛一样爱护自己的新媒体账号和声誉，共同捍卫新媒体环境的洁净。造谣者可恨，传谣者同样可恶，而很多网民可能就在不知不觉中成了谣言的帮凶，成为谣言的“二传手”。所以广大网民要不断提高自身的媒体素养与科学素养，对信息进行有效的辨别和论证，科学质疑、积极探寻真相，做到不造谣、不传谣、不信谣，自觉抵制谣言，让谣言止于善于思考的智者。

（五）网站：谣言止于守法

加强网站管理，要求网站运营商自觉遵守国家法律和行业制度；对制造、散布谣言的不良网站要予以严厉制裁或关闭，并追究相关责任人责任。各种网站是网络谣言的发源地，尤其是论坛发帖往往是谣言制造者的首选，因此要规范网站发帖，健全审查制度，增强网站工作人员责任心，对容易给社会带来不良影响、未经证实的传言帖子应迅速予以删除，切断其网络传播渠道。

打击网络谣言不仅仅是政府部门的责任，需要全社会的共同参与。我们相信，在政府和社会各界共同努力下，“知者＋智者＋制者＋治者”，网络谣言终将得到切实整治，互联网能够得到健康持续发展。

第四节　网络诈骗与手机诈骗

2014 年 2 月 9 日上午央视《新闻直播间》栏目曝光广东东莞市多个娱乐场所存在招嫖卖淫行为，2 月 9 日下午公安部门即展开打击、清查行动。随着这

一事件的发生，网络上关于东莞色情业的关键词搜索量立即呈现井喷之势，几乎与此同时，不法分子利用“东莞热”实施诈骗、木马攻击的情况也立即出现在网络和手机上，导致许多人受骗上当。

许多人收到了类似的手机短信：“爸，我在东莞玩被抓了，速汇款 5000 元到 × 警官工行卡 ××××××，别打电话，出来再说，快！”趁机行骗的花招不只是诈骗短信，QQ 群中也出现了某淘宝店铺公告截图：“由于老板昨天去东莞被抓，店铺暂时无人打理，各位亲们暂停下单。×× 下单去这里吧。”但用户打开图片上的网站，会进入假冒淘宝的钓鱼网站，被骗钱财。伴随东莞色情产业被曝光，与“东莞”相关的色情聊天室也开始火了，诈骗分子以“裸聊”等为名吸引猎奇的网友，但前提是先将钱打到指定银行账户。同时监测数据显示，大量木马和广告插件等恶意软件也随之出现。仅 2014 年 2 月 10 日这一天，360 拦截带有“东莞”关键词的木马色情网站量猛增 11.6%，与平时相比多出 10 万多次。

这种随着热点事件发生而出现的各种诈骗，利用网络和手机进行，传播迅速、广泛，让许多人防不胜防。如何对这些网络诈骗和手机诈骗进行识别和预防呢？下面我们就结合具体事例来进行分析，希望能够为大家支招。

一、网络诈骗

网络诈骗就是为达到某种目的，在网络上以各种形式向他人骗取财物等的诈骗手段。诈骗罪（《刑法》第二百六十六条）是指以非法占有为目的，用虚构事实或者隐瞒真相的方法，骗取数额较大公私财物的行为。

如今在网上购物、征婚、理财、订票、订房、求职等成为我们的日常行为，网络在给我们带来便捷的同时，也被一些骗子利用成为诈骗的手段。近年来网络骗局在经济诈骗中的比重逐年增加，并且花样百出，让大家深受其害。因此我们应该对形形色色的网络诈骗手段有所了解，提高警惕，加强防范意识，以免上当受骗。

（一）假冒亲朋好友

1. 诈骗手法

骗子通过各种方法盗窃QQ账号、邮箱账号后，向用户的好友、联系人发布信息，声称遇到紧急情况，请对方汇款到其指定账户。有时还会以QQ视频聊天为手段实施诈骗，骗子在与网民视频聊天时录下其影像，然后盗取其QQ密码，再用录下的影像冒充该网民向其QQ群里的好友“借钱”。

2013年4月网民褚某在家中上网时，朋友宁某突然发来QQ信息，称其出差钱包丢失急需用钱，发来一个银行账户让褚某汇款5000元。褚某电话联系宁某无法接通，便委托另外一个朋友汇了款。不久，宁某打来电话称自己的QQ号被盗，让褚某汇款的不是自己，不要相信自己借钱汇款等信息。褚某赶紧报警，发现被骗。

2. 防范措施

加强电脑安全防护，及时升级病毒库，安装防火墙，及时查杀病毒和木马。一旦遇到类似情况，特别是要求汇款等涉及财物问题时，头脑中务必多一根弦，一定要及时通过电话或其他方式联系到本人，确认消息是否源自好友或联系人，避免上当。另外也可以在聊天时设置一些问题，以辨别对方身份。如果确认为诈骗，要在第一时间通知其他好友防止被骗，并抓紧报警。

（二）网络“钓鱼”诈骗

1. 诈骗手法

网络“钓鱼”是当前最为常见也较为隐蔽的网络诈骗形式。所谓网络“钓鱼”，是指犯罪分子通过使用“盗号木马”“网络监听”以及伪造的假网站或网页等手法，盗取用户的银行账号、证券账号、密码信息和其他个人资料，然后以转账盗款、网上购物或制作假卡等方式获取利益。在查到的钓鱼网站中，淘宝、支付宝、阿里巴巴、各个网上银行等知名电子商务网站成为仿冒“重灾区”。

网络“钓鱼”主要可细分为以下两种方式：

（1）发送电子邮件，以虚假信息引诱用户中圈套。诈骗分子以垃圾邮件的形式大量发送欺诈性邮件，这些邮件多以中奖、顾问、对账等内容引诱用户在邮件中填入金融账号和密码，或是以各种紧迫的理由要求收件人登录某网页提交用户名、密码、身份证号、信用卡号等信息，继而盗窃用户资金。

（2）建立假冒网上银行、网上证券网站，骗取用户账号密码实施盗窃。“钓鱼”网站伪装成银行网站或者电子商务网站，登录页面与真实网站页面几乎一样，极具欺骗性。如假冒工商银行网站www.icbc.com.cn的“钓鱼”网站，将真实网站网址中的“i”改成了“1”，网址为www.1cbc.com.cn，非常具有迷惑性。一旦用户通过伪装网站输入账号、密码等进行交易，这些信息就被获取，犯罪分子会通过黑市或真正的网上银行、网上证券系统或者伪造银行储蓄卡、证券交易卡盗窃资金。还有的利用合法网站服务器程序上的漏洞，在站点的某些网页中插入恶意代码，屏蔽住一些可以用来辨别网站真假的重要信息，以窃取用户信息。

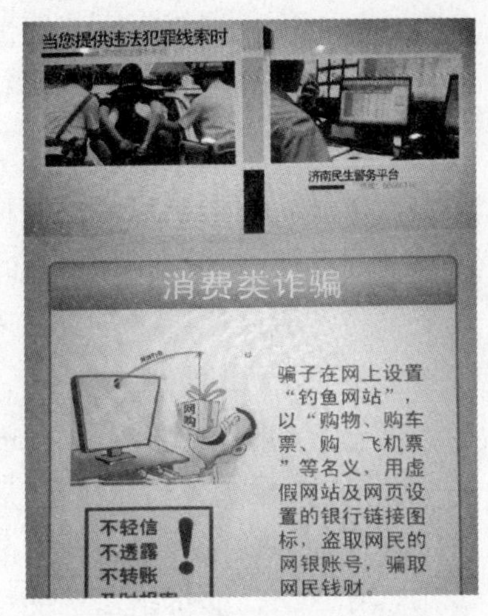

网民小香想在淘宝网上购买一张价值50元的手机充值卡，拍下之后付款到卖家的支付宝，卖家叫小香登录某网站，用网银汇款0.1元到他的账户里，说是用来提取单号，通过单号来提取充值卡密码。小香想既然都付了40多元钱到支付宝上了，也不在乎那0.1元了，于是按提示支付，可多次出现超时问题，当时以为是电脑浏览器问题，就和卖家说了，卖家让他的“技术人员”加小香QQ，小香进入“技术人员”提供的支付网站，登录网站后付款，支付金额清清楚楚写着“0.10元”，按了付款后一分钟内，小香的手机收到银行短信，内容说“银行支出20581元”！其实小香联系的两个人提供的网站都是“钓鱼”网站，第一个是故意让网站出现问题没有成功，又让小香联系所谓的“技术人员”，以此再次麻痹小香的防范意识，发送新的“钓鱼”网站进行行骗。

2. 防范措施

遇到此类情况，首先不要在网上随意填写个人资料，开通网上业务前应前往正规银行索要资料，登录正确的网页办理业务，避免上当受骗；收到带有网址的可疑邮件或聊天信息时，不要轻易打开，防止中木马病毒；在网上进行交易时要仔细核对网址，保管好账户、密码，做好交易记录；尽量不要在网吧等处的公共计算机上使用网上交易系统；加强支付宝账户的安全系数，绑定手机，申请数字证书，开通手机动态口令服务等设置。

（三）网络“托儿”

1. 诈骗手法

“托儿”，我们大家都不陌生，可时代变了，“托儿”们也赶时髦地跑到了网上。网络“托儿”们鼓吹自家，贬低其他，无底线地唱空唱涨，没有眼神的交流，没有面对面的“承诺”，也能把你忽悠得受骗上当。网络“房托儿”“车托儿”“医

托儿”“书托儿”“婚托儿”等层出不穷，防网络“托儿”也成为当务之急。

比如在某知名汽车专业论坛上，经常会出现这样一些帖子，先弄个标题噱头如“2012 十大烂车排行榜”，然后开始罗列汽车牌子，逐个对名单里面的汽车进行批评，而且出口毫不留情，仿佛很为广大车迷着想。然后会有一堆人跟帖顶起附和楼主观点，等帖子的热度上来后就会有人跳出来问：×× 牌子的汽车怎么样？有人用过吗？接下来又有一大堆人上来介绍该牌子的好处、使用心得等。看到上面这样一个帖子，很多不明就里的人都容易上当。其实帖子里面的大部分人都是“托儿”，先贬低一部分汽车牌子引起读者同感，然后借机宣传自己的品牌，实际上他们就是损人利己的网络“车托儿”。

再比如被称为“狼忽悠”的“房托儿”。有人曾经总结过，在网络房产中介中，凡是“超低价销售”的信息一般都是假的，虽然有点以偏概全，但也给我们提了个大醒。我们经常会在房产网上看到房产中介不断发布、刷新物美价廉的房子信息，但联系他们时，却是房子已经卖了、房主刚提价了、房主不想卖了或者看房不方便等说辞，然后就开始推荐他们手中掌握的其他房源信息。这种行为也是一种网络“托儿”。

2. 防范措施

在网上消费首先要对所消费的产品有一定的了解，理性判断事物的合理性，如“偏方治癌”等类似宣传就完全不要相信。网购过程中对低于市场价格很多的产品，要多和同一产品的不同销售商进行对比，不要单方面轻信网络销售人员的说辞，避免买到假货。同时不要被销售人员的说辞冲昏头脑，要理性下单。

（四）网络购物诈骗

网购中的低价陷阱、信誉陷阱、邮购陷阱、支付陷阱层出不穷，“钓鱼”网站、信息诈骗花样百出，令消费者防不胜防。

骗子在互联网交易平台开办网店或直接开设购物网站，兜售远低于市场价格的商品，为增加可信度常声称商品来自走私、罚没、赃物等非正常渠道，网购者若信以为真汇出钱款，极有可能是有去无回。支付陷阱、信誉陷阱同样深不可测。大学生小王使用支付宝购买一件价值 400 元的羽绒服后，卖家联系小王告知她这款羽绒服还可以有折扣应退还她 80 元，但要求小王到商品详情里申请退款，并且嘱咐她要选择“已经收到货”——“卖家应退还我的钱：80 元”的选项，才可以享受折扣。小王听后非常高兴，就按卖家说的进行了“已经收到货”操作。结果等来等去既没有收到羽绒服也没有收到退款，小王选择了投诉，但是因为她自己选择了已经收到货，投诉无效，导致货财两空。

目前常见的多种网购诈骗形式：谎称其货品为走私物品或海关罚没物品，要求网民支付一定的保证金、押金、定金；谎称网民下订单时卡单，要求网民重新支付或重新下订单；谎称支付宝系统正在维护，要求网民直接将钱汇到其指定的银行账户中；谎称购物网站系统故障，要求网民重新支付；谎称网店正在搞促销、抽奖活动，需要交纳一定的手续费；网民在网购飞机票时，嫌疑人谎称网民提供的身份信息有误，要求网民重新支付购票款；谎称需要进行资质验证，要求网民支付验证资质费；谎称店内无货，朋友的店里有货，推荐一个看似差不多的网址；以特别离谱的超低价迷惑，发货时以次充好，如几百元的苹果手机、几千元的名牌手表等；谎称支付操作必须关闭杀毒软件才能进行；卖家要求货到付款，但是约定货到时买家不交齐货款就不能验货，买家交齐货款验货却发现货物不符，卖家便以发错货为由，引诱买家加款调换新款价格高的商品；没有收到货之前，卖家以折扣诱惑，要买家预先点击已经收到货；网页提示支付宝维护或余额不可用等异常。

（五）网络中奖诈骗

1. 诈骗手法

诈骗分子利用 QQ、飞信、微信、微博等即时聊天工具或某些不法网站、某些知名公司或网站、某些知名或者热播节目的系统管理员、系统通知、节目组等的名义发布虚假中奖信息，利用一些人贪小便宜或者好奇、侥幸心理等，以特等奖、幸运奖等高额奖金和笔记本电脑或其他数码产品为诱饵，以领奖需要先缴纳“公证费”“保证金”“手续费”“保险金”等名目骗取网民钱财。此类诈骗有时具有一定的隐蔽性，不法分子通过游戏或者聊天工具告知受害人中奖信息时，往往会附带有“验证码”“公证电话”等同样虚假的信息，要求受害人自行验证，具有很强的欺骗性。

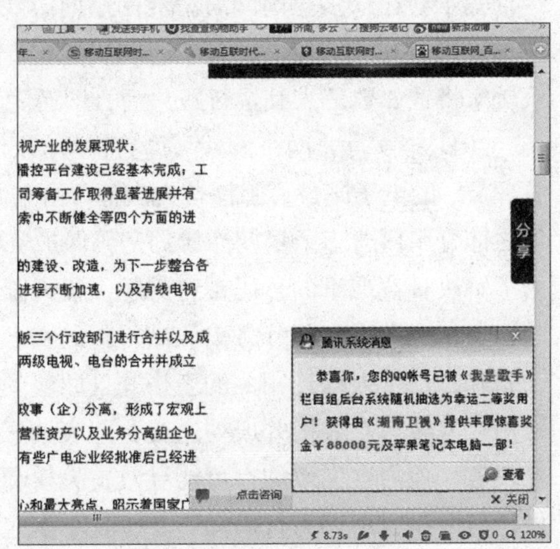

2012 年 2 月初的一天，陈某上网时看到一则腾讯公司中奖消息称自己中了二等奖 58000 元和一台笔记本电脑，但需先汇 4500 元的保证金到指定银行账户内方可领取，陈某以为天降喜事于是

迫不及待地将钱汇给了对方，却再也联系不上那所谓的腾讯公司，中奖喜讯最终成为泡沫，白白损失了4500元。

无独有偶，网民张某收到一封主题为“中奖通知”的邮件，打开后网页弹出“恭喜您的QQ号码被系统确认为‘CCTV3——直通春晚’场外活动二等奖幸运用户”对话框，称中奖者可获得13万元现金及苹果笔记本电脑一台，但要求填写领奖资料后才可以领取。张某就填写了个人详细资料，但“节目组”又要求先交纳3900元“风险抵押金”，张某说自己没有钱，“节目组”的人就开始威胁他说会起诉他赔两万元以上的违约金，并天天以不同的号码打电话骚扰、恐吓，还说他有录音和全程监控，张某会收到法院传票，吓得张某每天心惊胆战，生活都乱了套。

2. 防范措施

上网时看见这样的信息，首先一定要控制住自己的贪念和侥幸心理，不要相信天上掉馅饼的好事。千万不要轻信所谓“节目组”发来的中奖短信或邮件，更不要因为好奇拨打这类中奖网页上的客服电话，以免遭受虚假客服诱导。如果想要验证，首先要验证其提供的网址域名真伪，可以到Google、百度等知名搜索引擎上搜索对方提供的网站名称，以确认其提供网站的真伪；要向知名公司的正规官网，或者知名公司的正规客服热线，或者114提供的号码进行咨询验证。一旦发现受骗，应及时报警并配合公安机关进行调查。

（六）网络虚拟财产盗取

1. 诈骗手法

骗子会在众多热门网络游戏网站向游戏玩家兜售各种游戏装备、点卡，或声称提供游戏代练服务，且实行明码标价，价格从几十元到几千元不等，当游戏玩家将钱如数汇入其银行账户后，即遁隐无踪。

2011年9月，网络游戏《魔兽世界》玩家小李收到一封署名为“魔兽世界管理员”的电子邮件。邮件首先声称“由于游戏密码保护服务在功能上不完善，加之部分用户遗忘了早期注册的密码保护资料，致使密码丢失后不能及时取回。为了解决日益严重的号码被盗问题，最大限度避免木马病毒等给游戏玩家带来的伤害，我们将在部分号码段试行新的实名密码保护系统”，接着让小曾填写一张和自己个人信息相关的表格并且回复到指定官方信箱，邮件末尾还特别提醒用户“填写此表格并成功递交，即表示您保证以上所填内容完全准确，并同意任意一项内容失效均有可能导致丧失权利。如果您的资料不正确，我们将不做任何回执也不再另行通知”。于是小李立即按照邮件内容填写了自己的相关

资料并发送到指定信箱，结果第二天上网他就发现自己魔兽账户中的五万G币居然不翼而飞了（G币为《魔兽世界》里的虚拟货币单位，按照网上价格大约1G币＝0.05元人民币）。

2. 防范措施

我们可以利用以下方法来预防：

（1）地址定位。一般来说管理员都有固定的使用账号，不可能时刻更换，所以在面对这些所谓的“网络管理员”的时候，用户应通过账号、IP地址等进行辨别。如果一个腾讯网络管理员的IP地址对应的是北京，那么他可能就是一个“李鬼”，因为腾讯公司在深圳。

（2）身份核实。针对官方论坛里利用短消息诈骗的手段，首先要查看该人的论坛级别，因为发布这些信息的一般都是论坛系统的总版主或总管理员，顺带查看他的ID（总版主或总管理员的论坛ID都会很靠前的）。其次既然是有活动就肯定会在论坛的显著位置告知大众，不可能把有奖活动搞得偷偷摸摸的。

（3）官方验证。无论面对哪种诈骗方法，最好的方法就是直接通过官方网站的客服热线进行确认，这样网络骗子的丑恶嘴脸就会立即大白于天下。还有要提醒大家的是，任何网络公司都不会以任何借口、任何方式让用户提供账户密码、身份证件、密码保护资料等个人信息。

（七）网络招聘骗局

1. 诈骗手法

骗子在各大网站论坛发布虚假招聘信息、设立虚假招聘网站，以向求职者索要手续费、介绍费、押金等为名实施诈骗。

李女士有一次无意中看到一则急聘兼职“淘宝刷钻员”的广告，声称只要可以上网、有淘宝账号和网银就可以做，一次刷300元～5000元的任务，报酬从10元到350元不等。她通过QQ跟代刷客服人员联系上。客服告诉李女士第一单先拍5张游戏卡，每张100元，并特别嘱咐她只要不点“确认收货”钱就不会被转走。李女士按照要求购买后，代刷客服要求先把游戏卡密码复制给她以确认购买成功，此时李女士突然发现自己的500元钱已被转走，赶紧报警。其实淘宝官方已多次发出提醒，明文禁止刷信誉，所以遇到类似的兼职招工肯定都是骗局。

不久前小李在网上看到一条招聘兼职打字员信息，承诺只要录入错误率小于2%，就可得到800元／万字收入，但对方表示首先要交100元抵押金。小李心里计算了一下，1个月录入10万字将会得到8000元收入，于是就把100

元抵押金汇过去了。第二天又接到一名男子电话，称已将手稿寄到小李所住地，但要求再汇1000元保密费，用途是保证小李不会对外泄露稿件内容。小李这才发现事情不对劲，上当受骗。我们来想一想，这个年代几乎人人会打字，还有扫描仪等辅助设备，正规出版社或其他商业机构一般不会在网上招聘打字员。

首页 | 资讯 | 财经 | 娱乐 | 体育 | 时尚 | 汽车 | 房产 | 科技 | 读书 | 教育 | 文化 | 历史 | 军事 | 博客 | 公益 | 凤凰卫视

鳳凰资讯 凤凰网资讯 > 社会 > 法制经纬 > 正文

女子找兼职按“老板”指示装APP 中木马被偷走万余元

2014年07月05日 07:04

来源：广州日报 22人参与 4评论

原标题：按“老板”指示装APP 中木马被偷走万余元

本报讯（记者杜安娜 实习生刘璇） 深圳的季女士最近很不开心：为了找一个兼职工作，被骗子“指导”她装了一个手机软件，最后工作“黄”了，手机绑定的银行账户万余元也“不翼而飞”。近日，深圳警方在一项整治活动中，首次破获了这一起利用手机木马实施诈骗的案件。

在深圳警方的通报中称：骗子伪装成一家有名的网上商城招聘客服人员且待遇优厚，季女士将个人简历发了过去后，一位自称是招聘方负责人的人联系了季女士，并让她在手机上安装一个APP。季女士第二天突然发现自己“支付宝”账号里的万余元资金不见了。

2. 防范措施

网络招聘方便快捷、门路广，无论对用人企业还是求职者都是非常好的选择，但是建议选择国家认可的正规招聘网站，避免遭遇骗局。

只要涉及需要先交钱给用人单位的，一定要谨慎付款；报酬比市场高、轻松就能拿到钱的，要慎重考虑；不要轻信网上的手工创业等兼职信息，更不要被“免费提供材料、零风险大回报”等信息冲昏头脑。在不熟悉对方情况下，一定不要提前支付所谓的“保证金”“抵押金”等。审核用人单位是否正规，可以到当地工商网站查询，输入公司名称或组织机构代码一般都可以查到，如果查不到可以电话咨询。

（八）网络征婚交友诈骗

1. 诈骗手法

骗子通过网络婚姻媒介以假名与受害人进行联络，在骗取对方信任后，选择时机提出借钱周转、合作经营、急救医疗等各种理由，骗取钱财后便消失无踪。

2013年5月济南历城一居民魏某报案称，他上网浏览某征婚网站与网名为“念”的女网友交谈，双方互留了电话、QQ号和微信号。几天后“念”联系魏某，称其父住院急需用钱，魏某便通过网银向“念”的银行卡账户里汇款8000元。此后“念”又以各种理由要求魏某汇款，魏某意识到自己被骗，于是报案。

2011年5月11日福州鼓楼警方接到报警人欧阳女士的报案称：其在加拿大的哥哥欧阳某在网络上认识了一个自称曾在江苏电视节目《非诚勿扰》中相亲的女明星“何静”，通过QQ聊天，“何静”先后以车祸急需用钱等借口，让欧阳某分四次给其账户汇款约合人民币44万元。之后欧阳某通过与真实女星何静本人联系才知自己上当受骗。报案中欧阳女士向警方提供了嫌疑人使用的 QQ、汇款账户及个人空间地址。鼓楼警方调查后将嫌疑人李某抓获。李某平日好赌，为偿还巨额赌债，便从网上搜集大量关于何静的信息，以在江苏电视节目《非诚勿扰》招亲为幌子在网上冒充何静发布征婚信息钓骗钱财。在接到欧阳某的交友请求后，李某遂用 QQ 聊天方式取得受害人信任，二人逐渐发展成网络“恋人”关系。为制造更为真实的假象，李某通过频繁浏览真实何静的博客及时了解何静近况。行骗中李某还特意找了一个与“何静”名字相似的“何维”银行账户以接收汇款，使得受害人欧阳某深信不疑。

2. 防范措施

首先，要端正自己的态度。爱情可遇不可求，男女双方从一开始打算交流就要严肃认真，在对对方没有深入了解之前不要贸然完全信任对方，不要和对方有金钱上的往来，更不要仓促建立恋爱关系。

其次，要自始至终具有防范意识，通过各种方式严格考核对方。在打算和对方进一步交往时，一定要努力将交往环境拉到现实生活中。

第三，在没有确认对方的身份和资料前，最好不要提出见面或者答应对方的见面要求。如果要见面，参加集体活动是最安全的；如果是私下里见面，一定要选择人群较为密集的公共场所；初次见面时消费要尽可能简单。

（九）彩票中奖预测诈骗

1. 诈骗手法

近些年网上突然冒出很多“彩票预测”网站，声称“国内最权威的专家预测”“想中奖，跟我来”，这样的网页让不少彩民怦然心动。其实这很可能是个大骗局，因为现在有好多骗子开设彩票预测网站，以有内幕消息、权威预测为名大肆吹嘘其历史预测成绩，诱骗网民汇款加入成为会员，骗取钱财。

2013 年 7 月济南市公安局历下分局大明湖派出所接到刘某报警，称在网上被人骗走十万元。刘某喜欢上网买彩票，7 月 1 日上午刘某被人加为 QQ 好友，对方问刘是否喜欢彩票，并称有专家能预测中奖号码。随后对方将刘某拉进一个“中大奖”QQ 群，并给她一个彩票网站地址，对方自称网站工作人员，网站是由某彩票授权的代理，而且网站有专家能预测中奖号码，通过他们买彩中奖率很高。刘某起初半信半疑，但看到 QQ 群里不时传来中奖信息，就注册成为网站会员，还向虚拟账户内汇入十万元现金。然而钱刚汇进去仅半天，这家网站却关闭了，感觉出事的刘某要求退现却被对方踢出 QQ 群。后经民警调查发现，这其实是一个诈骗团伙开设的钓鱼网站，所谓的中奖、专家预测等都是他们自己随口编造或者复制粘贴来骗人的。

2013 年 5 月山东潍坊的王先生在网上看到一家名为“北京福彩网”的收费网站，号称能够预测福彩信息。网站的内容很全面，双色球、福彩 3D、七星彩一应俱全，信息分为两种，一种是免费信息，直接点击就能看到，另一种是付费信息，必须先注册成为网站会员，开通账号后才能浏览。为了多了解一些彩票预测信息，王先生注册了一个账号，并依据网站上提供的账号向对方汇去 380 元。没想到钱汇过去了账号却迟迟没有开通，想退钱更是没门儿。无奈之下王先生向北京市工商局 12315 进行投诉，工商部门调查发现北京根本没有这样一家网站，380 元钱打了水漂儿。

羡4.97亿大奖，购彩误入陷阱

溜博一彩民幻想暴富，网络购彩陷连环套被骗近3万元

本报淄博8月7日讯（记者 刘光斌 通讯员 彭延群 宋国华）

提个醒儿

警惕中奖预测 大多存在风险

本报记者 刘光斌

2014 年 8 月淄博一彩民独中体彩 4.97 亿元大奖的消息引起全社会关注，也激发了不少彩民的购彩热情。其中淄博张店一位彩民王先生头脑过于发热，轻信了网络流传的“中奖号码预测秘笈”，不但没中任何奖反而赔了 3 万元。原来王先生凭借手机搜索引擎发现一个销售双色球选号秘笈的网站，价格只有 360 元，抱着侥幸心理王先生购买了此秘笈。按照秘笈中所带光盘的数字预测系统，发现前几期的中奖号码基本都已预测中。这时网站销售人员也开始主动联系王先生，称中奖后可以四六分成，接下来该网站的人员以保证金、开通个人账号系统、选号等借口让王先生先后汇款 28160 元，之后王先生迟迟没有收到中奖号码，拨打手机发现已关机，才知被骗。

2. 防范措施

经调查发现，彩票预测网站的行骗手段可以归结为以下几种：

（1）放饵钓鱼。彩票预测网站都为自己起了非常唬人的名字，如“中华彩票网”“北京彩票预测中心”等，网站都会吹嘘是“专业彩票信息公司”，提供的信息是“经验丰富的专家经过多年研究而成”，引诱彩民上当。

（2）信息收费。预测信息有免费和收费两种，彩民想看到最新预测信息必须交纳会费成为会员。网站会留下详细账号，承诺只要把钱汇入指定账号就能及时开通信息，但收到钱后却不履行承诺，这时彩民想退钱就难了。

（3）虚拟电话。这类网站留下的地址和电话一般都是虚假的，电话以铁通“一号通”为多，给有关部门监管带来很大难度。

（4）经常“失踪”。开通一个网址骗取钱财后，网站就再也打不开了，骗子们很快会开通另一个网站，用同样的手段继续行骗。

（5）没有备案。这些网站大都没有信息产业部和工商部门备案。

所以提醒大家一定不要相信什么彩票预测，如果真能够预测，他们早就自己买去了。

（十）网上代考诈骗

网上代考诈骗成为网上诈骗的一支新军且短期内仍有相当市场。犯罪分子通过伪造网站，在论坛、博客上发布各种虚假代考信息，利用目前社会上对文凭的畸形需求，诱骗广大网民特别是学生群体上当受骗。

2011 年 3 月崔某想找人代考会计师资格考试，搜索到“精华代考网”后她通过网站上留的 QQ 号与董某等人取得联系。见有人上钩，董某以双方见面需交押金为由骗得崔某 1500 元。崔某汇款后，一名自称“陈老师”的男子打电话称可安排“枪手”与其见面。双方见面后崔某被要求支付 1 万元“保证金”。此后“陈老师”又寻找各类理由骗走崔某万余元钱财。

（十一）酒托诈骗

犯罪分子专门挑选男性网友，利用其寻找“对象”“情人”“一夜情”等欲求心理，取暧昧网名通过网络聊天引诱见面消费，使其不知不觉落入圈套。同时利用男性爱面子、不愿为人知晓等心理弱点，迫使被骗男性“甘心情愿”吞下苦果，被迫进行高额消费。

“键盘手”QQ下钩 “酒托女”酒吧宰客

稿源：黑龙江晨报 2010-12-06 12:31:06

资料片

黑龙江晨报讯（记者 李宴群） 绥化市望奎县一网络诈骗团伙与河北省石家庄市一伙人联手，利用网聊约定见面地点后，指派“酒托女”与对方在指定的咖啡厅或酒吧见面，采取提高酒水价格的办法实施诈骗。近日，望奎县警方打掉了这个诈骗团伙，一举抓获了8 名犯罪嫌疑人。

2012 年 9 月外地青年小张和自称小樱的女网友相约在郑州见面。小樱确认小张按照事前要求带了银行卡后就把小张领到二七区交通路上的一家咖啡厅，点了开心果、果盘等食品。女网友的温柔甜美让小张意乱情迷，不一会儿就消费 320 元。小樱酒量惊人，杯杯红酒豪爽入肚，但每次酒杯快要见底时，小樱都会让服务员上酒，小张也是一遍遍刷卡结账。当晚 5 小时内，愣头愣脑的小

伙子先后刷卡消费10次，共计17620元。

（十二）利用同情心诈骗

善良也可以被人利用进行诈骗。一些骗子费尽心机编造、虚构自身或他人的凄惨、悲凉故事，如“超萌双胞胎被人拐卖”“家人病危要见最后一面”等，然后在网络上大肆传播，往个人邮箱、QQ群、论坛、博客、微博等地方发送求救网址链接或者直接发布求助信息，筹集医疗费、学费、救助费等，假装高尚地发出“正义呼声”，诱骗一些涉世不深的年轻人尤其是在校大学生给其“捐款”，骗取钱财。

当前网络诈骗名目繁多并呈现愈演愈烈之势，除了我们上面列举分析的之外，还有炒股暴富诈骗、私募基金诈骗等很多种其他形式的网络诈骗，并且随着新媒体技术的不断发展，网络诈骗的手法也不断翻新，需要大家擦亮眼睛，谨慎防范。

对于网络诈骗的预防，这里引用警方给出的建议提醒大家：要坚信天上不会掉馅饼；使用正规支付交易平台；对电脑经常杀毒；不轻信中奖；如果发现被骗应第一时间报警，并可拨打该诈骗账号归属银行的客服电话，冻结其账户支付，从而有效保证资金安全，减少损失。

二、手机诈骗

2014年11月大学生小新使用手机进行网上阅读时，页面上突然出现一条“系统提示手机软件已过期”的信息，要求点击链接升级并给出了一个链接网址，小新看到是系统提示没有多想就点击打开了，打开后里面根本没有什么升级信息而是奇怪的服务信息，让小新颇感疑惑，然而更让小新不解的是，自己手机里几天前刚充的100多元话费竟然“不翼而飞”了。其实小新是掉入了手机恶意吸费软件的陷阱，随着手机用户的爆炸式增长，不法分子迅速地瞄准了这块“大蛋糕”，肆意进行各种手机诈骗。

手机诈骗就是通过手机渠道以各种方式诈取手机用户的钱财，比如设置中奖陷阱、发布彩票中奖信息、窃取银行卡信息、骗取高额话费等。

（一）手机诈骗的特点

1. 范围广

诈骗者流动作案，有些诈骗的涉案范围覆盖全国，甚至是跨国性的。

2. 隐蔽性强

我国还未完全实行手机“实名制”，所以不法分子会利用假身份证、银行卡号和手机号码等，以致手机行骗者的身份有时很难被查出来。另一方面，不法分子利用病毒、木马等恶意植入二维码、阅读软件内进行吸费等的诈骗手段非常隐蔽，不易被发现。

3. 犯罪现场不明显

手机诈骗由于地域跨度大，加上骗子一般都是使用无记名卡或异地卡，利用手机或通过电脑下载驱动程序操作，利用先进的银行转账系统在全国不特定的地方提取骗到的钱，犯罪现场和犯罪记录都不明显。

4. 犯罪工具简单

一块巴掌大的群发器、一台电脑、几部手机，就成为骗子们的生财工具。以最常见的手机短信诈骗来说，其主要的犯罪工具手机短信“群发器”成本不过几十元，市面上的“流通价格”也就 200 ~ 300 元。

5. 危害性大

手机诈骗的侵害对象是全国各地的手机用户，涉及社会各个阶层，已经成为严重扰乱社会治安的新问题，社会影响极坏。并且随着手机、软件、网络等的不断发展更新，骗子利用手机诈骗的花样也不断翻新，令人防不胜防，公安机关的打击难度也很大。

(二) 手机诈骗的常用手法

我们就近几年出现频率较高的一些手机诈骗手法进行归纳分析。

1. 抽中大奖型

如果接到“我是 ×× 省公证处的公证员 ××，恭喜您的手机或电话号码在 ×× 抽奖中中了 × 等奖，奖品是小轿车一部”等类似短信，请冷静对待，因为十有八九是骗局。随着各种热播节目如《中国好声音》《爸爸去哪儿》等出现的诈骗短信“您的手机号被《爸爸去哪儿》剧组抽中获得大奖……”等同样不要相信。

2. 刷卡消费型

以 ×× 银行名义提醒“您在某地刷卡消费，金额将于近期从您账户扣除”。如果收到类似手机短信后按短信里提供的电话询问，就栽进了不法之徒早已设好的圈套。

3. 冒充干部帮忙型

如果接到有人电话称是国家税务局干部，帮你办理汽车或房屋退税事宜，别相信这类谎言。

4. 谎称你的家人出意外型

有人打电话称你的家人在某地生急病或发生意外急需用钱，让你把钱打到××银行账号，一定要核实清楚，不要轻易相信。

5. 谎称绑架孩子型

有人打电话称你的孩子被绑架并索要赎金，电话中甚至还出现孩子哭闹声。如遇到这种事情，一定要冷静，先问问对方手中是男孩还是女孩，长什么样，穿什么衣服。如果对方所陈述内容与孩子相符，尽快报警，以便公安机关查出真相；如果所问情况对方回答不上来或有误，一定有诈。

6. 点播歌曲吸话费型

"您好，您的朋友为您点播了一首××歌曲，以此表达他的思念和祝福，请您拨打××收听。"当你拨打收听时，话费余额一定会直线下降甚至清零。

7. 满世界喊爹妈型

即谎称遇到意外向亲人求助。"爸（妈），我的手机钱包被偷（出了意外在医院、开车撞人了、开房被抓等），急需钱用，请立即打××元到我朋友××的卡上，一定要快。不要打电话，不要告诉别人。"这类短信利用了有儿女在外读书、工作或出差外出的父母们关心儿女的急切心理行骗。遇到这种情况时，一定要先打电话给子女或者他们的老师、领导、朋友等进行核实之后再做决定。

8. 冒充亲友骗充值卡型

"我在外地出差，手机很快就没有话费了，麻烦您帮我买张充值卡，再用短信告知卡号与密码。"接到这样的电话或信息，要核对对方真实身份。

9. 冒充客服退费型

"您好，这里是中国移动（或联通）客户服务热线，由于我们工作失误，您的电话费这几个月共多收××元，如确认退费请按……"类似电话接到后只要认真查看来电号码就可识破骗局。

10. 先“骚扰”后诈骗型

通常是诈骗分子先通过某种途径了解到你家或者你朋友的电话，然后不断给你打电话，接通后对方却不说话，如此反复，一般情况下人们不堪骚扰会把手机关机。这时诈骗分子就会瞅准时机给你家人或朋友打电话，谎称你出事了，急需钱并且要马上汇到指定账户。你的亲人或者朋友对此当然是半信半疑，但给你打电话时你的手机刚好关机，在无法和你取得联系的情况下，出于对你的关心，常常不会多想就轻易相信犯罪分子的谎言将钱汇出，掉进骗子设的圈套。

11. 以低价诱惑型

“低值充值卡出售，本公司与电信制卡部门联合推出移动、联通手机卡充值，100 元面值的 38 元低价促销，诚招各地代理经销商。”如果收到这样的信息，不要被低价与利润所诱惑，多问为什么，最好跟移动与联通客户服务中心落实。

12.“回拨吸”型

所谓“回拨吸”，就是手机响一声就挂断，诱惑回复吸取话费的行骗方式，也称“响一声”。如果收到未知电话号码，或响过一两下就挂断的电话，不要随便回复。如果你回了电话，或是接入录音电话，或被挂断，或是忙音，或没有任何声音，瞬间手机话费就被疯狂吸走。

13. 猜猜我是谁型

如果接到不熟悉的电话，对方自称好友并让你猜其身份，请不要跟他捉迷藏，直接问他是谁，如果是好友，简单核对就清楚。

14. 冒充领导工作人员型

当接到打着上级领导身边工作人员的旗号要求你帮忙处理领导个人事务的电话时，请多长个心眼，不要急于付钱，待核实该人身份后再帮忙也不迟。

15. 专业克隆手机卡型

如果接到电话或短信声称可以克隆任意号码的手机卡，能监听别人的手机通话、查看对方短信、GPS 定位对方手机等，或者是接到显示为自己手机号码打来的电话，都请不要相信对方的各种谎言。这其实都是骗子们的骗钱圈套，因为所谓的专业克隆手机 SIM 卡，实际上是骗子利用网络技术漏洞，以障眼法模拟手机号码，博得信任后实施诈骗。事实已经证明根本不可能远程模拟手机卡，也不存在所谓的远程克隆手机 SIM 卡。

16. 换账号汇款型

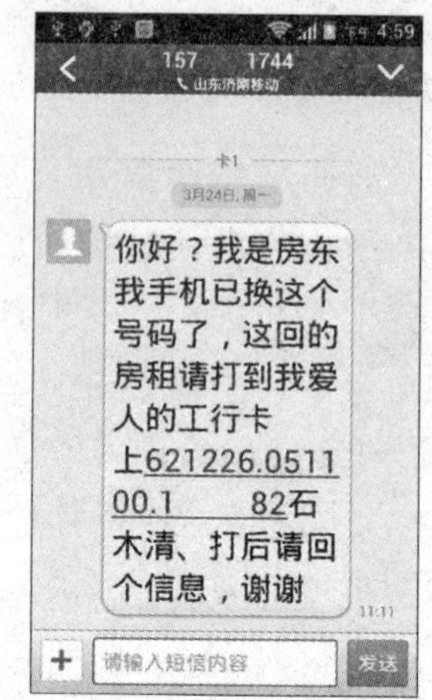

当接到“我手机没电了（手机丢了、卡坏了等），请把货款（房租、贸易款等）打入此账号，×× 行，×××，户名 ×××”此类短信时，请一定不要着急打钱，一定要先与有业务往来的朋友或房主等打电话核实，再决定是否转账汇款。

17. 散发色情、迷信、赌博等消息型

利用手机短信制作、复制、发布、传播“六合彩”赌博信息或声称情感中心提供大学生、空姐、外国女孩服务等都属此类型。

18. 扫描二维码“中毒”受骗型

这是目前出现的一种手机诈骗新骗术。“二维码”已经成为一种网络时尚，很多智能手机用户习惯刷二维码下载软件、加微信好友、看视频甚至进行移动支付、获取优惠等。“二维码”扫一扫确实很便利，但有时候扫一扫的背后会隐藏着各种诈骗风险，如手机话费被扣、支付宝内钱被盗等。淘宝卖家中招的特别多，骗子假装买家在旺旺上买你东西，然后骗你用手机扫描二维码，导致你手机中毒，其实二维码本身没有病毒，但是二维码扫描后它里面的链接带有病毒，你的手机在扫描二维码后就会中毒，然后骗子会利用你的手机账号、短信等盗取你网上支付方式里的钱。建议不要见码就扫，要扫也是扫官方网站、正规报纸等上面的二维码。手机一定要安装杀毒软件。

19. 利用手机“任意显号”功能行骗型

接到别人打来的电话，手机上明明显示是亲友或是政府公务类的呼入号码，却掉入骗子设计的诈骗圈套之中，这又是怎么回事呢？近期出现了利用电话主叫“任意显号”功能冒用特定身份从事手机诈骗的新型诈骗方式。所谓电话主叫“任意显号”（俗称“透传”），是指部分运营商的计费用户利用修改显号功能，使主叫方拨打他人电话时不再按标准显号，实现主叫号码“任意显号”，骗子正是利用电话主叫“任意显号”这一功能，将主叫号码设置为公安局总机号、领导手机号、其他地市手机号等，冒充公安民警、领导秘书、本地市人等行骗。

警方提醒，虽然此类诈骗方法很隐蔽，但也不是没有辨识的方法。市民只要挂断电话后回拨来电显示的号码，接听的就会是来电显示号码的真正机主。警方提醒，无论是电信局还是公安机关工作人员，都绝不会要求群众将钱转入所谓的安全账号，遇到此类情况，群众应立即向公安机关报案，以免上当受骗。

20. 航班停飞诈骗

2014 年 2 月安徽合肥的王女士因有事要去外地，就从网上订了一张合肥飞厦门的机票。结果 2 月 26 日晚王女士收到一条短信，称“合肥飞厦门的该航班因故障取消，可以代为办理改签业务”。着急的王女士立即按对方提供的客服电话拨过去，对方表示交付几十元的改签费后就能帮王女士在网上进行改签。王女士信以为真，就按对方提示在银行自动取款机上一步步操作，然而几分钟后王女士银行卡上的 7000 多元钱全部被划走。王女士起了疑心，拨通航空公司服务电话，被告知该航班并没有被取消，正常起飞。

21. 综合诈骗型

对这种手机诈骗术，我们以一个真实的例子来介绍。浙江省温州市新桥镇的王女士收到这样一条短信：“中国银联银行卡管理处：您的刷卡消费金额 1280 元已经确认将从您的账户里扣除，查询客服电话：021-610***79，谢谢！来自＋ 861343****997。”王女士看了短信后十分生气，于是按照该短信提供的上海区号的电话号码拨打电话。对方自称是上海“好又多”超市工作人员，对王女士提出的质问，对方称王女士的银行卡很可能被犯罪分子利用了，并热情地建议王女士立即拨打其提供的“上海市公安局金融科报警电话”。随后一名自称是“上海市公安局金融科科长”的男子接听了王女士的电话，他十分“严肃”地指出：王女士应当立即找到一个柜员机，按照其提供的银行卡防火墙程序设立防火墙，否则卡内的现金将十分危险。着急的王女士按照他的提示进行了操作，完成操作后王女士不放心，遂向银行查询卡内存款余额。这一查让王女士如遭五雷轰顶：她银行卡内的 53 万元存款已无影无踪。这种类型的诈骗是手机诈骗中一种新型、综合的诈骗方式，同样需要我们谨慎防范。

这里我们只是总结了近些年来出现的一些手机诈骗手法及近期出现的一些新型诈骗手段，但是骗子利用手机行骗的方式花样繁多且不断翻新，需要大家时刻提高警惕。

三、防骗技巧与提防手段

新媒体时代网络技术、通信技术日新月异，骗子利用网络的鱼目混珠、以假乱真的骗术让人“防不胜防”。生活在新媒体时代的我们，既要了解骗子的各种行骗手段，又要具备一定的防骗知识，并且要时刻识骗、防骗，才能不受骗。

（一）防骗提示

凡是陌生人要求转账、汇款的短信或电话，做到不听、不信、不转账、不汇款，并立即拨打 110 报警，以防受骗。

凡在互联网上遇有关网络购物、网络中奖、网络理财、网络炒股等可疑信息，不看、不信、不转账，不汇款，如有疑问请拨打 110 向反诈骗专家咨询。

骗子手段不断翻新，诈骗陷阱仍须提防。

实际上受害者本人的“贪心”和“邪念”是诈骗得逞的重要原因。

不管是网络诈骗还是手机诈骗，不管是什么骗局、借口，骗子不可能把一个骗局编造得天衣无缝，总会存在破绽，所以一定要先冷静地把前因后果想一想，提醒一下自己是不是遇上骗子了，而不是急于汇款、转账等。

（二）牢记防骗顺口溜

飞来大奖莫惊喜，反复套钱洞无底。
“钓鱼”网站要识别，骗你存款是目的。
盗取 QQ 来搭讪，冒充好友巧借钱。
网上交友要警惕，让你汇款有猫腻。
招聘网站花样多，贪心贪念要不得。
不明来电别轻信，家庭情况要保密。
安全账号不存在，聊天工具不靠谱。
问你密码是骗子，不明链接不能点。
真假网店难分辨，购物不慎就被骗。
投资理财和股票，多是骗子设的套。
所谓内幕和信息，全是人家使的计。
防范网络的骗术，不贪便宜要记住。
畅游网络要小心，诈骗手段在翻新。
一旦难分假和真，110 咨询最放心。

（三）网络诈骗与手机诈骗的举报

为维护个人合法利益不受损失，当遇到网络诈骗、手机诈骗时，请第一时间选择 110 报警。为维护公众利益，促进互联网健康发展，公安部也设立了“网络警察”，如“网络违法犯罪举报网（http：//www.cyberpolice.cn/wfjb）”“12321 网络不良与垃圾信息举报受理中心（http://www.12321.cn）”及民间的“中国反网络诈骗联盟”等，都可以举报并处理。

（四）网络诈骗与手机诈骗的处罚

网络诈骗、手机诈骗罪都属于诈骗罪的一种，可参照诈骗罪的相关法律规定来进行惩罚。

诈骗罪（《刑法》第二百六十六条）是指以非法占有为目的，用虚构事实或者隐瞒真相的方法，骗取数额较大的公私财物的行为。处罚细则：（一）犯本罪的，处三年以下有期徒刑、拘役或者管制，并处或者单处罚金；（二）数额巨大或者有其他严重情节的，处三年以上十年以下有期徒刑，并处罚金；（三）数额特别巨大或者有其他特别严重情节的，处十年以上有期徒刑或者无期徒刑，并处罚金或者没收财产。

因此，提醒广大网络、手机用户，在时刻警惕各种网络、手机、电信等诈骗的同时，更不能走歪门邪道，妄想通过网络诈骗、手机诈骗等获取“不义之财”。以身试法，换来的一定是法律的制裁。

第五章 新媒体时代的传播法则

进入新媒体时代，媒体格局发生了翻天覆地的变化，新媒体占据主导地位，在信息传播中发挥着巨大作用。在信息传播过程中，新媒体是一把“双刃剑”，用好了造福社会、服务生活，用不好则会造成一系列消极社会影响。因此，新形势下用好新媒体、提升新媒体的驾驭力、增强新媒体的积极引导力，是摆在我们面前的重要任务。

第一节　用好新媒体，传递正能量

进入新媒体时代，言论闸口日渐拓宽，信息来源变得多而杂，各种真真假假的传言、猜想裹挟在信息洪流中泥沙俱下。部分报纸、网站、电视台等媒体单位，加上公众个人的博客、微博、微信、网页等，似乎都染上了“眼球情结”，开始唯“眼球”是从，“产妇疑因少送红包肛门被缝”“不查孔繁森，一查王宝森”“爬树偷窥女邻居，男子被判强奸罪”（后经证实，这些负面新闻有些是不真实的，有些则是刻意为了吸引眼球而忽略了重要情节）等等，这些负面新闻确实紧紧抓住了受众眼球，引起强烈关注，引发了部分公众的“情绪暴力”，对这些负面新闻进行大量传播，口诛笔伐地宣泄自己的各种不满情绪，更有大量“标题党”乐此不疲地对不明真相的公众进行各种“忽悠”，结果导致大量公众对整个社会强烈质疑，医院、执法、法院、教育、政务甚至是法制本身的形象和公信力都受到重大损伤。年少轻狂者打伤他人，父母到医院探视致歉，公众的猜想却是“肯定是官二代或富二代，仗势欺人给对方施加压力”；公职人员非正常死亡，总能引发不少人的围观，满面笑容的背后是幸灾乐祸：“看哪，又一个贪官自寻短见了。”这些无端的猜想不断被放大甚至推而广之，久而久之形成了一种病态的舆论状态，必然导致整个社会道德状态的扭曲变形和人民对政府执政能力的怀疑。

如果我们把上面的行为称为新媒体时代的“负能量”，必然还存在另一种更强大的力量，即新媒体时代的“正能量”。

社会生活中的一个美好细节，一件感人事件，一个积极倡议，一个集体救助行动，经由各种媒体传播后，在人们心中激起的是质朴的善念，传递的是主流的价值、理性的思考和积极的声音。一条“道德不曾跑路，良心仍在心中”的微博转发超过 21 万次；QQ 推出“拒绝冷漠，传递温暖”活动，超过 600 万网友在 QQ 签名档中点亮爱心；一条《只因一位盲人，浦东上南公交 786 路推迟末班车时间》的微博，引来网民的关注与转发，传播范围迅速从浦东扩大到全国；身受重伤，在生命最后关头拯救了 24 位乘客的“最美司机”吴斌的举动经由网络传播后，让广大民众感到温暖与积极的正能量，网友们深受感动，纷纷表示应该从我做起，将正能量传递下去，让温暖遍布中国大地；还有“最美妈妈”吴菊萍、“最美警卫战士”高铁成等，都是通过网络媒体走进人们视野的“正能量”化身。各种新媒体形式发布信息门槛低、互动性强、传播范围广，能够激发网民的参与热情，成为舆论传播的热地，在社会正能量的传播中发挥着巨大作用，构筑的是一个充满温情的社会大家庭。

作为新媒体时代的普通公众，我们每一个人都应该承担起自己应有的责任，在新媒体提供的便利信息传播环境中，多一点温情，少一点抱怨，多一点关爱，少一点宣泄，多一点思考与理性，少一点偏激与盲从，多一点正能量，少一点负能量。

一、什么是社会正能量

正能量泛指一切使人积极向上，给人以希望的情感和动力。约束人们行为规范的伦理道德、法制法规、礼貌礼仪、健全健康人格，以及公益慈善、见义

勇为等积极向上、催人奋进、促人进步、使人充满希望的人和事都是社会正能量，因为它能够推动社会良性发展，给人们展示一个光明温暖、令人憧憬的未来。

随着“正能量”一词的流行，我们身边的正能量事件也得到了更多的关注和更广泛的传播。如微博上“每天一条正能量”“随手转发正能量”“正能量榜样”等一系列话题，正汇聚成一股强大的网络正能量传播洪流，在广大网民中引起广泛关注和响应。

二、传播社会正能量的意义

2012年“正能量”成为中国流行用语排行榜第一位的热点用语，“正能量”的使用范围从官方媒体到大众口头禅，从明星名人到普通民众，涉及的群体和领域日益广泛。一个时代的流行语背后所包含的正是民众集体的思想状态，“正能量”一夜走红恰恰反映了当下国人对“正能量”的渴求。它体现了民众对未来生活的憧憬与期盼，希望改变自己的生存质量和社会氛围，使社会更加和谐，更好更快实现“中国梦”的愿望。因此用好新媒体，传播社会正能量，对我们每一个人、对整个社会、对整个时代都具有重要意义。

（一）使社会更加和谐稳定

伴随着当前社会转型出现的社会分层，不同社会群体呈现出不同心理倾向，加上各种负面现象的冲击和一些不法分子故意为之的负面信息传播，部分公众不稳定的情绪日渐凸显出来。加大对社会正能量的传播，可以以正面、积极的人和事件感染大众，用感动孕育爱，用爱传递温暖，用温暖促进社会和谐。因此，传播社会正能量对凝聚国民向心力有强大作用，能够使社会更加和谐稳定。

（二）可以净化网络环境

网络传播以其即时、高效、便捷、信息化改变了我们的生活方式和情感态度。一则正面真实的新闻让人感到生活环境的安全可信，而大量的垃圾、色情或虚假信息在耗去人们精力的同时使人感到浮躁与焦虑，因此营造一个文明、健康、绿色的网络环境能够潜移默化地改变人们的心境与心态。但是网络资源珍贵且有限，大量的负面信息充斥，正面信息就无可立足，只有通过网络平台释放大量正能量，以正能量的光辉照亮网络上阴暗负面的角落，才能使负面信息无可遁形，让人们切实感受到生活充满希望，使人内心充实、心态平和，从而自觉抵制不良信息。传播社会正能量对净化网络环境起着良性循环作用。

（三）推动社会文化进步

社会快速发展，人们生活节奏加快，四面八方席卷而来的信息已经充满人们的生活角落甚至达到过剩状态。媒体为了吸引人们眼球，总是把一些暴力、色情、粗俗的信息放在最显眼的位置，这些富有视觉刺激的内容同时也刺激着人们的心灵，金钱至上、人情冷漠、信任危机导致人们幸福感缺失。而社会正能量是一种积极向上的力量，有益于生活情趣与身心健康，能够促使人们热爱生活，以乐观的眼光看待周围的事物，寻找事物的积极面，这种心理能激发人的潜能，使人更有想象力与创造力，即使面临困境也敢于迎难而上。这种能够给人信心和力量的社会正能量可以推动社会文化朝着健康积极的方面发展。

（四）践行社会主义核心价值观，促进“中国梦”的实现

“中国梦”是2012年11月29日新一届中央领导集体在国家博物馆参观《复兴之路》展览过程中，习近平发表的重要讲话之一。“中国梦”代表了新一届政府对于建设富强民主文明和谐社会主义现代化国家的目标和信心。党的十八大提出，倡导富强、民主、文明、和谐，倡导自由、平等、公正、法治，倡导爱国、敬业、诚信、友善，积极培育和践行社会主义核心价值观。当下网络已成为人们生活中必不可少的一部分，在经济发展、社会和谐和人心凝聚方面都有重要作用，传播社会正能量是其积极作用的重要方面。正能量不分大小，再细微的正能量举动也能传递巨大的暖流。发起“一元关爱计划”的广东菜馆老板何卓远，征集了众多爱心商家一元钱为80岁以上的孤寡老人提供便利服务，虽然这只是一次草根慈善接力，可它释放出的正能量粒子却

感动了亿万中国人，一个社会的活力也因此得到释放，它形成了促进社会进步的力量，让我们迈向“中国梦”的脚步又前进了一步。

三、新媒体传播正能量的典型事件

微博、贴吧、QQ、论坛、微信等网络渠道成为受众的重要信息来源，一系列正能量事件通过基于网络的各种新媒体得以迅速传播。

（一）宁波“最美四姑娘”

2012 年 10 月 1 日上午，浙江宁波一位 69 岁的老人在骑自行车回家途中被一辆公交车撞倒，老人当场头破血流倒地不起，昏厥不醒。千钧一发之时，四位姑娘先后围了上来，她们默契配合对老人进行施救，短短的几分钟换来了老人宝贵的抢救时间，四位姑娘没有留下姓名，而广大市民却把她们记在心中。事后通过网络发布照片找到了四位姑娘，网络发布照片的过程不仅仅是寻找四位美丽姑娘的过程，也通过网络让更多的人了解到了四位姑娘的事迹，是传播正能量的过程[①]。

（二）传递正能量的豆饼哥

2013 年 1 月网友“精念 FIYTA”通过《燕赵晚报》官方微博爆料：石家庄 69 路终点站省博物馆路口，有一位卖红豆饼的大爷，饼好吃，人实在。招牌上这样写道：“学生买一赠一，马路清洁工买一赠二！”如果大家路过的话，还请多多光顾！老大爷（卖豆饼的姚师傅因常年在外卖饼谋生，长相比实际年龄大很多，所以被认为是大爷）心善良，庄里正能量！

被称为豆饼哥的姚彦君在用来卖馅饼的三轮车前竖着个红色招牌，上写：“香甜红豆饼、绿豆饼、紫米饼，每个 2 元，学生买一赠一，马路清洁工买一赠二。”他说在外打工多年，深知低收入的心酸，而学生零收入，清洁工挣得少。

① 图片来自网络。

“宁可少赚，也不能多挣他们的钱。”（注：据调查，姚师傅的豆饼卖给学生刚能保本，卖给清洁工赔钱。）

姚师傅卖饼的事发上微博之后引起众多网友关注，许多人慕名而来，既为了尝一尝这好吃的豆饼，也为了将这份正能量传递下去。网友“没落凡尘”说：“看了几多感慨！貌似平凡的谋生者，却用行动诉说他对别人的爱，希望更多庄里人加入，帮助那些在平凡岗位上的人。”也有网友称庄里的“红豆饼”大爷真是暖人心，一会儿下班了就去支持。得知大家的称赞后，姚师傅却憨厚地笑笑说：“其实，我也没做啥。”豆饼哥的正能量经微博大量传播之后，2013 年 1 月 3 日中央电视台《新闻联播》播出了他的感人事迹，之后多家报纸也相继进行了报道，将这份正能量不断传播。

（三）说“谎话”的中国好大爷

2013 年 12 月 19 日沈阳市一位老人在人行道上被一名赶去上班的男子骑电动车撞倒在地，男子马上停车询问大爷是否需要就医，大爷站起来说：“没事，我有医保，你赶紧走吧。”而后一瘸一拐离开现场。老人名叫王福顺，他的举动被传到网上之后网友称赞其为“中国好大爷”。在热心网友找到王福顺之后才得知，他只是一名保安，根本没有医保。之所以说有医保的“谎言”，只是因为觉得自己并无大碍，不想影响撞人者。王大爷的善意谎言虽然没有多么惊天动地，但是与如今“老人自己摔倒却讹人”的某些案例比较起来，着实让人感动。有网友称：“王大爷做的事其实不大，但现在这样的人不多，所以特别感动，人与人之间就应该相互理解包容。”

此事在各大媒体纷纷报道后，王福顺公司的主管将他升职为门岗班长，对他的行为表示肯定，希望公司员工、小区居民都能以王福顺为榜样，更希望他

表现出来的正能量能感染更多的人并得到传承。另外王福顺表示并不想办理医保，因为自己身体状况好，而办理医保需要花钱。这件事所带来的影响不止于正能量的传播，同时引发了社会对于公众、用人单位和医保制度的深思。

（四）“最美”系列

“最美妈妈”吴菊萍。2011 年 7 月 2 日两岁女孩突然从 10 楼高空坠落，眼看即将成为悲剧。千钧一发之际，过路的吴菊萍毫不犹豫冲过去，徒手抱接住了女孩儿，手臂瞬间被巨大冲击力撞成粉碎性骨折。女孩稚嫩的生命得救了。发生在浙江杭州一小区惊险感人的一幕，在网络上热传，无数网民为之动容，称徒手接住坠楼女孩的英雄妈妈吴菊萍为“最美妈妈”。

“最美快递哥”。2013 年 6 月 20 日上午 11 时许，浙江宁海县桃源街道隔水洋村一幢 5 层楼房，一名小女孩双腿朝外坐在五楼的窗台上哭泣后坠落，对面正是宁海顺丰快递的办公室，8 名快递哥听到动静后跑出来，不约而同伸出 8 双手臂托住坠楼小女孩。女孩落进 5 双臂膀形成的梯级缓冲带，安然无恙。快递公司的两个高清摄像头“无意中”从不同角度拍摄下了这惊心动魄的 43 秒救人画面。一时间这段视频成为各大媒体的传播热点，论坛、微博等大量转发。这一“中国托举”闪耀的是人性的光辉，展现的是道德的骄傲，他们举起了一个生命，也举起了当代 13 亿中国人的道德风范。

三尺教鞭：#秦开美救学生“自己是一条命，与52条命相比，我宁愿自己承担危险。这是我的职责，我相信其他教师遇到这种情况，都会做出同样的选择。”42岁的秦开美老师用最朴实的话语道出了自己对教师职业的理解。虽为小学教师，但怀至上师德，这是人性之美！向秦开美老师鞠躬！大赞！
查看全文>>
8小时前 - 新浪微博　　转发(0) | 评论(0)

“最美教师”和“最美书记”。2014 年 6 月 10 日湖北省潜江市浩口镇第三小学发生劫持事件。上午 9 时许，时年 57 岁的男性犯罪嫌疑人张某携带疑似爆炸物，闯入校园后直接进入二楼正在上课的六（4）班教室，一手拿爆炸物一手拿打火机，时刻准备引爆。教师秦开美请求让学生离开，自己留下做人质，嫌疑人同意。接到报警后，浩口镇派出所民警及镇党委负责人迅速赶到现场，与歹徒展开谈判。在现场，镇党委副书记、纪委书记王林华提出，让自己来替被劫持的老师做人质。歹徒又答应了这一要求，人质转为这名纪委书记。经过数小时的艰苦谈判未果后，考虑到人质安全，11 时左右警方抓住时机果断开枪，当场击毙歹徒，人质安全无恙。在这一事件中，大量网友微博评论：“危急时刻让学生先离开的教师秦开美，好老师！挺身而出换出老师自己做人质的王林华，好书记！”

山东大众论坛中传播的在济南趵突泉勇救落水外地游客父子的花甲老人（2010 年 10 月），腾讯网、微信、QQ 中传播的新疆协警救民众遇难事迹（2014 年 6 月），诸如此类让我们感动的事件还有很多，微博、微信、QQ 群等传播的正能量，在众多负面信息中闪耀着光辉，让我们感动，让我们温暖，促我们前进。

四、新媒体传播正能量的优势

新媒体的信息传播是多对多，正能量的传播同样如此。就拿微博来说，假如一个人拥有一万粉丝，每个粉丝又拥有 100 名关注者，一条正能量的信息经过两次传播，就可以达到百万量级的影响力。目前，微博账号数量庞大，再加上各种博客、论坛、QQ 群、微信群等，这种传播就好比是往水池中投入了一粒石子，一石激起千层浪，水波越传越远，越传影响越大。发布公益信息，传播积极观点，讲述励志故事，传播温情事件，传递正能量，占有绝对传播优势的新媒体责无旁贷。

因此，在新媒体时代，各级政府管理部门要充分利用新媒体，规范管理，积极引导，创新形式，创新方法，在社会正能量的传播中成为领唱，引导人民思想，培育社会风尚。我们每一个普通公民，也要用好新媒体，充分利用新媒体传播的“水波效应”，积极参与正能量传播，让正能量传播的涟漪越来越多，越来越远。

五、新媒体传播正能量的渠道

在各种新媒体形式中，常用的正能量传播渠道有各大网站、网络社区（BBS、网络论坛等）、博客、微博、视频分享网站、社交网站（博客圈、社交圈等）、即时通信工具、电子邮件等。

（一）即时通信工具

以微信传播正能量为例。微信以其传播内容多元化、时效性强、传播受众多极化和互动性强等特点在传播正能量方面具有独特优势。

微信平台推出公益微信积极倡导社会新风尚。如此前网上热传的公益微信：“我在中国 ××，不论我在哪里，我愿意遵守公共秩序，开车礼让行人，对面来车不开大灯，任何场合排队办事，上下楼梯、电梯靠右边，尊老爱幼。如果你也愿意，请转发这条公益微信，提高国民素质从我做起。”这则被大量转发的微信中，×× 来源地可以是中国的任何一个地方，只要你是微信网友，编辑上你的所在地，将这条微信转发，就完成了一次公益转发，传递了一种姿态。微信朋友圈是朋友亲密互动的阵地，兼具“大喇叭”的媒体属性，能迅速产生一传十、十传百的传播效果，在倡导美德、弘扬爱心方面能力非凡。“郑州全城吃面”“乌鲁木齐全城买鹅”“银川全城找耳蜗”“内蒙古集体爱心捐款”“乌鲁木齐医生微信募捐帮白内障父子”等正能量事件中微信朋友圈功不可没。政务微信在社会正能量传播中卓有成效。如中国公安首家微信公众平台“平安肇庆警方微信”实施微信问政，车管、出入境、户政等问题解答，警情即时处理，安全防范提示等警民有效互动处理方式得到群众交口称赞。

（二）网络社区

以百度贴吧为例。百度贴吧借助百度搜索引擎这一平台发展为国内第一大中文网络社区，不仅在信息聚集能力和速度上体现出优势，更重要的是人们通过它能体验到空前的自由度、共同的志趣爱好和话题、无时空限制的即时讨论。在正能量传播方面，也因其开放性而能随着真实社会的运动随时产生新的话题，又因其极强的交互性使得证实信息的真伪更加容易，从而增加信息可信度。

汶川地震发生后的第五天，一名网友在百度贴吧发布了一篇紧急求救贴：“我是耿达乡中学幸存的一名老师，耿达乡中学和小学大部分学生和老师被埋，情况万分危急，大部分人因为下雨都感冒发烧了，伤员伤口感染了，活下来的人急需水、食物和医疗药品……十万火急！您的一次转发将会救援3000余人！”该贴随即被网民大量转载，上报到阿坝州政府，最终在网友与救援人员共同努力下，解救了3000多人的生命。

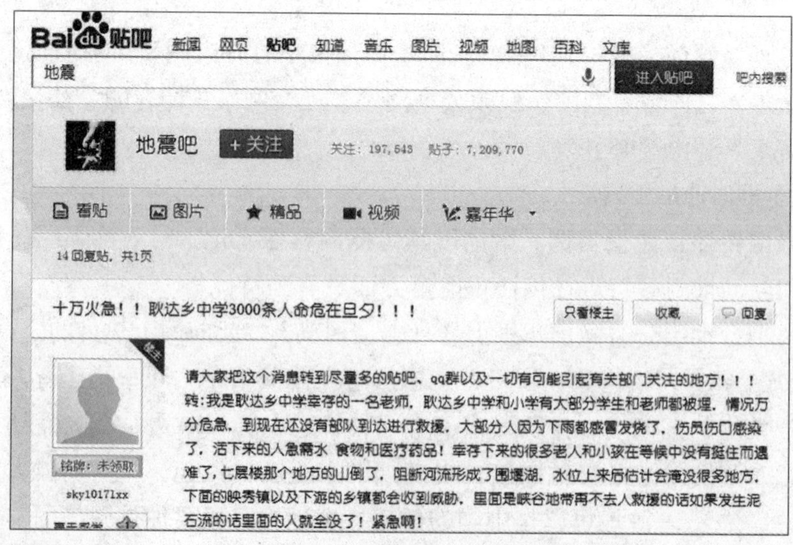

2014年8月3日16时30分，云南省昭通市鲁甸县发生6.5级地震，震源深度12千米。由于震级大、震源浅、灾区人口密集和灾区房屋抗震性能差，致数千人死伤，为该地区14年来最强地震。地震发生后很多中国人都沉浸在悲痛之中，为灾区的人祈福，也有很多人用实际行动支援灾区，还有一些工作人员已经投入到灾区一线，展开现场救援活动。这一过程中，网络社区同样发挥着自己的作用，比如搜狐新闻社区开辟了“云南鲁甸大地震”专栏，实时发布震情消息、救援进展、网络寻人、震后注意事项、感人事迹、捐助信息等，在灾难中传播真情。灾难面前我们需要这样一种力量，让大家能够团结一心，彼此相扶相伴，勇往直前。

（三）微博

微博是社会正能量传播的重要渠道之一。微博属于网络传播渠道中的轻骑兵，反应迅速，传播快捷，无时间地域限制，传播范围广，信息比任何其他网络传播渠道及传统媒体“跑”得都快，因此更适合社会正能量的传播。

爱心接力是微博传播正能量的重要表现。通过微博转发使爱心在网民间传递，温暖人心。2012年7月21日北京遭暴雨侵袭，一天之内八百多万条关于此事件的讨论发布到微博上，网友们纷纷行动起来，私家车主免费接送人、临近网友互帮互助等事件在网友的评论和转发中传递出社会大爱的正能量。在此次事件中，微博的即时性、互动性使网民能在第一时间得到关于暴雨的最新消

息，避免了不必要的损失，并能及时送上自己的爱心。山西汾阳一个名叫湘湘的 5 岁男孩，不慎被柴火烧成 3 级重度烧伤，面部被毁容，其他部位多处重伤。植皮手术之后，湘湘脸和手上留下了厚厚一层伤疤，虽然性命保住了，却只能带着白色的面具生活，被称为“面具娃娃”。家庭的贫困迫使父母放弃了对湘湘的治疗。在此关键时刻，有网友将此消息在微博发布，仅一个月就为男孩募集到 60 万元爱心捐款，使湘湘的治疗得以继续。此外像救助白血病儿童、微博打拐等都是微博促进公益救助、传递正能量的表现。

正能量的传播渗透在网络的方方面面，任何一种传播方式都可能用来传递正能量信息，而且这种传播方式并不是单一的，更多的时候一条正能量信息是通过多种渠道共同传播的。例如汶川地震发生后，重庆市的冉女士打电话给在汶川的朋友却一直无人接听，一天之后冉女士在天涯论坛发布了寻人帖子。网友发动自己的力量，从天涯转帖到 QQ 群、百度贴吧和微博等多种网络互动平台展开查找，仅仅 40 多个小时就靠着这条帖子得到了冉女士朋友的消息。网络为正能量的传播提供了跨平台超地域的服务。

六、新媒体传播正能量存在的问题

虽然新媒体成为正能量传播的重要阵地，带来了积极向上的社会影响，但这并不意味着新媒体在传播正能量方面已臻完美、毫无缺陷。它存在的一些问题，需要引起我们注意，并尽可能避免。

（一）虚假信息多

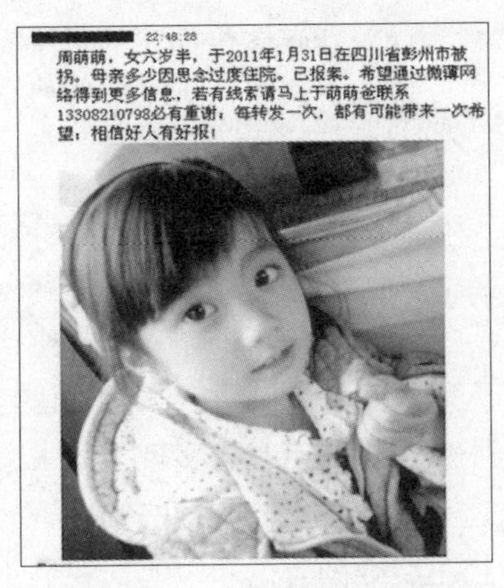

传播者主观上发布虚假信息是一种情况，另外一种情况是因为网络传播奉行“拿来主义”，在传递过程中有意无意被曲解致使“以讹传讹”的信息时常出现。一个经典案例发生在 2011 年春节前后，此时正值微博打拐热潮，其中一条名为“小女孩周萌萌被拐”的微博引起部分网民关注，这看起来本是一条正能量信息，经过网友的转发越来越受重视。后经查证女孩照片其实是杭州网络红人“西子小小徐湘涵”，而这条“正能量”微博其实是个人为提高自己微博人气编造的虚假救助信息，并且此虚假信息随后在 QQ 群、论坛、贴吧等渠道被大量传播。

（二）缺乏公信力

网络媒体传播的多元化使得网络信息传播自由、难以整合，网络信息源的多样化、被动性也会导致“出尔反尔”式的辟谣新闻，这些都影响了人们对网络信息的信任度。如 2009 年 8 月一篇名为“妓女追悼会”的帖子爆红网络，在各大论坛反复出现。事件讲的是一个一心为教育卖身的美女老师，英年早逝后学生为她举办了记者招待会。这样的新闻必然会引起大量关注与评论，有人直呼“感动”，认为是正能量，有人称“中国女人愚蠢至此”。一波未平，此事又以“女教师卖淫至死，一切只为孩子”再次转帖，事件越来越火也遭到越来越多质疑，最后终于被证实此事为网络推手的杜撰。

（三）缺乏有效管理机制

由于有关网络发帖、信息传播的法律法规尚不健全，来自民间的大量信息难以被政府部门有效监管，很可能在一条正能量微博背后隐藏着一些不合法、不合理的因素。例如一条名为“邯郸耄耋老人丁玉录 7 年行走万里免费替人瞧病”的微博，这条微博单从表面看本是赞扬老人的爱心与无私奉献，是一条正能量微博，然而也遭到网友的质疑，网友“苍天在上”评论：“有医师资格吗？没有的话是非法行医，你看他是哪里退休的，有了事故怎么办呢。”这位网友的担心不无道理。丁玉录老人如果没有医师资格，他替人看病的事情不但不能作为正能量事例提倡和表扬，反而应该遭到制止。就算他退休之前从事的是医务工作，有医师资格，那最好在微博中表明，以免遭到网友质疑产生误解。

针对新媒体传播正能量中存在的一些问题，我们要有清醒的认识，扬长避短，抵制负能量，传播正能量。

第二节　新媒体信息传播中的“说话技巧”

人人都是主播、人人手中握有话筒的新媒体时代，为我们提供了一个“个人编发，公众阅听，大众评论，集体交流”的平台。这样一个平台让我们听到了更多样的声音，实现了最大程度上的公开、公平交流。新媒体为我们提供了这种“百家争鸣，百花齐放”的交流环境，大量宣赞真理、澄清谬误、弘扬正气、抨击腐败的言论和事实让我们由衷地赞叹。与此同时，网络群体“非理性，易激动”特点也有目共睹，网络中出现了随心所欲进行信息发布，甚至诬陷、造谣、辱骂、恐吓等不良现象，这让我们忧虑不已。因此，在新媒体时代如何说话成为我们每一个人应该练就的基本功。

新媒体时代我们既要行使自己作为“主播”畅所欲言地发出自己声音的权利，同时又要承担起构筑积极健康、文明和谐新媒体舆论环境的责任。下面就以目前正发出最强劲声音的微博为例，来看看微博的“说话艺术”，以更好地发挥微博的作用。希望能够起到抛砖引玉的作用，引起大家反思，认识到我们在整个新媒体环境中究竟该怎样理性“说话”。

一、微博的类型与作用

微博在信息传播方面有着巨大的潜能，不仅对我们个人日常生活有着调节作用，而且深入政府、企业、媒体、娱乐圈等领域，诞生了政务微博、官员微博、企业微博、媒体微博、明星微博等，微博对社会日益发挥着重要作用。

（一）个人微博

微博作为一种新兴媒体，以一种不可抵挡之势进入我国网民的生活中，对人们的生活、娱乐、交际产生重大影响。

首先，对于大部分平民草根来说，微博的普及扩大了他们的话语权，有利于构建民主社会。就注册而言，微博的便捷性使注册微博没有任何限制，官员、明星、平民都可以一样使用，每个人都是交际的主体，都可以实现平等参与。就言论本身而言，每个人的言论都是没有差别的，所提交的信息都按照相同的路径进行传播。平等性令公民自身利益得到了实现，从而减少了因身份差别产生的牵绊因素，有利于公民行使权利，维护自身利益，实现社会民主化。

其次，对于名人、明星而言，他们是社会的焦点，拥有大量的追逐者与粉丝，微博则是实现两者互动的平台。与普通用户相比，名人微博更是发挥着无可比拟的作用，尤其是演艺界的明星们。但是并不是所有明星都通过微博来赚取名气和关注度。例如，西南地区在2010年年初遭遇罕见旱灾，梁咏琪在结婚第一年生日那天在微博上点燃了一根蜡烛，并写着“今天是小女子生日，愿望是完成一个有意义的壮举，但我需要你的帮助，我希望集结各位博友的爱心，一起帮助旱灾灾区居民渡过难关，您只要将这条微博转发出去，我就捐一元到香港联合国儿童基金会，为期三天至3月27日深夜12时止。你可以和我一起完成心愿吗？”随后她的生日得到数万条祝福，也点燃了数万颗爱心，在27日梁咏琪将共计八万元通过基金会交给了灾区。在她之后，姚晨、陆川等人先后通过微博的形式募捐，一时间微博募捐成为热门话题。通过微博进行的社会募捐、救助等公益活动，对于弘扬社会精神、发扬善举、构建和谐社会具有重要作用。

（二）政务微博

政务微博，是指中国政府部门推出的官方微博账户，力行“织博为民”。政务微博在社会信息公开、新闻舆论引导、倾听人民声音、树立政府形象、引导群众参与等方面起到了积极作用。2011年政务微博开始进入人们生活，政府开始实施“微博问政”，因此这一年被称为“政务微博元年”。政府开始借助微博的即时性、广泛性等特点将其作为政府工作的协助工具之一，用它来知民意、听民声、服务人民、奉献大众。政务机构微博包含了很多种类，如公安、交通、气象、环保、医疗卫生、教育、市政、司法、工商税务、团委、招商、涉外、旅游等几大行业政务机构微博。

1. 气象政务微博成为人们生活的“爱心小贴士”

气象政务微博，即时更新与信息公开给人们的出行带来方便，成为大众生活的好帮手。如四川气象微博对汶川大地震后的天气情况进行实时追踪，及时播报长期天气预报、重要天气预报、气象灾害防御指南等，让人们提前做好应灾准备。再如济南天气微博，及时向市民发布每日天气预报，充分发挥微博中的“微平台”作用，使人们能够提前掌握天气信息，做好准备，减少损害的发生。

2. 公安政务微博成为谣言世界中的“消防员”

公安政务微博在发布警务信息、维护社会稳定、案件侦破、引导涉警舆情、提供公共服务、促进警民和谐关系等方面发挥着重要作用。公安微博在政务微博中占的数量最多，已经成为政务微博的主体。

2010年2月25日广东肇庆市公安局的官方微博“平安肇庆”开通，成为全国第一个“吃螃蟹”的公安微博；2010年5月11日广东省公安厅协同省内21个地市级以上公安局微博，连成全国第一个公安微博群；2010年7月“@平安北京”上线。此后公安微博出现井喷式发展，成都、济南、上海、西安等地公安都开通了为民服务微博。2011年以后公安微博开始全面进入务实应用新阶段。

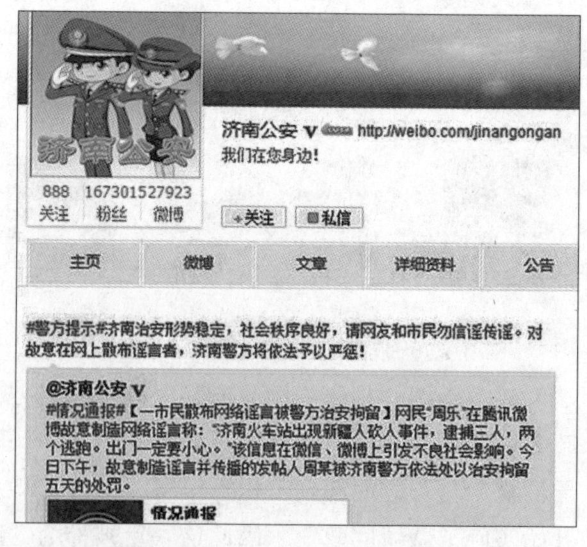

公安微博在网络谣言的破解中起着重要作用。贵阳的龚某、李某、蔡某三人散布H7N9病毒谣言，江苏的吴某和张某散布杭州疫情等谣言，造成了人们的恐慌情绪，破坏了社会安定。面对这种情况，公安政务微博能够做出快速反应，及时公开事件真实信息，破解澄清谣言，解除人们忧虑，安定人心。2014年5月济南一网名为“周乐”的市民在腾讯微博故意制造网络谣言称：“济南火车站出现新疆人砍人事件，逮捕三人，两个逃跑。出门一定要小心。”该信息在微信、微博上引发不良社会影响。10日，济南市公安局官方微博“济南公安”及时对此谣言情况做出通报，并对散布谣言者处以治安拘留五天的处罚，快速消解了该谣言产生的恶劣影响。“平安成都”公安微博及时通报春熙路砍人谣言，“平安北京”警方微博直播试验破解“鸡蛋玻璃水”谣言，南京“江宁公安在线”微博发布“破谣言十式”破解“尸油煮米粉”“10086来电按任意键被扣费”等谣言，都是公安微博起作用的典型例证。

3. 交通微博成为人们出行的“指南针”

随着家家户户都开始拥有自己的汽车，城市交通拥挤和环境污染成为大问题。针对这种情况，交通部门开通微博，及时公布交通信息、道路实况、动态泊位、拥挤状况以及长途汽车票务信息和长途汽车客况信息等，让人们酌情合理安排行程以及选择交通工具。这不仅给人们的出行带来了方便，而且通过网民微博互动信息公布城市即时交通状况，对稳定交通秩序具有重要作用。济南市公安局交通警察支队官方微博“济南交警”于2014年6月14日中考期间发布路况信息，为中考期间人们的出行提供了可靠参考。交通微博正是以其便民化和人文性，方便着你我他，成为人们出行的“指南针”。

#交警报路况#今天是周末，高新区工业南路与奥体中路路口，经十路与舜华路路口车流量比较正常，暂无压车现象，请广大驾驶员控制车速，减速慢行。

今天 07:54 来自微博 weibo.com　　(4) | 转发(1) | 收藏 | 评论(1)

#交警报路况#目前槐荫辖区，经十纬十二路口至经十营市街路口、经十齐鲁大道路口东西双向车流量较大，请广大司机朋友文明驾驶，安全行车。

今天 07:35 来自微博 weibo.com　　(2) | 转发(3) | 收藏 | 评论(2)

#助力中考#考场上，考生应按照从前往后，由简到难的顺序，一道题目一道题目的攻破，碰到实在做不出的题目，要学会放弃，要先做那些花时少，得分快的题目，在时间允许的情况下，再啃那些偏题、怪题、难题。

政务微博的开通是社会的需要也是时代的呼声，它将会使政府更好地发挥“人们公仆”的作用，真正做到倾听民声、关注民意，为人民办实事办好事，提高政府公信力，构建和谐社会。

（三）企业微博

微博的快速发展催生了新的营销方式——微博营销。微博营销以微博作为平台，每一个博友都是潜在的营销对象，企业可以快速提升品牌知名度，推广新产品和新服务，有效开展促销活动，因此微博营销深受现代企业青睐。企业微博自然也就展现出了庞大的发展势头，其社会效应同样不可小觑。

每个企业都可以在新浪、网易等免费注册一个微博用户，然后利用它更新自己的企业微博，从而向网友传播企业品牌、产品信息、企业文化，树立良好企业形象和产品形象。2010年世界杯期间4399游戏网站站长蔡文胜用新浪微博和腾讯微博，成功将自己的网站4399游戏加以推广，提升了知名度，获得

品牌效益。餐饮企业海底捞的“火锅递送服务”也是通过微博发布推广的。

二、微博交流中存在的问题

“微”生活已经成为常态，但在微博使用过程中也暴露出了一些问题，如语言的随意性、不文明性、虚假性、情绪性、偏激性等，这些问题污染着微博环境，侵害着我们的身心健康，带来了许多负面影响。实际上这些问题存在于整个网络环境中，如何规范网络用语环境，聒清网络雾霾，引导人们说真话、说文明话、理性说话，正成为重要课题。

（一）微博信息的虚假性

微博突破了传统媒体“权威性”和“过滤者”的限制，只要注册微博就可以随写随发，与其他微博网友实现实时互动，这种低门槛的信息发布方式使信息的真实性得不到保障，虚假性充斥着整个网络。例如在H7N9病毒蔓延时，世界各地政府及医院都在极力采取措施控制病毒的传播，然而有些人唯恐天下不乱，利用微博发布一些“某地某人感染病毒”的虚假消息来提升自己的关注度，造成人们的恐慌以及社会秩序的混乱。微博信息即写即发的特点使一些信息得不到及时确认，如微博用户“华西阮长安”曾微博爆料“余秋雨去世”的消息，成为关注度排名第一的热门话题，最后媒体联系到余秋雨先生的经纪人才得知这条微博纯属造谣，余秋雨先生只是去上海和朋友聚会。在没有确凿证据的情况下随便发微博，不仅使微博信息丧失了真实性，而且也侵犯了余秋雨先生的生命健康权和荣誉权。微博信息的虚假性与其“把关人”的缺失有很大关系，加强微博信息准入制度，提高公民话语艺术，增强网民社会责任感，是解决微博信息虚假性的重要途径。

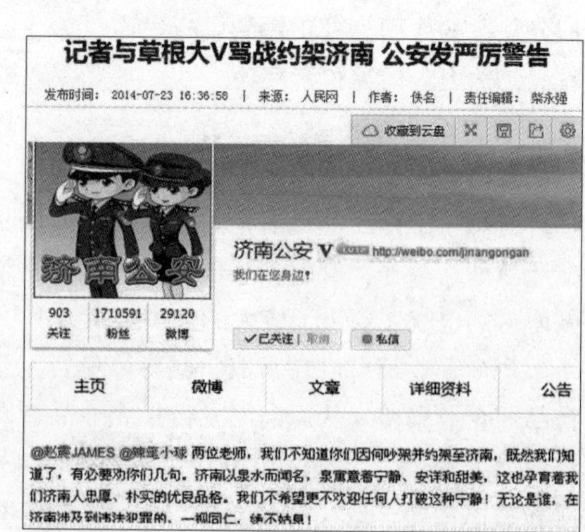
记者与草根大V骂战约架济南 公安发严厉警告

发布时间：2014-07-23 16:36:58 | 来源：人民网 | 作者：佚名 | 责任编辑：柴永强

@赵震JAMES @辣笔小球 两位老师，我们不知道你们因何吵架并约架至济南，既然我们知道了，有必要劝你们几句。济南以泉水而闻名，泉寓意着宁静、安详和甜美，这也孕育着我们济南人忠厚、朴实的优良品格。我们不希望更不欢迎任何人打破这种宁静！无论是谁，在济南涉及到违法犯罪的，一视同仁，绝不姑息！

（二）微博信息的不文明性

微博信息“低门槛”的传播方式、“草根性”的准入制度、“过滤者”的严重缺失，必然造成微博信息传递中的不文明性。140字的限制不需要长篇说道，简简单单几个字就可以抒发感情、描写见闻、实施评析，想怎么发就怎么发，毫无规则可言。这种极大的随意性带来了信息的不文明性，各种污言秽语、攻击性暴力语言、偏激语言、色情信息图片视频等在微博上广为“流传”，使整个微博平台污秽不堪，屡见不鲜的“微博骂战”就是典型例证。微博本身是人与人进行沟通交流的平台，说话不当便会使微博成为口舌之战的“战场”。在用户量巨大的微博平台上，不文明的信息发布会对自己、对他人甚至是社会造成恶劣影响。因此加强微博信息发布的文明性，规范人们的说话方式，不仅是个人素质的体现，也是建设社会主义和谐社会的重大课题。

（三）微博信息的随意性

微博私人空间的无限扩大，信息准入制度中“把关人”的缺失，使得信息发布的随意性成为可能，这种随意性在一定程度上也会造成犯罪。微博信息发布的自由性比较强，再加上它的“草根性”特点，使人们在利用它时会放松警惕。很多博友在生活、工作中遇到不开心的事情会在微博上发表一些非理性的言论，虽然是自己的无心之失，但是如果没有把握好“度”，无意中就会触犯某些法律法规；还有一些低俗博主在网上随意发布一些色情图片、视频，严重污染了网络环境；一些博主为提高点击率，在微博上发布他人个人隐私，严重影响他人生活，使自己和他人陷入不必要的法律纠纷之中，害人又害己。权利与义务是相对的，微博给我们提供了发表言论的平台，在畅所欲言的同时我们也要顾及他人利益，遵守法律法规。

三、微博说话艺术

如何理性说话、好好说话，说真话、说实话，成为个人、机关、媒体、企业每个微博用户所面临的重大问题，它不仅是个人修养、政府公信力、企业文化、名人素质的问题，还是直接关系到整个社会秩序、社会管理和社会道德规范及稳定的大问题。

（一）微博中要说真话

在微博中说真话、说实话是微博用户的首要问题。

1. 个人微博的“说真话”

个人微博是微博用户中的最大群体，是每个人的“房中闺蜜”。有些人生活、工作中开心不开心的问题都想通过它来一吐为快，道听途说的信息想与他人分享，“说话”随意，没有经过思考，信息真实含金量就会减少，有时甚至会陷入法律纠纷之中。因此，个人在微博中发布信息时要注意做到：

（1）符合法律要求，不侵犯他人合法权益。不把别人的隐私或秘密妄加揣测并发到微博上去，侮辱他人人格。

（2）兼顾社会效应，在没有确认之前不发布、转发、评论一些敏感信息，以免造成人心动荡、社会混乱。

（3）说话要有凭有据，万不可随心情而定，为图一时之快情绪化地乱说一气。

（4）多传播正能量，坚决抵制各种谣言，不做谣言二传手。

2. 政府微博的“说真话”

政府微博作为政府与人民联系的桥梁，开通的目的是为了沟通民意，更好地履行为人民服务的职能，因此政务微博作为官方微博，其信息的真实性更不容小觑，恪守真实应是政务微博的基础。官方微博如果传播虚假信息、错误言论，势必会贻害社会，对政府公信力造成影响。140 字的简短真实内容，完全可以让政府快速反应，占据权威信息发布最高点。

（1）及时发布真实信息。对国内或国际上的敏感事件，如地震伤亡情况、疫情传播情况、恐怖袭击处理情况等，政务微博要及时公布，走在其他媒体前面，做公众的权威信息解说人，解除人们忧虑，做人们生活的引路人。

（2）用真实性的语言。政务微博作为权威官方微博，其语言运用要把握一个“度”，信息的发布要用官方语言，不可太过滑稽，否则就丧失了它的权威性；同时还要具有一定的亲和力，如外交小灵通既会用书面语言通报外交领域的最新动态，也会亲切地对我们说“再道一声：晚安了，我的朋友们！”

（3）了解民情，倾听民意，问计于民，应成为政务微博说真话的基础。

（二）微博中要说文明话

文明是目前网络世界里大家迫切需要的珍贵之物，因为网络世界里不文明的事确实有点多。

1. 个人微博如何说文明话

对个人微博用户来说，要提高自身素质，在发布、转发或评论微博时讲究文明用语。

（1）不说任何形式的脏话，不发布色情信息、图片、视频等。

（2）不做动机揣测，不对别人的评论妄加推测并肆意传播。

（3）自己发表观点时可以吐槽、讽刺、搞笑，但进行评论时不可以吐槽、讽刺、搞笑。

（4）不使用资格论，不进行身份定义，充分尊重自己也尊重他人。

人民日报微博曾经这样号召大家：你可以表达喜恶、亮明观点，但请注意：①说话不在声高。过度情绪化，无助析事明理，只会积累戾气。②有理走遍天下。

恶语相向，只会带来撕裂对立。③污言秽语，伤的是别人的自尊，丢的是自己的脸面。为了我们共同的言说空间，拒绝脏话，有话好好说。

2. 政务微博如何说文明话

“文明”一词对政务微博更为重要。政府是引领者、是公仆，细心、耐心、文明地解答人们的问题是其本分。然而有的政府部门在遇到问题时推脱责任，解答人们的疑惑时没有耐心甚至恶语相对，从而导致问题的产生。2011 年 11 月 12 日 23 时 40 分许，广州某报记者因采访车祸被打，13 日 5 时左右他在微博发帖质疑现场交警处置失当，而广州交警官方微博则回应：“真相都没搞清楚，就乱吠？”虽然该条微博很快被删，但微博被记者截图发出，众多网友纷纷转发力挺该记者，同时质疑警方的处置方式和发言不文明。一起原本并不复杂的交通事故，因为广州交警官方微博不妥当的回复，变得备受关注。当日 20 时 40 分左右，广东省公安厅官方微博“平安南粤”率先向网友致歉，并“@广州交警”让其“有错就改，有问题就纠正”。大约两小时之后，“广州交警”向当事记者和网友致歉，称“该评论确为交警支队民警个人所发，将严肃处理此事”。因此，无论是发布信息或是被动舆论或是转发信息进行评论，必须始终牢记自己的角色，明白自己的权责义务，牢记政务微博的庄严使命，努力做到：

（1）解答有耐心，对人们的疑问要细心全面地加以解说，文明用语，不可以恶语相对。

（2）少说空话、套话，多说真话、文明话，不做“僵尸”不作秀。

（3）在微博上不发布色情、广告等信息。

微博说话的文明性对于网络建设具有重大推动作用。提高微博用户素质，加强政府部门的公仆和责任意识当然是重中之重。

（三）微博中要理性说话

微博在我们的生活中扮演着重要角色，但在微博中应该如何理性负责地说话却是我们最大的盲区。作为博主如何实现理性说话呢？

1. 个人微博的理性说话

（1）三思而后行，知道自己该说什么、不该说什么。

（2）说话的内容要符合法律法规要求，做到知法、懂法、守法。

（3）不要侵犯他人利益，不要将自己陷入法律纠纷之中。

（4）做到文明用语，不污蔑、讽刺他人，对待各种观点时不偏激。

讲究这些说话技巧既是对他人负责也是对自己负责。

2. 政务微博的理性说话

政务微博实现理性说话要做到：

（1）少说官话，多说民话；不说假话，多说真话。

（2）平等对话，积极回应，合理引导。

（3）不哗众取宠，不自我炒作，拿捏好个人与公职身份的角色定位。

（4）表达观点尽量全面，防止因只言片语引起误解。

（5）避免与网友激烈交锋。

（6）坦诚面对质疑和批评，不说套话，多说心里话。

政务微博只有实现理性说话才能真正发挥作用，使政府真正成为人们的好政府，建立官民一家亲的友好社会。

讲究技巧，规范微博用语，发挥微博优势，实现社会秩序化和文明化，重塑艺术性的说话氛围，聒清话语雾霾，在新媒体时代说真话、文明话、理性话，“有话好好说”，才能让整个媒体环境朝着健康、绿色的方向发展。

第六章 新媒体时代的护身法则

通过微博发布信息，却无意中触犯了法律规定；进行网购时，个人的隐私信息被泄露；使用微信聊天却被进行位置定位，招来陌生人的侵害；手机方便了我们的生活，却也让我们迷恋不已；屡遭垃圾信息骚扰，不胜其烦……新媒体时代，一系列新的问题产生了。作为新媒体时代的公民，我们必须掌握新的护身法则，才能在新媒体时代做到"适者生存"。

第一节　新媒体时代信息传播的相关法律规定及倡议

基于网络的新媒体世界真是奇妙：鼠标一点，环球风云尽收眼底；拇指一摁，指点江山，议论时局。一个论坛就是一份报纸，一个微博就是一家电视台。网络改变着舆论生态，"言论自由"获得空前的沃土。人们身着马甲在网络构成的隐形世界里"潜水""拍砖"，欣悦于这个公共平台的自由、开放与平等，却不知自身已成为媒体传播的一分子。

新媒体的特性是开放和自由，但是正如世界上没有绝对的自由一样，新媒体世界的自由也有自己的边界，那就是法律。新媒体作为信息传播技术和手段之一，自然也被纳入法治的范畴，在各国法律允许的框架内运行。信息自由的前提是遵法守法，遵守道德规范，不侵犯公共利益和他人合法权益。

一、《全国人民代表大会常务委员会关于维护互联网安全的决定》

2000年12月28日第九届全国人民代表大会常务委员会第十九次会议通过。

决定中明确提出："我国的互联网，在国家大力倡导和积极推动下，在经济建设和各项事业中得到日益广泛的应用，使人们的生产、工作、学习和生活方式已经开始并将继续发生深刻的变化，对于加快我国国民经济、科学技术的发展和社会服务信息化进程具有重要作用。同时，如何保障互联网的运行安全和信息安全问题已经引起全社会的普遍关注。为了兴利除弊，促进我国互联网的健康发展，维护国家安全和社会公共利益，保护个人、法人和其他组织的合法权益，特作如下决定。”

决定中针对保障互联网运行安全、维护国家安全和社会稳定、社会主义市场经济秩序和社会管理秩序等过程中出现的、有关互联网的违法、犯罪等行为给出了明确的处罚依据。目的是依法严厉打击利用互联网实施的各种犯罪活动。要动员全社会的力量，依靠全社会的共同努力，保障互联网的运行安全与信息安全，促进社会主义精神文明和物质文明建设。

二、《中华人民共和国电信条例》（国务院令第 291 号）中关于违法信息的 9 条标准

“《中华人民共和国电信条例》已经 2000 年 9 月 20 日国务院第 31 次常务会议通过，现予公布施行。”

条例中的第五章电信安全第五十七条中明确提出了关于违法信息的9条标准：

（1）反对宪法所确定的基本原则的；

（2）危害国家安全，泄露国家秘密，颠覆国家政权，破坏国家统一的；

（3）损害国家荣誉和利益的；

（4）煽动民族仇恨、民族歧视，破坏民族团结的；

（5）破坏国家宗教政策，宣扬邪教和封建迷信的；

（6）散布谣言，扰乱社会秩序，破坏社会稳定的；

（7）散布淫秽、色情、赌博、暴力、凶杀、恐怖或者教唆犯罪的；

（8）侮辱或者诽谤他人，侵害他人合法权益的；

（9）含有法律、行政法规禁止的其他内容的。

凡是所群发的短信含有这些内容的不仅仅是“垃圾短信”，而且是违法短信，已经触犯了刑法。情节严重的，要承担刑事责任。

三、《最高人民法院、最高人民检察院关于办理利用互联网、移动通讯终端、声讯台制作、复制、出版、贩卖、传播淫秽电子信息刑事案件具体应用法律若干问题的解释（二）》

2010 年 1 月 18 日最高人民法院审判委员会第 1483 次会议、2010 年 1 月 14

日最高人民检察院第十一届检察委员会第28次会议通过。

为依法惩治利用互联网、移动通信终端制作、复制、出版、贩卖、传播淫秽电子信息，通过声讯台传播淫秽语音信息等犯罪活动，维护社会秩序，保障公民权益，根据《中华人民共和国刑法》《全国人民代表大会常务委员会关于维护互联网安全的决定》的规定，对办理该类刑事案件具体应用法律的若干问题做出解释。

四、《全国人民代表大会常务委员会关于加强网络信息保护的决定》

2012年12月28日第十一届全国人民代表大会常务委员会第三十次会议通过。

"为了保护网络信息安全，保障公民、法人和其他组织的合法权益，维护国家安全和社会公共利益，特作如下决定。"

五、《国务院关于修改〈信息网络传播权保护条例〉的决定》（国务院令第634号）

"《国务院关于修改〈信息网络传播权保护条例〉的决定》已于2013年1月16日国务院第231次常务会议通过，现予公布，自2013年3月1日起施行。"

六、中国互联网大会倡议共守"七条底线"

2013年8月15日第十二届中国互联网大会在北京闭幕，大会与会代表一致认为，网络空间是现实社会的延伸，所有网站和网民都应增强自律意识和底线意识。本届中国互联网大会发出倡议，全国互联网从业人员、网络名人和广大网民，都应坚守"七条底线"，营造健康向上的网络环境，自觉抵制违背"七条底线"的行为，积极传播正能量，为实现中华民族伟大复兴的"中国梦"做出贡献。

"七条底线"是：法律法规底线、社会主义制度底线、国家利益底线、公民合法权益底线、社会公共秩序底线、道德风尚底线和信息真实性底线。《人民日报》CCTV《新闻联播》等都对此倡议进行了详细报道，明确表示共守"七条底线"是每一个网民的责任，也是最终确保互联网成为一个充满真实、互信、包容、健康平台的有效保证。

七、《最高人民法院、最高人民检察院关于办理利用信息网络实施诽谤等刑事案件适用法律若干问题的解释》

"2013年9月5日由最高人民法院审判委员会第1589次会议、2013年9

月 2 日由最高人民检察院第十二届检察委员会第 9 次会议通过，现予公布，自 2013 年 9 月 10 日起施行。”

为保护公民、法人和其他组织的合法权益，维护社会秩序，根据《中华人民共和国刑法》《全国人民代表大会常务委员会关于维护互联网安全的决定》等规定，对办理利用信息网络实施诽谤、寻衅滋事、敲诈勒索、非法经营等刑事案件适用法律的若干问题做出解释。

本司法解释通过厘清信息网络发表言论的法律边界，为政治利用网络实施诽谤等犯罪提供了明确的法律标尺。其中明确提出：“有下列情形之一的，应当认定‘情节严重’：（一）同一诽谤信息实际被点击、浏览次数达到 5000 次以上，或者被转发次数达到 500 次以上的；（二）造成被害人或者其近亲属精神失常、自残、自杀等严重后果的；（三）二年内曾因诽谤受过行政处罚，又诽谤他人的；（四）其他情节严重的情形。”

八、国家工商行政管理总局《网络交易管理办法》

国家工商行政管理总局于 2014 年 2 月 13 日在其官方网站发布了《网络交易管理办法》，该办法于 2014 年 3 月 15 日起施行，此前出台的《网络商品交易及有关服务行为管理暂行办法》同时废止。

出台《网络交易管理办法》旨在规范网络商品交易及有关服务，保护消费者和经营者的合法权益，促进网络经济持续健康发展。《网络交易管理办法》明确提出了网络商品经营者和有关服务经营者所应承担的义务，以及违反这一管理办法所应承担的法律责任。

九、国家互联网信息办公室发布《即时通信工具公众信息服务发展管理暂行规定》

2014 年 8 月 7 日国家互联网信息办公室召开新闻发布会，发布《即时通信工具公众信息服务发展管理暂行规定》，规定自公布之日起施行。《即时通信工具公众信息服务发展管理暂行规定》共十条（简称“微信十条”），

对即时通信工具服务提供者、使用者的服务和使用行为进行了规范，对通过即时通信工具从事公众信息服务活动提出了明确管理要求。

“十条规定”主要有以下几个要点：

（1）服务提供者应有合法资质。微信、QQ、微米、易信、来往、米聊、陌陌、时光谱等各类基于互联网，特别是移动互联网面向终端使用者提供即时信息交流服务的应用，都在“十条”管理之列。

（2）时政新闻发布设限。即时通信工具服务使用者为从事公众信息服务活动开设公众账号，应当经即时通信工具服务提供者审核，由即时通信工具服务提供者向互联网信息内容主管部门分类备案。其中，新闻单位、新闻网站开设的公众账号可以发布、转载时政类新闻，取得互联网新闻信息服务资质的非新闻单位开设的公众账号可以转载时政类新闻。其他公众账号未经批准不得发布、转载时政类新闻。

（3）强调保护隐私。即时通信工具服务提供者应当落实安全管理责任，建立健全各项制度，配备与服务规模相适应的专业人员，保护用户信息及公民个人隐私，自觉接受监督，及时处理公众举报的违法和不良信息。

（4）贯彻实名制。即时通信工具服务提供者应当按照“后台实名，前台自愿”的原则，要求即时通信工具服务使用者通过真实身份认证后注册账号。即时通信工具服务使用者注册账号时，应当与即时通信工具服务提供者签订协议，承诺遵守法律法规、社会主义制度、国家利益、公民合法权益、公共秩序、社会道德风尚和信息真实性等“七条底线”。

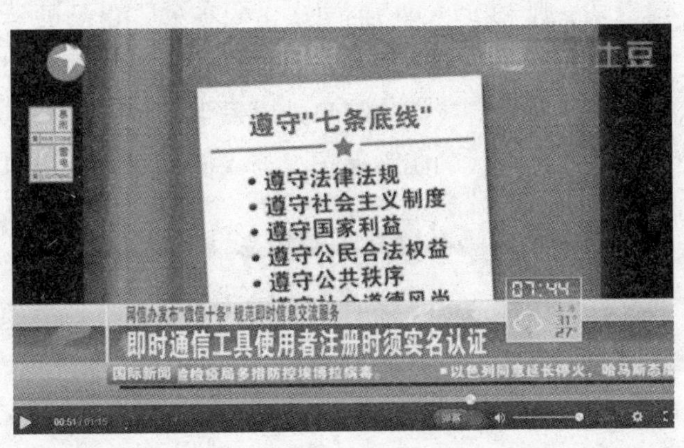

目前，政府及有关部门正在加强监管，已经制定出台了专门针对网络信息传播的相关法律法规及管理办法、网络安全审查制度等，单位、网站、网民等一旦涉及“侵害”“诽谤”“名誉”“公共安全”等，民法、刑法都有相关规定给予法律制裁。

网络参与者一方面要加强自律，恪守法律与道德底线，时刻以法律规定的言论边界约束自己，理性使用新媒体，也要熟知一些法律法规，在受到网络诽谤、侵权等伤害时，坚决拿起法律武器保护自己的合法权益。新媒体时代，营造、维护健康有序的网络环境，人人有责。

第二节　新媒体时代的隐私保护

有人曾经感叹，新媒体时代是一个没有隐私的时代，或者说是一个分不清隐私与非隐私的时代，论坛、邮箱、博客、微博、QQ、微信、网银、网购都留下了我们的信息，浏览、搜索、电话、短信、网聊都留下了我们的“足迹”。循着一点蛛丝马迹，一个人的出生、成长、生活、家人、工作、住址、朋友、秘密、照片、视频甚至声音都可以被找到并公之于众。难道说，新媒体时代我们的隐私真的成为公共信息了吗？

八卦杂志有狗仔队，中介有个人资料售卖员，邮箱有垃圾传播工，博客有匿名检举人，手机有偷拍摄影师，更衣室有电子眼，电视有个人秘密搜查员，网游有公共管理员，私人住宅有广告电视机，搜索引擎有人肉搜索，微信有“附近的人”……新媒体时代我们的私人空间不断被窥探、被惊扰。莫名其妙的推销电话，邮箱、QQ 甚至网银密码被盗，自己的私密视频在网络上疯传……到底是谁出卖了我们的信息？我们的个人信息是通过什么渠道扩散的？这让我们有点不知所措，我们的隐私到底发生了什么？

新媒体时代的隐私保护，与我们的安全息息相关，值得我们每个人深思。

一、个人隐私包括哪些信息

新媒体环境下，随着我们生活、交往环境的变化，个人隐私的内容也产生了变化，出现了许多新的因素。

（一）什么是个人隐私

隐私包括“隐”和“私”两个方面。“隐”当然就是我们不愿意被他人知道（包括被人打听、搜集、传播等）或者受他人干扰（包括侵入、窥探、摄录等）的事情；“私”即是与社会公共事务无关的个人私事。这样综合分析，隐私就是不愿意被别人知道或者不愿意受别人干扰的私人事项、个人信息等个人生活领域内的与公共利益、群体利益无关的禁止他人干涉的纯个人私事。从隐私的含义来理解，隐私具有隐秘不准公开的意思。

（二）个人隐私包括什么

个人隐私包含的内容可以分为以下几类：

1. 个人基本信息

姓名、性别、年龄、籍贯、身高、学历、职业、婚姻状况、家庭成员、身份证号码、指纹、医疗信息等身份识别信息都属于个人基本信息。

2. 个人联系方式

手机号码、住宅电话、家庭住址、电子邮箱、QQ 号码、微信、飞信、淘宝、MSN 等都属于个人联系方式信息。

3. 个人信用和财务资料

信用卡、电子消费卡、上网卡等相关信息，个人收入、财产、网银账号密码、网上交易账号密码、网上理财账号密码等。

4. 身体或精神隐私

疾病、教育背景、心理状况、社会关系、情感、经历、出身、照片、视频等。

5. 个人活动痕迹

包括兴趣、爱好、消费偏好、IP 地址、语音和视频聊天记录、网站浏览记录、娱乐活动内容、网上交易记录、通话记录、短信记录、飞信记录、微信聊天记录等。

二、你的隐私信息被自“曝”了吗

曾经看过一期拐卖儿童的案件专访，记者采访被捕的人贩子：“你是怎么把小孩从幼儿园骗走的呢？”人贩子回答：“我就是每天看他父母的博客，对这娃太熟了，一喊就带走了。”震惊之余，我们是不是该反省一下，在这个网络新媒体时代，我们对自己的隐私做了些什么？遨游在新媒体的信息海洋里，你是不是经常在不经意间就泄露了自己的个人隐私信息呢？

（一）个人主动晒隐私

你是一名“晒客”吗？晒孩子、晒衣服、晒收入、晒心情、晒婚姻、晒经验、晒不满、晒苦恼、晒秘密、晒旅游、晒恩爱、晒幸福、晒工作、晒压力、晒权势、晒地位、晒奢侈……现在网络上的晒客越来越多，晒的内容五花八门，可谓无所不晒无时不晒。自己工作生活中的东西统统放在网络上，与人分享，由人评论，收获的或许是快乐的心情，生活的多彩，朋友的赞美，虚荣心的满足，不满的发泄，压力的释放，矛盾的解决。可是请不要忽视了重要的一点，那就是你还可能会收获意想不到的麻烦、危险与悲剧。

现在很多年轻妈妈喜欢把亲子照或孩子照片发到博客、微博、个人网页、微信、播客上。在微博上晒照片儿，本来只想得到网上博友的祝福，可你有没有想过，微博上的言论、照片、视频等会透露你和孩子的隐私信息，一旦被不法分子利用，后果不堪设想。

因为“晒”而泄露个人和家庭隐私信息，被不良之徒利用从而引发不良后果的案件时有发生。成都一位妈妈把孩子在班级得奖的照片发到网上后，就遭遇了惊魂一刻，不法分子通过这张照片上的内容得知了孩子的班级信息，把孩子骗走并向其家长勒索 10 万元。后来绑架孩子的嫌犯被警方抓获，当警察问他是如何得到孩子信息时，嫌犯说他只是在孩子父母的微博上溜达了一个星期，就对他们家的情况了如指掌了。

用网络记录自己生活的点点滴滴本无可厚非，但是请一定不要忽略了可能会泄露个人隐私的问题。

（二）网购信息泄露

2013 年 11 月大连市民陶女士于 16 日 16 时许在天猫网的两家店铺分别买了 258 元的衣服和 100 多元的鞋子，用信用卡支付完成。当日 17 时左右一陌生男子给陶女士打电话，以支付不成功需要退款为由，套取了她的信用卡账号、有效期及末三位号码，随后陶女士发现信用卡被盗刷 495 元。据陶女士讲，其实她一开始时是非常谨慎的，想到过是骗子，但是该男子准确地说出了她的购物信息，包括姓名、电话、邮寄地址、所购物品、付款方式等，她以为是店家人员或客服人员所以才受骗上当。但让陶女士百思不得其解的问题是，这个骗子是怎么知道她的购物信息的呢？

同样的事情也发生在淘宝买家小张身上。2014 年 1 月 6 日下午，小张在淘宝网的两家店铺分别拍下了两条裤子，付款后很短时间就接到一个显示为河南新郑手机号的陌生来电，一位自称是淘宝客服的男子称刚才付款不成功，需要核实银行账号等资料。小张产生怀疑，挂断电话后立即向两家网店的客服询问，答复是根本不存在该男子所说的问题，所以基本可以确定该男子是骗子。同样令人疑惑的是，他是怎么得到小张的购物信息的呢？并且获取速度之快也令人咋舌。

安徽安庆市的王女士是一位“淘宝达人”，隔两周就会收到或大或小的快递包裹。最近王女士遭遇了一次个人信息泄露引发的骗局。虽说不是网络“菜鸟”，对网络、电信诈骗也有警觉，但她还是一不小心“中了招”。2013 年“双十一”前夕，正上班的王女士接到一个号码是 010 打头的陌生电话，对方准确地报出了她的名字，自称是某品牌化妆品的客服，姓杜，特意对“重要的 VIP

客户”进行回访。这种化妆品王女士曾在一家正规的淘宝网店上购买过几次，对效果比较满意，所以一直使用这个品牌。之后小杜就对王女士展开了推销攻势，几乎天天打电话。不胜其烦的王女士觉得在哪都是买，就订购了一套，小杜很准确地说出了王女士的邮寄地址。化妆品寄过来之后，王女士因为较忙没有现场验货，几天之后打开时却发现化妆品是假冒伪劣，而此时小杜也销声匿迹联系不上了。

因为进行网购隐私信息遭到泄露而导致被骗的网购者大有人在。那么，这些信息是怎么被泄露的呢?

1. 网购时买家信息泄露的几种可能性

关于网购时买家信息泄露问题，有以下几种可能：买家信息可能被“钓鱼”网站或木马、病毒截获；有些卖家为了利益或者和买家之间产生纠纷时，也会泄露买家信息；不排除购物网站泄露买家信息的可能；还有一种可能就是快递公司或者快递人员泄露了买家信息。

2. 因信息泄露遭遇骗局时的一些防范措施

能不能通过现代技术手段追查信息泄露来源呢？到目前为止在具体实施上很困难。那么当我们因为网购信息被泄露而遭遇骗局时，该怎么做呢？一方面希望政府加大对这类诈骗的打击力度，另一方面还是要加强自我保护。网购时个人提高防范意识是最重要的，也是防骗的最有效方法。

（1）网购邮寄地址尽量不要使用家庭住址。网购物品进行邮寄时，最好不要使用家庭地址，可以采用代收或者使用单位地址的方法。即使要使用家庭地址，也不要具体到单元号门牌号，送到小区门口自己去取就可以，虽然麻烦一点，但是安全性却是有保障的。

（2）匿名网购保护隐私。为避免姓名、电话、住址、单位等个人隐私的泄露，在网购时最好采取匿名购买的方式进行。

（3）网购后接到电话要先确认。网购后接到自称是卖家或是客服的电话、网聊、短信等信息时，请提高警惕！不要轻信对方关于卡单、缺货办退款、换货、支付宝故障等说辞，先自己登录官网查看订单状态，并使用官方聊天软件与客服或卖家确认情况后再做决定。利用手机安全软件、通过网络查询号码等，也是快捷方便的自我保护手段。

（4）使用正规、安全的软件，并做好保密工作。网购时一定要使用安全软件，不打开不明链接，注意保密个人信息、账户信息、密码及交易验证码，不要相信通过非官方渠道联系买家的任何行为。

(5)沉着应对各种网购后的信息。不法分子利用网友的购物信息冒称“知己”打来电话，或是假借“网购达人”们熟悉的品牌推销山寨产品。这时更要谨慎，要经得起诱惑，不要有贪念。如果大意购买了，收到货时请立即拆包验货，以便及时发现问题，及时补救。可以立即联系网站客服说明情况并申请退货，因为网购时钱款并不是立即就到达卖家账户的。甚至有不法分子利用获得的网购信息致电买家进行各种恐吓，试图利用人们破财消灾的心理获取利益。这时一定不要害怕、不要慌张，应选择立即报警。

(6)发现信息泄露后的措施。发现信息泄露之后，换掉手机号码是明智之举。因为个人信息与财产关联，一旦获得手机号码与身份证号码，补办 SIM 卡更改关联的支付宝密码就可以实现盗刷，这样的案件已经发生过。

(三)网络注册信息泄露

出于各种不同目的、不同需求，我们要在网络上进行很多方面的注册，在注册过程中必然涉及个人隐私信息。实名制的会涉及我们的姓名、身份等真实信息，即使不是实名制要求的，我们在编造用户名、密码、爱好等选项时，也间接地反映出了我们的性格特征、爱好、经常使用的数字等隐性信息。所以各种注册同样是个人隐私信息泄露的一个重要方面。

婚恋、招聘等网站更是隐私泄露的重灾区，招聘网站倒卖用户履历、社区网站泄露用户注册信息、婚恋网站照片被泄露等事件层出不穷。杭州李女士在某网络婚恋交友平台注册个人信息后，就曾接到婚恋猎头公司来电，声称交数百元即可拿到联系方式深入交往。同样，济南的季女士在某婚恋网站注册个人信息后，竟然收到了大量的保险、卖房、卖车等推销电话，更让她害怕的是，经常会接到一些男性的交友、约会、一夜情等骚扰电话。

婚恋网站的生存发展必须以一定数量的会员为基础，即在掌握大量会员信息之后再根据会员资料现状进行合理配对，所以婚恋网站一般都掌握大量的会员信息资料。这些个人隐私信息资料具有一定的商业价值，不法分子利用掌握的私密信息谋取非法经济利益，就会出现信息被泄露、被倒卖等问题。因此，在进行诸如婚恋交友网站、招聘网站等的信息注册时，大家一定要先仔细分析协议条款，预想到会有哪些隐患与风险，谨慎注册。

(四)使用社交网站、聊天软件时泄露信息

使用社交网站扩大交友范围，使用 QQ 和家人、亲朋好友等沟通交流，使用手机微信随时随地和朋友联络，确实方便快捷，为我们的工作生活带来了方便与乐趣。但有利就有弊，这些同样成为泄露我们个人隐私信息的重要渠道之一。

1. 资料填写翔实泄露个人信息

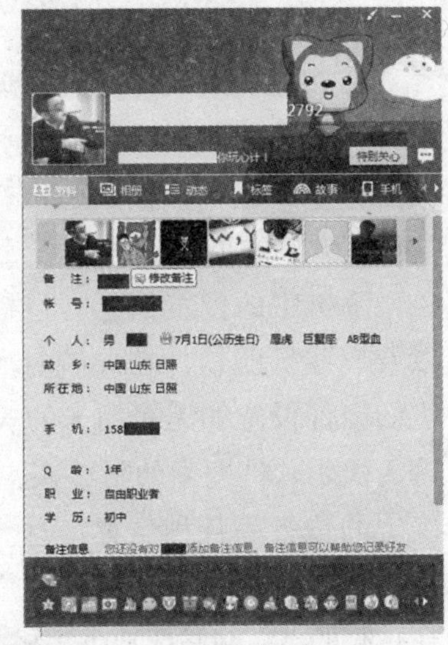

我们在使用QQ时都要填写个人资料。是不是有很多人尤其是年龄段比较低的人群，会把自己的QQ资料填写得特别详细、特别真实呢？答案是肯定的，真实的姓名、性别、年龄、学校、班级、家庭住址、家庭电话、手机号吗、星座、血型、生日、籍贯、职业等所有个人隐私信息，无一遗漏地可以在他的QQ资料里找到。这些直接信息加上个性签名里透露的间接信息,对一个人隐私信息的了解就基本全面了。再拿好多人都喜欢的人人网来说，人人网上填写的资料大多是详细而真实的，因为人人网宣传的最大特点就是“中国领先的实名制SNS社交网络”，再加上我们所展示的个人照片、状态等信息，同样把自己的所有个人隐私信息暴露无遗。

2. 使用过程中个人透露隐私信息

2013年10月14日北京市石景山某小区发生一起入室盗窃案，事主小张家被盗各类物品价值10余万元。11月5日刑侦支队民警将犯罪嫌疑人高某抓获并刑事拘留。据高某交代，自己经常通过微信加一些陌生人为好友，然后主动聊天来获取供自己实施盗窃的一些信息线索。在这起盗窃案件中，高某就是在把事主小张加为好友后，二人通过微信聊天交流时，从小张那里知道了小张的家庭住址等信息，然后趁其不在家中时实施了盗窃。

2008年8月6日中午湖北鄂州市新庙镇派出所接到报警称，该镇茅草村锦华小区谈某家中遭人入室持刀抢劫。民警火速赶至现场，迅速展开外围搜索，将14岁的曹某抓获。5天后在鄂州城区一网吧将15岁的李某擒住，并追回部分财物。事情的起因是谈某14岁的儿子正读初二，在QQ上聊天时跟曹某透露了自己家的住址及家庭状况，即父母白天都在外做事，只有年迈的奶奶在家。8月6日下午1时许，曹某与李某来到谈家用刮胡刀片架在谈某儿子的脖子上进行威胁，撬开卧室一木箱拿走5000元现金和一条金项链逃走，后即被民警抓获归案。

因为在社交网站、即时聊天软件中自己无设防地跟他人透露自己的住址、家庭状况等个人信息，而导致被坏人入室盗窃、人身伤害等案件时有发生，需要引起大家警惕。

（五）手机泄露个人信息

现在大多数人都使用智能手机，这更增加了我们个人信息泄露的概率和数量。我们的手机上存储了包括位置、通信、账户密码和存储文件等大量的个人信息。

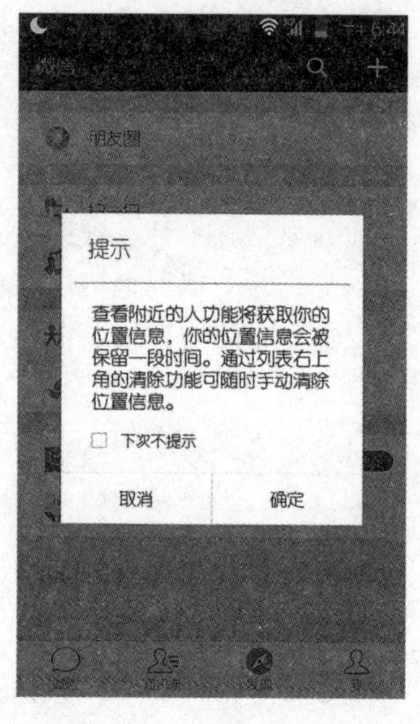

手机中的位置信息，包括自己的实时位置以及一些导航软件在导航时所确定的位置，手机的硬件设施如无线网卡的 Mac 地址，微信等聊天娱乐软件搜索的附近人，使用公共 WiFi 时确定的位置等各种位置信息。账户密码信息包括了银行账户（很多银行账户都是与手机捆绑在一起的）、网站账户（手机邮箱、手机人人、打车、网购等）和一些聊天软件的账户密码（手机 QQ、微信）等。通信信息包括电话簿、通信记录、短信、网上浏览记录等。存储文件信息包括了视频、录音、照片等。

目前，通过手机窃取个人信息从技术上来讲已经没有什么困难。智能手机是基于网络平台的手持终端，跟普通的网络一样会通过各种渠道泄露个人信息。比如用户智能手机安装软件时，窃取个人信息的程序就会随着这些软件安装到手机上；用户在使用手机过程中，手机通信录、短信、记事本等个人信息就可能通过程序传递给开发者，从而造成个人信息泄露；智能手机会感染各种病毒、木马等同样会窃取手机上的个人信息。

三、你的隐私信息被商业组织“曝”了吗

隐私信息虽然属于我们个人，但是里边却蕴含着巨大的政治、经济价值。简单来说，我们日常生活中经常收到的推销电话、垃圾短信、诈骗短信、广告邮件、诈骗邮件、诈骗聊天等，哪一个不是通过获取我们的个人隐私信息之后来获取利益的呢？

有人攻击网站盗取个人信息，有人网上叫卖，有人从中进行倒卖，成千上万的个人信息就这样无声地流动着，并为这些人带来滚滚财富。这个特殊的群

体既有黑客，也有专门从事这项业务的组织。众多社交、招聘网等涉及个人信息的网站，已然成为黑客和商业网站获取财富的新平台。商业组织搜集消费者个人信息的常用手法：

（一）电子邮件

商业组织通过电子邮件搜集获取用户信息的成本很低，获取者大多是网络广告商、垃圾邮件寄发组织或者诈骗团伙等，他们通常直接非法搜集获取或通过网站所有者转卖电子邮箱用户相关资料的方式获取。获取到电子邮件个人信息后，这些组织就可以不费吹灰之力大量发送广告邮件、垃圾邮件、欺骗邮件、反动邮件等，对邮件用户进行网络侵扰，以达到自己的各种目的。

（二）网上个人信息注册

利用网上注册来获取用户个人隐私信息的方式是一种隐性方式。用户进行各种各样的网络注册时提交的各种私人信息，是各种组织极为关注和需要的内容。获取之后他们会进行利用或买卖，来获取各种利益。

（三）在线广告点击

在线广告是收集用户个人隐私信息的重要渠道。众多网站上都有大量的文字、图片、视频等形式的各种广告，在我们浏览网页时，只要点一下网站上的广告，我们使用的电脑 IP 地址就会被记录下来，以后我们再到广告所指向的网站时，我们在该网站逗留的时间、进行的在线活动就会被记录下来，这将为厂家、广告公司等带来数量巨大的信息，为他们以后的生产、销售、推广等带来不可估量的好处。

（四）使用 Cookie 等信息收集文本文件

目前，很多网站比如网易、新浪、百度、谷歌等基本都使用 Cookie 来收集、存储网站访客的信息。Cookie 是一种收集网站用户信息的文本文件，即当你访问一个网站时，它会下载到你的电脑中，是一个含有少量信息的文本文件。之后，此文件在我们每次后续访问后会发送回原始网站，来记录用户的访问踪迹等信息。Cookie 最大的特点是可以记录用

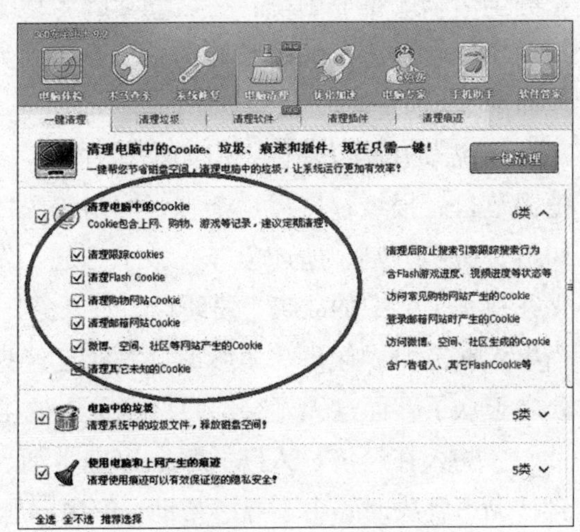

户登录网站时自己输入、提供的所有信息，并将这些信息保存在一个数据库里。拥有了大量用户的 Cookies 后，网站就可以据此来分析网站访客的特点，从而有目的地投放广告等。像 Google、百度、网易、新浪等大型网站，拥有数亿甚至十几亿用户的 Cookies 都很正常，只要经过用户允许，通过正常渠道获取用户的 Cookies 目前是合法的。但是如果贩卖、窃取用户的 Cookies，就是卑鄙的行为了。

个人的隐私信息是一种财产，因此越来越多的商业组织、企业单位等利用向用户提供商品和服务的机会，收集、出售用户信息。中国消费者协会 2013 年上半年投诉统计数据显示，生活、社会服务类，销售服务，电信服务，互联网服务和公共设施服务居于投诉量前五位，其中互联网服务投诉位居服务类第四位，有 8942 件，占投诉比重为 3.4%。消费者反映的主要问题包括个人信息丢失、泄露等网络安全问题，比如网购之后各种商品广告如洪水涌来，网上求职后不断收到各种保险推销信息，注册婚恋网站后频频遭遇“色狼”骚扰……这一切都有可能源于个人隐私信息的被泄露。

四、你的隐私信息被传统媒体“曝”了吗

一位单纯女孩因为感情受挫求助于一档情感电视节目，结果在节目中因为个人隐私信息曝光，失去了本该得到的幸福；在一档节目中，主持人对一名女子是否应生下情人的孩子这事反复追问、求证细节，将本来有可能在私下处理的家庭问题公之于众，结果导致本来就已经岌岌可危的家庭濒临崩溃；已离婚的前妻在电视节目中倾诉前夫和婆婆对自己的“束缚与暴力”，结果导致前夫家庭生活陷入是非困境；一名妇女因为孩子的抚养费问题求助一档电视节目进行现场调解，孩子的隐私被彻底揭开，因为受不了在学校里被同学们议论、指点而离家出走……

都说家丑不可外扬，但如今却有不少人冲破这一禁区，将“家丑”搬到了电视节目、报纸、广播、杂志、网络等媒体上“广而告之”。婆媳矛盾、离婚纠纷、房产分割、遗产争夺、教子难题、发家历程、外遇战火、夫妻矛盾等发生在现实生活中的故事，纷纷以“真人秀”的方式在各种媒体上开演。殊不知，当事人在节目中倾诉、争吵时，其实已经把自己的隐私信息和他人隐私信息都公之于众了，而这无疑会给自己或他人的生活带来极大困扰。

一些人在经济、人际关系、家庭生活、情感问题等方面遇到麻烦或困难而自己无力解决时，出于寻求帮助、解决问题、谋求个人利益或讨个公道的目的，

常常会向媒体求助。很多电视节目也确实为大众提供这样一个倾诉交流、协调帮助的平台，如上海东方卫视的《幸福魔方》、辽宁卫视的《复合天使》、天津卫视的《爱情保卫战》等情感倾诉节目，山东卫视的法制点评节目《说事拉理》、中央电视台的《心理访谈》《忏悔录》等。但在倾诉、协调、交流的同时，节目也将个人及家庭隐私通过电视媒体传播呈现，使其暴露于广大观众面前，带来的种种不良后果可想而知。是当事者们愿意在公众面前暴露、公开自己的隐私信息吗？其实不见得，大多数人的初衷可能是希望通过专家指点迷津来解决自己生活中遇到的困惑与麻烦，但事与愿违，在节目中或被迫或无意识地牺牲了自己的隐私。

同样，报纸媒体上的一些真情倾诉板块，广播中的心灵港湾、心理咨询、夜间谈话节目，杂志上的情感故事等都具有相同性质。我们每个人可能就在不知不觉中，把自己和他人的隐私信息双手奉上，让媒体作为消费内容广为传播了。有人说，电视情感节目好像一个“透明的玻璃房间”，很多人的不幸被赤裸裸地袒露在成千上万的旁观者面前，虽然有些当事人戴上了面罩，但熟悉的人还是能认出来，这将使他们从此生活在阴影中，这并不是危言耸听。

五、你的隐私信息被他人“曝”了吗

（一）人肉搜索

如果你爱一个人，把他（她）放到“人肉搜索”上去，你很快就会知道他（她）的一切；如果你恨一个人，把他（她）放到“人肉搜索”上去，因为那里是地狱。

2006 年 2 月 28 日网民“碎玻璃渣子”在网上公布了一组虐猫视频截图。不久网友“12ookie_hz”把有关“踩猫”事件的网址放在猫扑网，网友“黑暗执政官”在天涯社区上贴出了踩猫女人的照片，做成一张“宇宙通缉令”，让天下网友举报。不少网友自发捐出猫币（猫扑网的一种虚拟货币）、人民币悬赏捉拿虐猫凶手，连猫扑网官方也将赏金从 1000 元涨到 5000 元。2006 年 3 月 2 日上午 10 点 20 分，网友“我不是沙漠天使”在猫扑上发帖：“这个女人是在黑龙江的一个小城……”他的帖子让事件出现关键性转变。3 月 4 日中午 12 点虐猫事件的三个嫌疑人基本确定，三人的身份被明确定位。这就是轰动一时的“虐猫事件”。

2013 年 12 月 3 日晚，在连续发出“第一次面对河水不那么惧怕”“坐稳了”两条微博后，广东陆丰 18 岁女高中生琪琪跳入河中自杀身亡。前一天她曾到一家服装店购物，店主怀疑她偷衣服，于是将监控视频截图发到微博上求“人

肉”。这则“人肉偷衣服女生”的信息立即引起了热烈反响，众多网友纷纷参与“人肉搜索”。很快琪琪的个人信息曝光，被同学朋友指指点点，网上也是一片辱骂之声，年少的琪琪忍受不了这样的屈辱跳河自杀。这就是令人痛惜的“女高中生事件”。

2006年4月的“铜须门事件”、2007年4月的“铁军打人事件”、2008年5月的“辽宁女事件”、2009年4月的“晕机女事件”、2010年9月的“主播门事件”、2014年7月的“上海地铁咸猪手”事件、2015年5月的“四川被打女司机”事件……这些事件无一例外地和同一个词语扯上关系，那就是“人肉搜索”。

1. 什么是“人肉搜索”

所谓“人肉搜索”，就是网民利用一些网站的搜索功能，不断变换输入关键词来搜索目标，或通过一些较受欢迎的网络论坛来交换信息，从被搜索的目标对象入手，搜查其本人及朋友的博客、论坛等，从而找出搜索目标的所在地、工作、背景、详细身份资料等。

之所以以“人肉”命名，是因为它与百度、Google等利用机器搜索的技术不同，更多的是利用人工参与来提纯搜索引擎提供的信息。“人肉搜索”被形象地描述为“人找人、人问人、人碰人、人挤人、人挨人的关系型网络社区活动”“变枯燥乏味的查询过程为一人提问、八方回应，一石激起千层浪”。

“人肉搜索”已经成为独特的网络现象，只要搜寻目标在网上留下过注册痕迹、身份证号码或邮件地址，或与网上论坛里的任何一名网民接触过，就很难逃出“人肉搜索”的追击，因此人肉搜索曾被称为“中国特色的网上追捕”。

2. “人肉搜索”对隐私信息的泄露

几乎每一次的“人肉搜索”完成后，被搜索的目标人都会变成一个“赤裸裸”的人，个人信息包括姓名、照片、家庭、住址、手机、职业、单位等都无所遁形，被搜索者们毫无保留地曝光在公众面前。这种对个人隐私信息的搜索与曝光，无疑会造成个人隐私信息的大范围泄露，对目标人及其家庭都会造成很大伤害，同时也形成隐私侵犯。

“虐猫事件”中，虐猫女主角的大头照片、年龄、籍贯以“宇宙A级通缉令”的形式张贴出来；虐待动物网站的注册信息，该网站域名注册公司的办公地址、办公电话，法定代表人联系方式，甚至是该公司法定代表人的照片、身份证号码、车牌号码、私人手机、大学专业、中学所在地、网络购物记录等重要信息，一览无余地被公之于众。三位当事人的姓名、年龄、职业、地址、家庭甚至是情感生活都被暴露无遗。在“女高中生事件”中，疯狂的“人肉搜索”行为导致“一个花季少女无奈走上绝路”，当地警方立案调查，涉事服装店店主被刑事拘留。

“人肉搜索”引擎是一场充分发动群众的互联网革命，确实在问题解答、网络反腐、网络寻人等方面起过重要作用，但是作为一种工具，“人肉搜索”也需要遵守相关法律法规，不违背社会的公序良俗和道德规范。而作为“人肉搜索”的载体，相关网站无疑要承担更多的社会责任，去提炼和萃取“人肉搜索”获得的资源，约束不当言论和行为，维护网络搜索平台的秩序，让“人肉搜索”能够通过互联网健康、规范地发展，最终服务于社会。

（二）你被偷拍、偷录了吗

在地铁里、公交车上、火车站、飞机场、餐厅、图书馆、公园等公共场所，我们经常会看到一些人把玩自己的手机。你可曾想到过，手机中的摄像头可能正在拍摄眼前的画面，而主角很可能就是毫无知觉的你，等到突然在网络上发现了自己的照片、视频时，你会惊讶地大叫：“我的照片怎么跑到网上去了？”

随着拍照手机的技术逐渐成熟、功能日趋丰富、价格平民化，越来越多的人开始与拍照手机如影随行。拍照片、录像都变得像发短信一样简单，并且轻指一弹就可以发送、上传。我们人人都可能成为他人镜头中的风景，并在不知不觉中为更多人观看。可恶的是，许多不法分子会利用智能手机等先进的偷拍工具，做出很多偷窥、窃听、偷拍、偷录他人隐私和传播偷拍、偷录的他人隐私照片、录像、录音的行为。尤其是女性被偷拍身体隐私的概率更高，这种偷拍行为也更为可恶。商场、电梯、马路、更衣室、公共浴室、公共洗手间等都是女性被偷拍较多的场所，偷拍内容被传到网上的事件也屡见不鲜。偷拍并传播偷拍内容的行为严重威胁甚至侵害了公民私生活的安全和隐私权利。

江苏南京市的王某和李某到桑拿浴室洗桑拿，两人躺在椅子上玩手机。李某拿着自己的手机四处拍摄，并不断把拍摄的照片发送到王某手机上。浴客沈某见王、李二人不停地拍、笑，便凑上去看，不料映入眼帘的正是自己的“全裸写真”，这令沈某火冒三丈，开始砸手机，继而三人打成一团。

山东某城市一位张姓男士在聚餐时展示自己带拍摄功能的手机，屏幕显示的竟是20多张女性裸照：有背面、侧面的全身照，也有不同部位的特写，还有正在脱衣服的照片。原来张某的女友在一浴池更衣室当服务员，她把张某的手机带进更衣室，趁女浴客不注意偷拍了这些照片。张某竟扬言有机会会把这些照片卖给黄色网站，“肯定能大赚一笔！”

2007年5月各大论坛上流传着一篇《触目惊心！“湖北恶男”暴打怀孕未婚妻全过程》的帖子，并附带数张暴力场面的照片，展示湖北襄樊汉江边一半裸男子殴打自己孕妻的过程。此帖子在网上迅速传播，结果被拍者和偷拍者都被称为“恶人”。

出于公共利益、公共安全考虑，或者为了打假等，偷拍行为是合法的；出于不正当目的使用偷拍照片的行为是违法的。即使是一个本来无意偷窥别人隐私信息的人，当他习惯性地用手机拍下所见到的一切，并上传到网络平台进行大范围扩散之后，同样会带来意想不到的后果，因为这可能会侵犯别人的个人隐私，严重者甚至会无意中拍摄、传播危害国家安全的信息。

除了偷拍者、上传者、传播者要提高法律意识，加强道德约束外，作为可能被偷拍的人群来讲，同样要提高防范意识，警惕手机背后的“眼睛”，如果发现被偷拍或被上传造成恶劣影响，可以拿起法律武器捍卫自己的隐私权。

（三）你被曝光了吗

实名网络曝光一些官员腐败堕落、贪污受贿、滥用职权等违法犯罪问题的事例接连不断。一起起网络曝光事件在社会上激荡起波澜，其中一些案件得到有关部门的迅速回应、及时查处，赢得公众交口赞誉，像“表哥”杨达才、不雅视频主角雷政富等的被查处都源于网络曝光方式。早在2009年10月，《中国青年报》社会调查中心通过民意中国网和腾讯网进行的一项在线调查就显示，公众参与反腐最愿意用的渠道就是“网络曝光”。网络曝光方式用于惩处那些不法之徒自然大快人心，但是用于普通网民间的一点小纠纷，甚至只是观点上的一点不一致，或者是内心对某个人的怀疑与不满，就明显不合适了。用网络曝光他人隐私信息的方式发泄自己的不满，轻则对他人生活造成麻烦，重则侵犯他人隐私权与名誉权，触犯法律。

2014年11月，四川成都女子贾某因为与肖姓闺蜜吵架，竟被对方将偷拍的裸照上传到有近百人的微信朋友圈进行传播，贾某要求对方删除被拒后报警救助。2005年6月北京的李先生手机号被人以交友和租房名义发布到网上，频频受到陌生人骚扰。崇文警方调查发现信息发布者是曾与他发生纠纷的景先生。景某的行为干扰了他人正常生活，按照《中华人民共和国治安管理处罚条例》第二十二条第五款规定，警方对景某处以10天拘留。2011年江西抚州临川区市民吴某因发表一则微博与网民“透明杨小喵”（抚州名人雕塑园管理部门的职工杨某）展开口水仗，后杨某在网上公布了吴某的真实单位、姓名、手机号，并发布了一些包含损害名誉内容的文字。2011年12月27日吴某向法院提交民事诉讼，临川区人民法院受理了这起诉讼，这就是江西省首例微博维权案，案件的重点自然是杨某涉嫌侵犯吴某的隐私权和名誉权。

六、个人隐私信息的潜在价值

用户隐私信息的潜在价值有以下几个方面：

（1）用户的邮箱、MSN、QQ等是网络宣传营销的重要途径，贩卖用户的这些信息可以获取经济利益。

（2）利用用户的照片、上网习惯等做出分析，然后进行精准营销，也是获取用户隐私的价值。

（3）获取用户隐私信息后，再进一步攻破用户的网上银行或支付宝等盗取钱财。

（4）以诈骗、敲诈等犯罪活动为目的进行的用户隐私信息搜集，可以为犯罪活动提供便利。

七、隐私信息泄露的危害

个人隐私信息泄露后的危害极大，可概括为以下几点：

（1）垃圾短信源源不断。这已经是非常普遍的事，从央视已经连续在两个“3·15”晚会上将垃圾短信进行曝光就可窥见一斑了。

（2）骚扰电话接连不断。本来只有朋友、同学或亲戚知道的电话，却经常有陌生人打过来推销保险、装修、婴儿用品、卖车等。他们自动找上门来，我们可能还在纳闷他们怎么知道我们的电话呢，殊不知我们的信息早被卖过多少回了。

（3）垃圾邮件铺天盖地。个人信息被泄露后，电子邮箱会收到大量垃圾邮件，各种广告、不法信息等乱七八糟的什么内容都有。

（4）冒名办卡透支欠款。个人隐私信息泄露后，不法分子利用这些信息可以在网上骗取银行信用，从银行办理出各种各样的信用卡恶意透支消费，但银行会将这些账都记到真正的主人身上。

（5）案件事故从天而降。不法分子可能利用你的个人信息办个什么身份，干些坏事，如果犯了什么案或发生什么事故，公安机关或交通管理部门可能会依据身份信息找到你的头上，就算最后查清楚了也会把你搞得精疲力竭，导致个人名誉无端受毁，心灵受到莫名伤害，这些都是信息泄露惹的祸。

（6）坑蒙拐骗乘虚而入。因为知道了你的个人信息，不法分子会想尽办法进行坑蒙拐骗。各种电信诈骗，冒充亲戚、朋友、同学借钱等是最为常见的方式，稍不留神可能就会落入坏人圈套。

（7）账户钱款不翼而飞。不法分子办一张你的身份证，挂失你的银行账户或信用卡账户，然后重新补办你的卡，再设置个密码，如果你长时间不用卡，里面的钱款说不定已经不翼而飞了。

（8）为刑事犯罪提供方便。因为信息泄露而导致恶性事件发生的也不在少数，孩子被绑架勒索，家中被盗，入室抢劫、强奸等案件都曾发生过。

八、个人隐私权

（一）什么是隐私权

隐私权是指人们享有的私人生活安宁与私人信息秘密依法受到保护，不被他人非法侵扰、知悉、收集、利用和公开的一种人格权，而且对他人在何种程度上可以介入自己的私生活、对自己是否向他人公开隐私以及公开的范围和程度等具有决定权。我国宪法规定，公民的隐私权受法律保护。

（二）个人隐私权的内容

1. 个人隐私保密权

对自己的隐私进行保密，不让他人知晓是隐私权的首要权利。一般情况下，个人有权对自己的身体缺陷、身体状况、信仰、特殊嗜好、财产状况、婚姻状况、家庭生活状况、个人日记等进行保留，不让他人知道。法律保护这种保密权，他人不得非法干涉别人的隐私保密权。

2. 在合法范围内拥有隐私支配权

在合法范围内对个人隐私进行支配的权利，如将自己的某种嗜好进行公开、将自己个人或家庭生活方面的有关内容进行公开，同意他人将自己的某种隐私进行合法利用，如拍成电影电视，或者用个人的生活资料撰写自传、小说、戏剧等，利用自身形象或形体供绘画或摄影需要等，都属于个人支配自己隐私的行为。但是这种隐私支配权不能滥用，使用时不能违反法律法规规定，不能违背社会道德风俗，不能侵犯他人权利等。

3. 个人通信自由与通信秘密权

个人有权对个人信件、电报、电话、传真、电子邮件、网络聊天及其他形式的通信内容加以保密，禁止他人非法窃听或窃取。在新媒体时代，信息处理及传输技术的飞速发展，使个人通信的内容可以轻而易举地被窃听或窃取，因而保障个人通信安全已成为隐私权的一项重要内容。

4. 个人在隐私权被侵害时有司法保护请求权

个人隐私权受法律保护，当其隐私权被他人以披露、干涉、干扰、传播等方式侵害时，有权向司法机关寻求保护，请求侵权者进行赔偿。

九、新媒体时代隐私侵权的一些表现

新媒体时代公民隐私的内容不断扩展，网络隐私权侵害成为新的侵害方式。

（一）个人侵权行为

目前，很多网民还缺乏正确的观念与引导，会在网络平台上不负责任地猜测和推理，如进行“人肉搜索”并将得到的消息再次传播，造谣、传谣，观点产生分歧进行微博骂战时公卅他人信息等行为都属于个人侵权行为。个人隐私信息在网络平台上的传播，会像滚雪球一样迅速成倍地传给很多人，而在这一过程中事件当事人的信息资料被公开，严重侵害了当事人的合法权益，可能会造成严重后果。

（二）木马、黑客对公民隐私的侵犯

黑客传播木马在当今已经形成完整产业链，黑客利用木马病毒植入到网站，使网站瘫痪，借此来窃取游戏账号、银行卡账号、虚拟货币等，甚至有些黑客可以从用户的电脑中窃取一些私人信息，从而导致用户的财务或隐私丢失。

（三）网络机构对公民隐私权的侵犯

我们大多数人都只是一个普通网民，对于网络仅仅限于使用层面，所以与专业网络技术人员相比，普通人处于弱势地位，网络高手对我们的个人隐私信息可以信手拈来，而我们却一无所知。这同样是造成我们隐私信息被侵犯的问题之一。因此网络机构及网络高手个人要有职业操守和职业道德，规范、合法操作。

我们通过论坛、社交网站或者微博、微信上传个人信息或与好友交换信息，也会给一些不法分子下手的机会。另外，一些公司设立局域网监测员工工作时，员工的个人隐私被暴露在局域网上，也会造成信息泄露产生侵权。

（四）侦察机构的电子证据搜集对公民隐私权的影响

网络时代，侦察机构办理案件同样需要网络。侦察机构搜集公民个人信息整理为电子数据传到侦察网络上，以便及时调取。同时民间的一些侦察机构也通过多种渠道来搜集公民信息。这些公民信息都涉及公民隐私，在搜查证据时就有可能侵犯到公民隐私权。

十、为隐私信息带好护身符

有隐私才有安全，因此新媒体时代我们必须为自己的隐私带好护身符。

（一）“晒”之有度

网友利用微博、QQ空间、朋友圈等晒行程、晒幸福、晒孩子的同时，个人隐私在不知不觉中被外泄，个人信息过度暴露在网络上，可能给个人及家人带来安全隐患。警方提醒网晒幸福要有度，否则鼠标轻轻一点就给坏人带来可乘之机。

“晒者无心，看者有意”，家长高调微博晒娃却惹祸上身的案例越来越多，我们大家也该反思一下微博晒娃、晒幸福的尺度问题了。其实不是不可以晒娃、晒幸福，聪明的人知道晒什么、怎么晒。可以晒一些无关紧要的东西，不要过分详细地在微博上写明自己的家庭情况、住址等重要信息，要提防居心不良之人获得隐私信息。网民要有足够的自我保护意识，要清楚地知道隐私权是掌握在自己手里的。

（二）注册时不要填写详细个人信息

我们的个人隐私信息泄露，无论他人或机构是通过技术盗取还是搜索整理网络个人资料得来，仔细追究这些信息的来源，其实很大一部分信息都是我们曾在注册时详细填写过的。除了网银等必须填写真实详细信息的服务外，在进行文档获取、邮箱、QQ、在线观看、微信等注册申请时，一方面要仔细阅读注册条款中的内容，尤其是关于隐私信息保护的内容，另一方面尽量不要填写过于详细、真实的个人信息（在目前没有实行网络实名制的条件下）。很多网友在填写密码提示时会用诸如“孩子的生日”“孩子名字”“爸爸的职业”等，实际上也间接泄露了个人隐私信息。

（三）在经常上网的电脑中安装个人防火墙，不轻易安装和接收不明软件

为防止个人隐私信息被盗取，我们需要在经常上网的电脑中安装个人防火墙，不要轻易接收和安装不明软件。在浏览网页遇到输入个人信息的要求时要谨慎，不要随便在不知名网站上留下个人信息，防止被不法分子利用。另外在

上某些网站时会出现一些提示性的选项，也要慎重选择是否下载或安装。

（四）关闭使用软件中可能泄露隐私的功能

如微信里“允许陌生人查看10张照片”是系统默认开启的，启用“附近的人”之后，可以查看到附近开启了该功能微信用户的头像、个性签名和距离等信息。为了保护隐私，要点击“清除位置信息并退出”，并关闭“允许陌生人查看10张照片”这个功能。或者不要在固定地点反复查找附近的人，要随时变换位置，让不法分子无法及时锁定你所在的位置。

（五）在聊天软件中设置信息浏览权限

比如使用QQ聊天工具时设置QQ空间访问权限：哪些用户能查看日志、相册、说说、分享和视频，是对所有人可见还是仅QQ好友可见，还是只有自己可见，我们可以按照自己的需求来设置。使用微信时可以在隐私设置里关闭“把我推荐给QQ好友”“通过QQ号搜索到我”“通过手机号搜索到我”功能，其他人只能通过微信号找到自己。开启QQ、微信等聊天软件中的“加我为朋友时需要验证”功能等。

（六）为网络好友添加备注名以便于识别

在使用邮箱、QQ、微信、飞信时，我们都会存储很多联系人、好友，为防止被别有用心的人冒充行骗，最好的方法就是为其添加备注名，既便于我们识别又不会被冒充，同时还可以区分很多垃圾邮件。

比如使用微信时，因为微信账号的头像和昵称可以随意设置，没有唯一性，因此若有人要冒充他人的微信号码是非常容易的。别人可以下载你的头像并把图片上传为他的头像，把昵称改成你的名字，然后冒充你去和手机通信录中的朋友对话，还可以从一开始就冒充你让别人加为好友。若是被“李鬼”们冒充身份行骗，结果可想而知。为避免这种事情的发生，为好友添加备注名是解决此类问题的最佳方法，因为备注名永远不会变。

（七）网购信息填写不能太详细

网购时留下的地址以能收到包裹为宜，不要将信息写得过细，如只留下小区地址而不要具体到楼号、单元和房间号的信息。如果可以，尽量采用送到单位或者代收的方式。

（八）慎加陌生人

社交网站不要随意添加陌生人为好友，定期修改密码保障账户安全，还需要定期检查好友名单，遇到无共同好友的陌生人需要格外谨慎。使用邮箱时，不要回复向你索取个人信息的不明电子邮件，不要拨打电子邮件中的陌生号码，不点击陌生人发给你的网址、链接等。

（九）不泄露他人隐私

在保护好个人隐私信息的同时，也要尊重别人的隐私信息。

（十）慎用公共无线网络

在公共场所用免费的 WiFi 也可能让你一不留神掉入“陷阱”。曾经有过因为在公共场所连接免费 WiFi 而导致手机上网用户的个人信息和密码（如网银、股票账户、密码等）被黑客盗取的案件。这对大家也是个警醒，免费的无线网络（尤其是来路不明的）还是少蹭用为好。即使使用也要提高警惕：选择运营商网络相对安全，核对清楚接入点名称后再上网，不要设置自动连接无线网络，公共网络环境中尽量不要打开网银等重要账号，不要随便点击弹出页面。

所以，在铺天盖地的 WiFi 环境中，在方便快捷的同时也别忘记保护好自己的隐私、个人信息和财产安全。

（十一）不要见码就扫

2013 年“3 · 15”中国消协明确给出警示：不要见码就扫!

广大市民应在手机上安装二维码检测工具，这种工具会自动检测二维码中是否包含恶意网站、手机木马或恶意软件的下载链接等安全威胁。养成良好的二维码使用习惯，不盲目扫描来历不明的二维码。手机二维码在线购物、支付更要谨慎，要看清网站域名，不要轻易点击反复自动弹出的小窗口页面；如果手机和银行卡绑定，不要在银行卡内储存过大数额资金，避免发生连锁反应。

（十二）发现信息被泄露怎么办

一旦发现自己的隐私信息被泄露并传播，受害者应及时记录相关信息（如网页截图等），为有关部门的调查工作提供有价值线索。使用微信等遇到身份被“假冒”的情况，可以提供有效证件和对方的微信号递交客服处理。在遇到个人信息被人窃取的情况时，如果造成损害或严重影响到个人生活，应及时报警。还应向信息发布网站申请删除隐私信息，以免造成更严重后果。

十一、隐私权保护建议

随着科技的进步，特别是电子信息技术发展和大众传播对人们生活的进一步影响，网络的公开化使公民信息面临着“被”公开的危险，然而隐私权是事关我们个人利益的事情，公民隐私权的保护问题得到社会各层次、各行业越来越多人的关注，人们也提出各种见解来维护自身的隐私权。

首先，需要公民自身树立保护个人信息的意识。不随意把自己的信息传播给他人，及时更新电脑内的杀毒软件，查杀木马，养成良好的软件使用习惯，不浏览不健康网站，不随意在网上注册用户信息，提高安全意识。

其次，需要有关部门建立健全网络信息规范。有关部门明确自己的任务，对网络运营商制定相关政策，设立专门管理机构，明确提出网络运营商与用户之间的权利与义务，及时对网民的合法权益给予保护，加强对私人数据的保护。

最后，建立惩戒赔偿制度。制定明确的惩罚制度，在公民隐私权受到侵犯时，要及时帮助公民挽救私有信息及财产，尽量把损失降到最低。同时明确指出侵权者应当承担的责任，受害者可以拿起法律武器维护自己的合法权益，更好地保护自己的隐私权。

新媒体时代我们越来越难区分私人空间和公共空间。社交网络和智能手机受到追捧，就在于其能够给我们提供一个随时随地展露自己的平台，我们沉浸其中，全然不知各种隐藏的危机和陷阱已经悄然而至。听到某网站搜集个人隐私信息，会有无数人跳起来尖叫反对，但与此同时，无数网民又自觉主动地不断上传自己的隐私信息到各种新媒体平台，从照片到住址，从工作到家人，无所不传。如果说利用各种新媒体手段搜集个人信息引发民怨的话，那么上传个人信息的网民无异于自投罗网，将自身置于抢劫绑架、诈骗勒索、尾行强奸的潜在危险之中，就像告诉犯罪分子：我在这里，你来找我吧。

在新媒体时代泄露我们个人信息更多的应该是来自于运营商、银行、保险公司等能够大规模接触个人信息的组织机构，各个新媒体网站也有不可推卸的责任。随着网络的普及和实名制的推广，我们的个人账号和个人信息越来越多地集中在网络企业中，邮箱、网游、微博、微信、网站等都有可能借助我们的个人信息牟利。黑客对个人信息的窥视更是不可小觑。对我们的个人隐私信息形成巨大威胁的还有我们自己，不管是无意识还是有意识地泄露，都会给我们带来很多困扰。

因此，新媒体时代保护好个人隐私信息，实际上也是在保护自己和家人的安全。同时，公众在要求别人保护自己的隐私权的同时，也要尊重他人的隐私权，这样才能更好地维护网络隐私安全，让新媒体时代的媒体发挥应有的力量，造福社会，继续给我们带来方便、快捷、及时、准确的社会信息。

第三节　新媒体时代远离垃圾信息骚扰

新媒体时代，人们遨游在信息的海洋里，享受着海量、方便、快捷的信息服务。但同时，新媒体时代也是被垃圾信息骚扰的时代。在大量鱼龙混杂的信息面前，人们往往来不及甚至懒得分辨，只凭固有印象和错觉选择那些符合自己想象、吸引眼球的信息，盲信盲从，这让垃圾信息的传播更是铺天盖地、变本加厉。辨别、选择真实有用的信息为己所用，远离垃圾信息骚扰，应该成为新媒体时代每个人的能力和素养。

一、各种垃圾信息

（一）垃圾短信

1. 垃圾短信的种类

据《中国青年报》社会调查中心2013年的调查显示，92.4%的受访者表示自己平均每天都会收到1条以上的垃圾短信。垃圾短信的类型中，房产推销类最多，占57.9%；其次是诈骗信息，占41.7%；排在第三位的是银行保险、金融理财类，占41.4%；排在第四位的是发票销售，占37.7%；排在第五位的是商场店铺促销信息，占36.5%；其他依次是教育培训34.4%，贷款服务31.0%，电商广告29.8%，证券销售24.8%，留学移民、教育培训类17.0%，学历买卖16.9%，育儿服务11.8%，色情违法信息类2%等。①

2. 垃圾短信的产地

由北京地区网站联合辟谣平台进行的《2013上半年垃圾短信报告》显示，2013年上半年全国垃圾短信总量超过2000亿条。中国大陆的垃圾短信主要产自广东，以25%的比例成为当之无愧的冠军，紧追其后的是北京占9.21%，再次是湖南占7.17%，浙江、陕西等省份“产出”的垃圾短信也非常多。垃圾短信来源最多的10个地区，占了全国垃圾短信发送量的72%。②

遭受垃圾短信骚扰的地区中，以经济发达地区受骚扰最为严重。其中北京成为受垃圾短信骚扰最多的地区，每个用户平均每天会收到2.28条垃圾短信，上海、湖南、江苏、河南、天津、吉林等地的用户平均每天都收到两条以上垃圾短信，装修房子、按摩、黄段子、商场打折、房产广告，甚至贩卖黑车、走私毒品、开具假发票、诈骗……各类垃圾短信应有尽有。

3. 垃圾短信的“制造”

垃圾短信的来源：某些趣味低下的人传播黄色短信以取悦他人；一些不法

---

① 使用数据来自于《中国青年报》，《最严实名制推出满月 81.1%的人认为垃圾短信无明显减少》，记者向楠，2013年10月8日07版。

② 使用数据引自北京地区网站与辟谣平台发布的《2013上半年垃圾短信报告》，2013年11月。

分子利用短信诈取钱财；“短信群发公司”提供短信群发服务，进行各种广告推广，赚取钱财。

现在群发短信主要是通过两种途径：一种是 SP（增值服务商）通过移动或联通分配的通道进行群发。用这种途径发出去的短信，在通过电信运营商的网关时会形成一个虚拟号码，这个号码在接收者手机上会被显示成一个手机号，但这个号码永远也不会被打通。通过这种途径发送的“广告短信”主要是一些正规企业发送的企业广告信息。

另一种是通过一种被称为“短信猫”的设备进行群发，这种设备只要插上手机卡就可以自行群发短信。每台机器上可以插多张短信套餐卡同时发送，一个小时就可以发送几千条短信。用“短信猫”发“广告短信”的一般都是办假证的或是那些想骗取手机用户信用卡信息的人。“短信群发公司”都会提供这种发送途径的服务，只不过会对后一种谨慎一些。

4. 垃圾短信泛滥的原因

（1）成本低、利润丰厚是垃圾短信泛滥的经济原因。短信成本只需要几分钱左右，运营商可得到丰厚利润，客户可以节约成本。

（2）限制少、方便发送是垃圾短信泛滥的重要原因。短信可以不经相关部门批准进行群发。

（3）缺少管理和监督，是垃圾信息泛滥的现实原因。相关部门对群发短信没有采取有效对策，甚至听之任之。

（4）没有制定相关法律和监管缺失，是垃圾短信泛滥的法律原因。现在对垃圾短信的处罚缺少法律依据，监管方面存在缺失。

5. 垃圾短信的发布与渠道

看似杂乱的垃圾短信的发送其实也有规律，每天上午 10 时左右是一天中垃圾短信最集中的时候，每周五则是一周中垃圾短信最活跃的时间。尤其是广告促销类短信会在周五集中发布，以增加接收者在周末网购或访问商家的概率。

据统计，垃圾短信发布渠道中，“106”号段最多，然后是固定电话，再是手机。因为“106”开头号段是工信部发放给电信增值服务提供商持有的、专门用于短信群发的号段，一方面此类企业会给用户群发广告信息，另一方面这些电信增值服务提供商将号段出租或出售，用于各类广告促销短信的群发。

2013 年北京地区网站联合辟谣平台发布《2013 年上半年垃圾短信调查报告》指出，垃圾短信 1 月份接收量最多，之后开始下降，到 4 月份达到一个新的峰值，据分析，这与 3、4 月份爆发的电商大战有关，以至电商们通过短信对手机用户进行广告轰炸。

6. 垃圾短信的危害

（1）垃圾短信的到来不分时间，影响人们休息，有的短信内容恐怖血腥、低俗不堪，这对于被动接收者来说是一种视觉污染，影响身心，久而久之会侵害手机用户的健康。垃圾短信涉及广告、色情、报复、诈骗等各方面，会侵害他人通信自由，扰乱他人安宁生活，令诈骗案件增加，败坏社会风气。

（2）垃圾短信促进了非法 SP（信息服务）的发展并形成产业链，使正规 SP 的发展受到挤兑，危害其发展。

（3）造成信任危机，危害社会团结稳定。民众受到垃圾短信骚扰，对社会产生不信任感，从而造成信任危机，这将危害社会的团结稳定。

（4）侵犯个人隐私。由于垃圾短信是通过手机发送的，手机号码属于个人信息，垃圾短信发送者通过非正当途径获取他人手机号码，并不断发送一些垃圾信息，严重侵犯了手机用户的个人信息。

（5）败坏运营商的形象和品牌。垃圾短信与运营商有一定联系，垃圾短信必然败坏其形象，令民众对运营商产生不信任感，从而败坏运营商的品牌。

（6）特别值得注意的是黄色短信对青少年的不良影响。这些粗俗不堪的黄色内容对于身心尚未发育健全的青少年来说，无疑是一种极大的诱惑和侵害。

（二）网络信息垃圾

1. 网络信息垃圾的特征

打开邮箱，发现收到了一堆没用的广告邮件，甚至其中还掺杂着某些不法分子发送的反动邮件；用淘宝旺旺购物后，大量的各类商品广告蜂拥而至，让你不胜其烦；上网浏览新闻资讯，查找专业知识，打开的链接却是各种“钓鱼”网站、色情暴力网站、广告宣传网站……诸如此类的网络垃圾信息，是每个网民都会遇到的烦心事，这些闹心的垃圾信息让人深恶痛绝。

众多网民深恶痛绝的“网络信息垃圾”主要包括谣言信息、色情信息、暴力信息、怪异信息、低俗信息、恶搞信息、广告信息、反动信息、交友信息、

诈骗信息等。网站检测结果显示，高达 21% 的企业邮件都是垃圾信息。

2. 网络信息垃圾的危害

信息垃圾给整个社会和其信息资源应用处理带来了极大危害，已经成为信息社会的一大公害。

网络信息垃圾造成网络生态环境恶化，首先表现的就是诚信危机。其次是造成网络信息系统恶化。网络带宽资源有限，如果滥用这些资源，就会造成“网络生态环境恶化”。网络信息垃圾在网络中肆意横行不断扩张的过程中，还会造成侵犯知识产权、侵犯个人隐私，对个人、社会团体及企业的经济侵犯等破坏性影响。如垃圾邮件对企业的最大危害是造成企业资源的浪费：一方面垃圾邮件会占用企业的硬件资源，比如占用网络带宽，造成邮件服务器拥塞，进而降低整个网络运行效率；另一方面是降低员工工作效率，根据测算，平均每处理一封垃圾邮件会耗费员工 30 秒时间。

二、远离垃圾信息的策略

（一）对信息进行检验

如何判断收到的信息是否是垃圾信息呢？这需要广大手机用户或广大网民对垃圾信息具备基本的检验能力。我们经常利用三种方法对获取的信息进行检验，即来源检验、逻辑检验和常识检验。

1. 来源检验

获取的信息究竟是正常信息还是垃圾信息，我们首先可以通过信息的来源进行判断。就拿垃圾短信来说，一般情况下我们经常联系的熟人都有备注名，短信发过来可以直接显示发送者。而一些广告短信、诈骗短信等则都是陌生号码，这时候结合短信内容再来判断一下，基本就可以确定是有用信息还是垃圾信息了。比如林先生的手机收到的信息发送号码为 10655020056 5，短信内容为“通知：资深外教一教一学英语，让您迅速开口说英语！儿童、成人零基础，3 至 6 个月即可基本交流没问题”，不用打开，瞄一眼号码就知道是广告短信了。

2. 逻辑检验

现在的各种垃圾信息伪装得越来越隐蔽，尤其是一些诈骗短信更让人很难区分，这时候仅凭来源判断就有点难度了，需要进行逻辑检验，从逻辑上来判断信息内容的真实性和有用性。比如王女士曾收到这样一条短信：“你好，我是房东！我在外地，请你把这次房租存到我爱人农行卡上，卡号为 622848119***。”对于这样一条短信，如果王女士根本没有租房住，自然很容易判断是一条诈骗短信。但

巧合的是，王女士为了孩子上学方便在孩子学校附近租了一处房子居住。这个时候就需要冷静地判断一下是不是诈骗短信，当然最好的方法就是与真正的房东直接联系来确认一下信息的真假。

3. 常识检验

有些信息虽然伪装得很真实，但是会有很多常识上的错误，或者符合一定的垃圾信息规律，这时我们可以运用常识检验方法来判断信息是否属于垃圾信息。比如在某公司上班的王先生和办公室同事办的手机是连号，上班的时候如果一个人手机先响了，跟着另外几个也响了，那就根本不用打开看，肯定是按照一个号段统一发的广告。

（二）做好“三防”

针对垃圾信息问题，广大手机用户尤其是智能手机用户要做好“三防”准备，即防垃圾短信、防恶意软件、防手机病毒。智能手机用户一定要安装病毒查杀软件，可以有效识别垃圾短信、恶意软件、病毒等，对响一声挂断的诈骗电话、各种推销短信、暴力色情信息等都能够有效进行屏蔽。另外，用户还要对电脑、手机等定期进行清理和查杀。

（三）启用媒体设备的信息过滤功能

对于网络不良信息的过滤，目前已经有多种过滤途径。

1. 通过运营商过滤各种不良信息

这种过滤手段的实现，就是网络运营商直接在宽带网络的路由器端设置不良网站过滤标准，用户不需要在个人电脑上做任何设置或修改，也不需要安装终端软件，通过一个指定账号拨号上网就可以实现。这种过滤手段可以屏蔽色情、暴力、毒品、赌博、邪教等不良网站的信息内容，从源头上封堵不良信息内容，减轻用户被骚扰的困扰。缺点是它只能过滤部分已知不良网站，并且需要按月付费。

2. 通过电脑厂商过滤不良信息

品牌电脑厂商针对家庭电脑所推出的一些内置不良信息过滤功能，也就是电脑厂商在电脑中预装了不良信息过滤软件，我们可以通过购买这些品牌的电脑来实现垃圾信息过滤与屏蔽，从而减少垃圾信息骚扰，尤其是可以避免青少年受网络不良信息危害。我国从 2002 年开始，网络文明工程委员会就实施了这样的“绿色计划”，推行“网络文明工程绿色电脑”生产服务体系。但很多人尤其是家长由于对此了解程度低、对不良信息危害认识不够、电脑操作水平低、嫌电脑价格偏高等各种原因，没有进行选择。通过电脑厂商内置不良信息过滤设备的方法，避免了软硬件销售环节的脱离，同时还可以得到电脑厂商在售后服务中的指导，是一种行之有效的方法。

3. 通过网络应用程序过滤不良信息

有些网络应用程序如WEB浏览器、搜索引擎、电子邮件、新闻组等本身附有不良信息过滤功能，用户可以通过自行设置来过滤不良信息。比如IE浏览器的内容分级审查功能就是利用内容分级过滤方法来过滤不良信息。用户自行设置的方法：打开IE浏览器，从菜单的“工具栏”进入“Internet选项”，再从“内容”中点击“启用”，就可以看到分级审查页面。其分级向度为性、裸体、语言和暴力。用户可以根据自己的需要来设置，即可达到过滤不良信息的目的。这种过滤不良信息的设置使用非常方便。

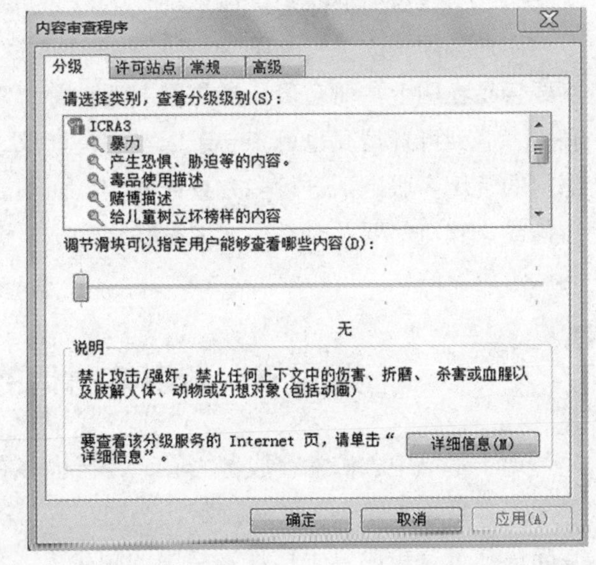

4. 通过软件过滤不良信息

这种方式是大家常见和常用的方式，即通过在电脑终端安装过滤软件来实现对各种不良信息的过滤。这些过滤软件一般是综合了URL（互联网上标准资源的地址）过滤、文本过滤、图像过滤等多种技术，不仅能够像网络运营商那样过滤已知网站的不良信息，还能按照关键词过滤不良画面。过滤软件可以对计算机屏幕出现的词汇进行逻辑判断，当电脑上出现不良文字和图片时，软件就会自动关闭掉这些信息窗口，从而实现对不良信息的查杀。目前市面

上的过滤软件有很多，用户可以根据需求进行购买或免费下载安装，比如“绿色童年”“滤盾”“网络爸爸”“美浮反黄专家”“绿坝·花季护航”等。这些过滤软件功能都非常强大，可以很好地实现过滤和屏蔽功能。

（四）保护好个人信息，远离骚扰

用户必须养成保密意识，不要轻易将个人资料、卡号、存款密码等告知他人；不要轻易在网上注册会员、参与网上活动等，防止个人资料泄露、被犯罪分子利用，遇到可疑情况也可多与亲戚、朋友商议，并及时拨打公安机关、金融等部门的常用客服电话进行多方查证核实，而不要轻易相信各种信息。遇到垃圾短信或诈骗短信要及时举报，大家联合起来，运用社会道德舆论和法律法规共同惩治垃圾信息。

第四节　新媒体时代的人身安全

现实生活中人们常存戒备之心，言行也多有顾忌。但新媒体时代的虚拟世界却很容易让人迷失，“双盲”状态加花言巧语，人们便多了一份美好幻想的空间，甚至会更愿意去信任网络中的陌生人，忽视网络安全问题。QQ 交友、网络约会、微信“附近的人”，都使人与人之间的距离更近，互动更方便，确实为很多人带来了愉快的记忆，但同时也为许多人带来了噩梦般的经历。

利用 QQ、微信、网购等对网友实施诈骗、敲诈、抢劫、强奸的案件已多有发生。虚拟的世界里可能存在更多陷阱，因此在享受各种新媒体的同时要注意提高自身防范意识和辨别能力，在虚拟的网络世界中要善于辨别犯罪伎俩，保护自己的人身安全和财产安全免受侵害。

一、约会网友约来祸

网络交友方式简单、方便，不受时间、地点限制，还可利用虚假身份做掩护，实施犯罪后不易被发现。于是许多犯罪分子充分利用网络交友这一平台的不足，实施诈骗、强奸等犯罪活动。女性被害人多为与陌生男网友见面后遭到诈骗、强奸等侵害，而男性被害人则常在与陌生女网友见面后，被对方下药麻醉，实施抢劫、敲诈等。

即使已有众多网友在约见时被骗或被害的案件发生，但还是有很多人愿意去尝试。据调查显示，53% 的网友表示曾经约见过或今后愿意约见网友，37% 的网友表示自己曾约见过接触时间未超过六个月的网友，甚至有 26% 的网友表示自己与网友从接触到约见时间不超过 1 个月。正是这种安全意识的匮乏，给了许多犯罪分子实施犯罪行为的大好机会。

2013 年 12 月在诸暨打工的云南人小吕，赶到金华去和女网友见面，没想到却掉进女网友的传销陷阱，被非法拘禁 11 天才被警方解救出来。原来小吕和表哥农某一起在诸暨打工，爱网聊的小吕在网上结识了一个叫叶子（化名）的女孩，两人聊天后互生好感，叶子主动提出要见小吕，小吕爽快答应。12 月 7 日小吕按叶子给的地址，从诸暨来到金东区多湖街道一出租房。他原本以为这是一次浪漫的约会，可一进屋就傻了，眼前坐着十多个陌生男子，负责人周某热情招呼他，并向他介绍自己和另外几位同事，按照周某的说法，他们都是天津“天狮”有限公司的成员。之后周某一直向小吕推销公司的产品，并要求他也入伙。小吕一听就知道这是个传销组织，想起身离开，周某等人把他按倒在地殴打、威胁，还把他身上的现金、银行卡、手机等贵重物品都拿走了，周某扬言要是拿不出钱投资就别想回去。之后几天小吕被限制了人身自由，吃饭、上厕所、睡觉都被人死死盯着。期间周某多次要求小吕给家人打电话要钱，幸好小吕挺聪明，他用家乡方言与表哥通电话向表哥求救，12 月 18 日上午小吕的表哥农某拨打 110 报案。金东公安分局多湖派出所接到指令后，立即赶往小吕所在的出租房内，将周某等 6 名犯罪嫌疑人抓捕归案，被拘禁 11 天后小吕终于被解救。

2013 年 7 月 6 日下午 2 时许，北京站派出所接到宋女士电话报案，说她头一天晚上在东城区崇文门附近某酒店与网友“大鹏”过夜，后发现自己的三星手机、苹果电脑及 800 元现金全被偷。民警迅速赶赴该酒店调查取证，判断与宋女士约会的网友“大鹏”有较大作案嫌疑。7 月 7 日民警在西城莲花池东路某酒店内将该人抓获，经讯问，该男子（郭某，30 岁，辽宁人）对盗窃宋女士财物的犯罪事实供认不讳。据郭某交代，他经常在网上交友后将女网友约出伺机作案，6 月 30 日他还以相同手法，在西城区的一家酒店偷了另外一名女网友的三星手机及 400 元钱。

2014 年 2 月 26 日青海省西宁市彭家寨派出所破获一起网友见面引发的违法案件，一位 16 岁少女被有心计的网友花言巧语蒙骗，见面后惨遭强奸。据了解，16 岁的小丽（化名）于 1 月 5 日在网上和 QQ 网友相约见面，见面后网友邀请其一起吃饭，饭后又表示要休息一下，将小丽带至彭家寨辖区一宾馆内。该网友把小丽骗入房间后原形毕露，对小丽实施了强奸，受到性侵后小丽到彭家寨派出所报了案。接警后彭家寨派出所办案民警迅速开展侦查工作，由于小丽对该网友并没有什么了解，导致办案难度较大，经过多次调查取证，警方终于锁定并发现了犯罪嫌疑人李某，于 2 月 26 日将其抓获。

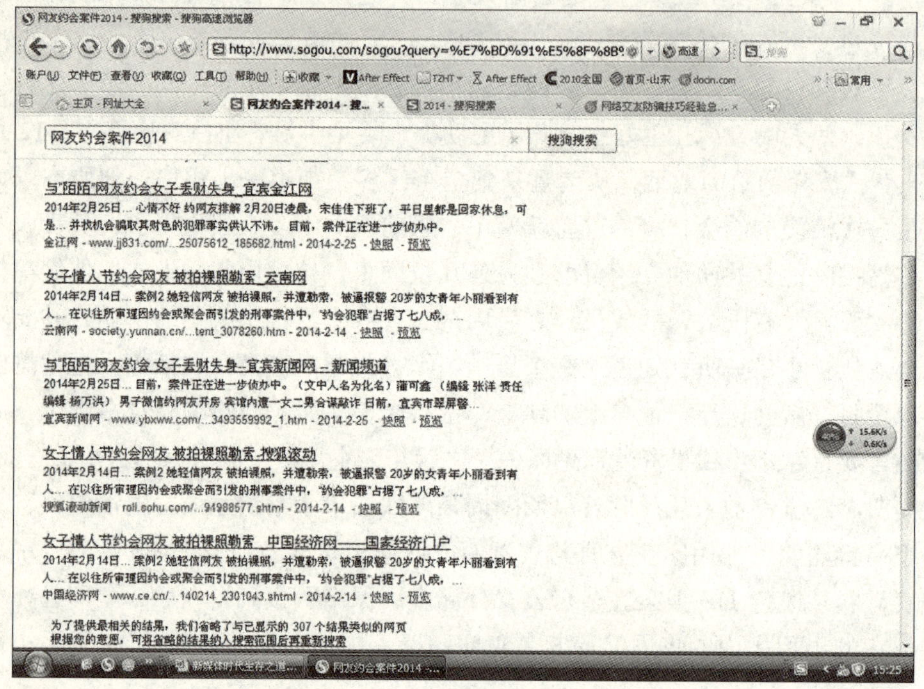

因为与网友约会而发生的被偷、被抢、被强奸、被杀害、被勒索等案件数不胜数。我们在搜狗搜索引擎中输入“网友约会案件 2014”，找到约 18234 条结果，达 31 页之多，虽然其中有些条目内容是重复的，但对案件数量之多也可窥见一斑。

网上交友应该具有防范意识，下面我们总结了一些防骗技巧：

（1）保护个人隐私信息。不要在交流过程中泄露任何真实的隐私信息，除非与对方有深入、充分、可靠的了解之后。尤其是女性朋友更应该注意，不要不设防地什么都告诉对方。

（2）不要轻信他人话语。在网络聊天尤其是交友的时候，很多人都会采用甜言蜜语的方式来打动别人，反正双方都处于不了解状态，撒谎也无法验证。所以一定不要随意相信对方的话，被甜言蜜语迷住心窍，失去理智。

（3）不要随意与人约会。应尽量多沟通，增进了解，不要随意就与网友约会，要深思熟虑，时刻保持警惕。

（4）不要轻易委身于人。不管是男性还是女性，只有真正深入了解真实情况并且信任对方时才可以更多地付出，否则很容易遭遇骗局，给自己带来困扰与伤害。

（5）不要与网友发生借贷关系。在网络上进行交友，很多人的目的就是骗钱。在交往中切勿与网友产生钱财或物品的借贷关系，不要轻信网友所说的什么亲人病了动手术需要钱、出了车祸拿钱应急等托词，以免引来不必要的麻烦。

（6）约会时选择公共场所。尽量不要一个人单独去与网友约会，可以叫上朋友、同事或家人等进行陪同。即使要单独进行约会，一定要告知家人、朋友自己的去向。约会场所尽量选在公共场所，不要跟随网友随便进入宾馆、房间、家里等隐秘地方。约会时要注意保管好自己的财物，约会完要坚持自己回家，以免暴露家庭住址引来不必要的麻烦。

二、微信“附近的人”危险

自2012年1月微信诞生以来，一股微信热潮立即掀起，它的“自动打招呼”“附近的人”“摇一摇”等功能让许多人着迷，其中尤以年轻人居多。殊不知微信也会变成“危信”，“附近的人”会变成随时等你上钩的“附近的狼”。

除微信外，手机QQ、陌陌等聊天软件都有查看“附近的人”的功能，国外的Twitter也有“附近的微博”“附近的推文”等相似功能。“附近的人”通过位置定位帮微信使用者找到距离自己100米以内的其他微信使用者。之前有网友曝出利用微信“附近的人”功能，只要连续变换3次以上位置再辅以电子地图，就能非常准确地定位出其他微信用户究竟身在何方。有多位记者按照网上曝出的方法，经过亲身测试发现传言确实属实。这样一来微信“附近的人”其实会泄露真实位置，存在潜伏犯罪风险。微信“附近的人”的位置定位功能，再加上微信使用者自我曝出的外出行踪和状态，简直就是主动把自己“送入虎口”。

现在世界各地都已经发生以微信等定位为手段实施的犯罪案件。因微信搜索“附近的人”交友等引发的盗窃、抢劫、强奸、敲诈勒索等案件屡见不鲜，甚至包括招揽陌生人去黑咖啡厅强制高消费、微信招嫖色情等案件。近几年仅国内媒体报道的因微信引发的犯罪案件就有几十起之多，其中强奸案最多，达24起。

2013年6月中旬，上海市宝山月新派出所民警在辖区开展工作时，使用了微信搜“附近的人”这一功能，令民警意外的是竟有10张疑似色情图片以及对应的QQ号码、联系手机和地址，而服务项目一栏统一注明“全套300元、包夜800元”的字样。警方最终捣毁了这个利用微信平台和QQ软件组织卖淫

的网络招嫖团伙，抓获 11 名犯罪嫌疑人。涉嫌组织卖淫的赵某已被批准逮捕，同案人员也因协助组织卖淫罪被批准逮捕。对此，《上海新闻晨报》以“别搭理微信中那个陌生又危险的她”为题专门做了报道，提醒广大使用微信等聊天软件的市民注意防范，洁身自好，不要落入坏人圈套。

中国宁波公安网也报道过一个因微信“附近的人”而引发的案件：微信“搭讪”惹出事端，女子遭“附近的人”下药抢劫。27 岁的女子余某是温州人，在宁波工作。2013 年 7 月她到温州出差时，通过微信查找“附近的人”认识了一位网名“飞腾”的男子，两人相谈甚欢。余某回宁波那天在微信上告诉“飞腾”自己在火车站，谁料“飞腾”瞒着她悄悄赶到了车站。由于在微信上见过照片，他很快认出余某，并发现余某脖子上挂的金项链似乎很值钱，遂起歹念。“飞腾”立即跑到朋友李某处搞来强力安眠药，次日一早他电话联系余某说来宁波看她。余某原以为只是一个玩笑，没想到当晚“飞腾”果真来了。虽然仅在微信上认识两天，余某仍将他带回住处，当时有些感冒的余某准备吃药，“飞腾”主动倒了杯温水给她喝。过了一会儿余某感觉有点头晕，也没放心上，还带“飞腾”出去打麻将。打完麻将回家余某又喝了“飞腾”倒的一杯温水，不一会儿便睡得不省人事。第二天中午醒来她发现“飞腾”不见了，自己被迷奸且财物损失惨重：一条价值 1 万元的金项链、一块价值 8000 元的浪琴表、一串价值 7000 元的金手链、两部手机和 1500 元现金均不翼而飞。余某当即报警，2013 年 8 月警方在温州苍南一宾馆内抓获“飞腾”。经查，“飞腾”姓周，34 岁，

浙江政务服务网 浙江公安 中国·宁波

宁波市公安局

WWW.NBSGAJ.GOV.CN

首页 办事频道 警务频道 互动频道 2014年11月22日 星期六

政务公开 — 信息透视 — 政策法规 — 专题栏目 — 政府信息公开

当前位置：首页-警务频道-信息透视-资讯中心-案件追踪

微信"搭讪"惹出事端 女子遭"附近的人"下药抢劫

作者：系统管理员 来源:宁波公安网 发布时间:2014-02-28 点击数:281

保护视力色:□□□□□□□□□ 文字显示:大 中 小

女子余某在外出差时认识一名男网友周某，对方特地来甬看她，伺机实施迷奸、抢劫。昨日，周某因犯抢劫罪、强奸罪，被江东法院数罪并罚，判处有期徒刑12年，并处罚金5000元，剥夺政治权利一年。

据悉，余某今年27岁，温州人，在宁波工作。去年7月，她到温州出差时，通过微信查找附近的人，认识一个网名“飞腾”的男子，两人相谈甚欢。

余某回宁波那天，在微信上告诉“飞腾”自己在火车站。谁料“飞腾”瞒着她悄悄赶到了车站。由于在微信上见过照片，他很快认出余某，并发现余某脖子上挂的金项链似乎很值钱，遂起歹念。

温州人，曾因盗窃罪入狱。2014 年 2 月周某因犯抢劫罪、强奸罪被江东法院数罪并罚，判处有期徒刑 12 年，并处罚金 5000 元，剥夺政治权利一年。

诸如此类的案件还有很多，微信在给很多人带来“方便又好玩”快乐的同时也成为犯罪分子“方便又好用”的手段，因此在使用微信搜索“附近的人”时一定要提高警惕。

三、“摇一摇”摇来恶狼

“进入‘摇一摇’界面，轻摇手机，微信会帮您搜寻同一时刻摇晃手机的人；聚会上一起摇，会快速帮您列出一起摇的朋友；千里摇一摇，可以为您匹配这个世界上同时也在摇手机的朋友。”看了这段颇有诱惑力的宣传语，很多人可能都开始“摇一摇”了。可是真的如愿摇到你意想中的朋友了吗？

2013 年 9 月初，在郑州打工的年轻女性小李通过微信“摇一摇”认识了郑州某公司业务员王某。三天后王某和小李相约至 KTV 唱歌喝酒，后王某借口送醉酒的小李回家将其带至一家地下停车场内，在自己的私家车内将小李强奸。王某因涉嫌强奸罪被郑州市中原区检察院提起公诉。“我独自一人来郑打工，他（王某）在微信上说能帮我找个不错的工作，加上我内心比较烦闷，就答应了邀约。”小李告诉办案检察官，没想到工作没找到反遭侵害，真是“本以为摇到‘贵人’，结果却摇来‘狼’”。

《珠海特区报》报道过一起案件：微信“摇一摇”骗走 73 万，一男子诈骗获刑 13 年并处罚金 14 万元。2013 年 3 月 20 日 9 时许，张某在拱北口岸附近通过微信“摇一摇”认识了女子王某。张某化名“李开”并自称是军人，与王某以男女朋友关系交往。2013 年 3 月底至 6 月 26 日，张某一人分饰多角，分别以“上级领导”“父母”“姐姐”“儿子”以及“上海医生”等人的名义给王某发微信、信息，编造了从北京二炮调动到珠海工作、未通过考试被罚款、母亲去世、抓小偷中枪住院诸多理由欺骗王某并取得其信任，王某多次转

账至张某指定账户共计735500元。2013年9月2日张某被公安机关抓获，香洲区法院以诈骗罪判处张某有期徒刑13年，并处罚金14万元，非法所得人民币735500元予以追缴。另据查，张某2012年8月31日在河南因犯诈骗罪被判18个月，缓刑2年，案发时其仍在缓刑期间。

2014年5月四川小伙小李到西安出差时，闲来无聊便用手机“摇一摇”交友，没成想摇来五个大男人。这五人来之后强迫小李取出自己银行卡里的5000多元钱后逃之夭夭，后西安安康警方将其中三人抓获。据他们交代，他们经常用“摇一摇”交友来实施犯罪，如果摇到的网友是女性就打算实施强奸，如果是男性则实施抢劫。小李就正好撞到了这“摇一摇”摇来的“厄运”上。

社会上不良人士利用微信达到不法目的甚至犯罪的案件日益增多。因此在使用微信交友，特别是利用“摇一摇”功能与陌生人沟通时，使用者必须有自我保护意识，不要轻易见面或随意披露私人信息。

利用微信进行犯罪的类型，大多是利用微信约对方见面后实施强奸、抢劫、诈骗，或通过微信获取受害人私密照片进行敲诈勒索等“预谋型”犯罪，犯罪的目的性非常明确。此外也有少部分见面后临时起意实施盗窃、抢夺的“偶发型”犯罪，以及利用微信确认恋爱或情人关系后，一方提出分手另一方不满进行敲诈勒索甚至故意杀人等“报复型”犯罪。

从微信犯罪的被告人年龄特征来看，年轻化趋势明显，近九成系80后、90后，大多为无业人员，也有少数在校大学生。他们或虚构姓名、年龄、职业等个人信息，或隐瞒婚姻家庭状况，多打着“高富帅”“官二代”等成功名头，以谈恋爱为幌子，具有相当的欺骗性与迷惑性。因此广大微信用户在使用“摇一摇”“附近的人”等交友时，要保持平和、警惕的心态，而不是梦想着摇来“贵人”，摇来梦想中的“他（她）”，殊不知，在你期待着天上掉“馅饼”的同时，踏入的却是“陷阱”。

从犯罪特点来看，犯罪场所和手段比较隐蔽，多发生在被告人与受害人两者之间，犯罪地点多在宾馆等相对私密场所。此外由于微信不采用实名制，一旦注销后很难追查，造成取证困难。因此，提醒广大青年朋友，谨慎交友，加强个人信息保护和安全防范意识，一旦合法权益受到侵害要及时报案。

四、网购购出来伤害

2012 年 7 月 30 日，北京市朝阳区发生一起凶杀案：女子付某因常网购，被快递员张某认为其“比较富裕”，进而起了邪念，趁着送快递的机会骗开门，将付某猥亵并杀害。张某原本是北京一家快递公司的快递员，被害人付某是一名 30 岁女子，来自河南郑州，住在朝阳区一小区内。由于付某经常在网上购物，而张某则负责付某所在小区，时间一长，经常为付某送货的张某认为付某“应该比较有钱”，于是产生抢劫的恶念。7 月 30 日晚，张某以送货为名骗开付某家门，确认房间内只有付某一人后，张某先将其反捆随后对付某猥亵，为避免事情败露又将付某杀死。

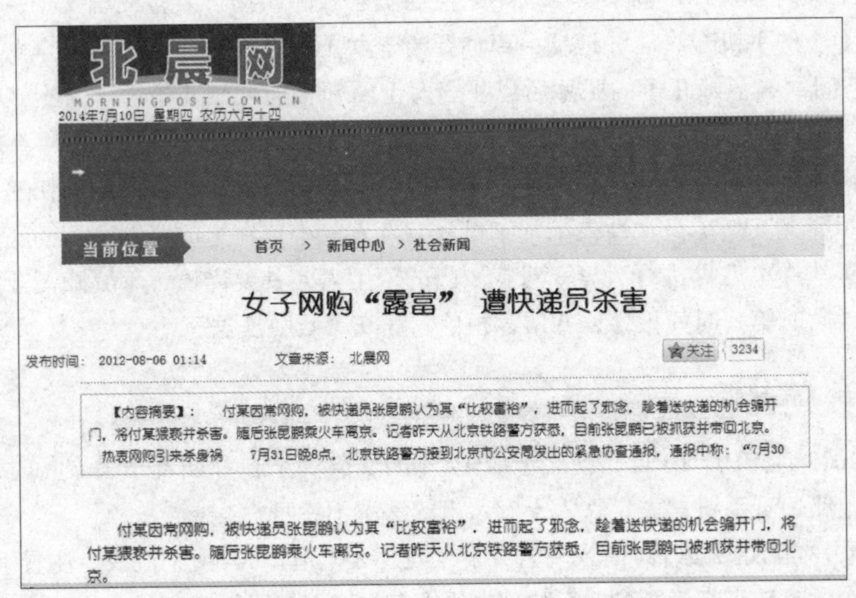

北晨网
MORNINGPOST.COM.CN
2014年7月10日 星期四 农历六月十四

当前位置 首页 > 新闻中心 > 社会新闻

女子网购“露富” 遭快递员杀害

发布时间：2012-08-06 01:14 文章来源：北晨网 关注 3234

【内容摘要】：付某因常网购，被快递员张昆鹏认为其“比较富裕”，进而起了邪念，趁着送快递的机会骗开门，将付某猥亵并杀害。随后张昆鹏乘火车离京。记者昨天从北京铁路警方获悉，目前张昆鹏已被抓获并带回北京。 热衷网购引来杀身祸 7月31日晚8点，北京铁路警方接到北京市公安局发出的紧急协查通报，通报中称：“7月30

付某因常网购，被快递员张昆鹏认为其“比较富裕”，进而起了邪念，趁着送快递的机会骗开门，将付某猥亵并杀害。随后张昆鹏乘火车离京。记者昨天从北京铁路警方获悉，目前张昆鹏已被抓获并带回北京。

2011 年 7 月福建省厦门市一小区发生一起惨案：26 岁的女白领刘某在自己家中被人杀害，并且手提包内的现金、银行卡、身份证、手机及房内的手提电脑等值钱物品被洗劫一空。案发一周后警方将犯罪嫌疑人抓获归案，谜底终于被揭开：刘某是个网上“购物控”，经常将留有自己电话、地址的网购物品外包装随手扔到小区的垃圾桶旁，被大学毕业后一直待业的陈某无意中盯上。后来陈某按照网购包装上的号码给刘某打电话，自称是快递公司员工，有一份她的包裹要送，上门将刘某杀害。2012 年 2 月厦门市中级人民法院开庭审理该案，以故意杀人罪判处陈某死刑。

小小的网购外包装袋竟会引来杀身之祸，虽然只是个例，但也足以让大家警醒，不要忽视网购中的细节问题。另外，随着使用网购服务网民的增多，在交易过程中因言语不合、中评差评、虚假货物等引起的电话威胁、恶意骚扰、人身威胁、个人信息被恶意泄露等网购的负面因素，也给网购族带来很多困扰。

2013 年 11 月女大学生小陈在淘宝网店购得一双女鞋后，发现跟店家描述的差别较大，于是给了“中评”的评价。之后小陈引来了卖家半个多月的骚扰，电话轰炸、旺旺威胁、短信辱骂与威胁，声称要向小陈学校反映小陈卖淫还堕胎，让学校开除小陈。

2013 年 5 月河南郑州李女士在淘宝网上买东西时遭遇卖家虚假发货，于是李女士申请退款并投诉了卖家。结果遭遇卖家威胁，扬言要整死李女士，并存了李女士的手机号、居住地址，声称要给李女士寄点好东西，还进入李女士的 QQ 空间，看了她儿子的照片后恐吓李女士要开车撞死她儿子，李女士被吓得惶惶不可终日。

网购者要有意识防范因网购带来的风险：尽量在公司收取网购的快递而非在家里，尤其是单身女性或平常家里只有老人、小孩在家的；网购后彻底撕碎或涂黑快递单后再进行丢弃；对找上门的陌生人尤其要谨慎，不要随便开门；遭遇威胁时第一时间报警，并留存短信、旺旺等威胁证据。

五、手机低头族

2013 年 10 月 10 日，湖北十堰 17 岁的女生商某在和朋友出去聚餐时，因为边走路边看手机，失足跌入十五六米的深坑不幸身亡。

2013 年 10 月 24 日，南京一名男子在经过火车道口时，由于低头专注看手机，连火车的鸣笛声都没听到。行驶过来的火车与这名男子贴身而过，他受惊倒地，幸好没有受伤，但事故导致火车被迫停了 18 分钟。

2014 年 1 月 15 日，苏州的陈先生在轨交乐桥站的自动扶梯上拿着刚买不久的 iPhone5 手机边走边玩，不料被尾随身后长达 5 分钟的蒙面男子将手机抢走。

2014 年 3 月 2 日，在厦门翔安马巷公交枢纽站，一名走在路上低头玩手机的男子被一辆 791 路公交车卷入车底，不幸身亡。

2013 年 12 月 7 日，山东济南的张某在驾车时低头看微信，撞伤前面一位

骑自行车的老人，造成严重交通事故。

2013 年 9 月 23 日，美国旧金山发生一起枪击案：一名 30 岁男子在轻轨列车上寻觅猎物，后尾随一名大学生在暗巷中开枪将其杀害。据轻轨列车上的监控画面显示，该男子在列车上曾多次掏出自己的手枪，甚至还用手枪摩擦鼻子，动作明显，遗憾的是乘客们全都没有注意，因为大家都在忙于低头玩手机或平板电脑……

低头玩手机的现代人，俗称“低头族”。手机“低头族”，不仅危害健康，带来人身危险，还拉远了人与人之间的距离，冷落了彼此之间的感情。

智能手机功能日益强大，不少人几乎每天“机不离手”，城市中随处可见“三步一看，五步一停”的“低头族”。餐桌前、课堂上、公交站、候车厅、过马路、约会中、购物中，甚至驾车时，“低头族”们都会紧盯手机或电脑屏幕并不停刷屏。并且“低头族”多为 20 ~ 39 岁的年轻人，其中还有十来岁的孩子。因为越来越多的人低着头，专注于手机或平板电脑的屏幕，而忽视了周围的一切，结果导致悲剧不断上演。真是“沉溺小屏幕，安全隐患多”！

颈椎病、腱鞘炎、心理依赖症、受辐射危害、眼病，手机会影响健康；车祸、偷盗、抢劫、跟踪、意外、情感隔膜，站着、走着、坐着、躺着，不分场合地过度使用手机，潜藏多种隐患。

（一）光线不足时

手机或平板电脑屏幕的强光会影响视力，同时使人注意力分散，从而导致忽视身边的潜在危险，如路边不安全的井盖、深坑、行驶的车辆、电线杆等。

据最新统计显示，“低头族”已经成为马路上的“移动杀手”，因为低头玩手机而发生的车祸数量不断上升。

（二）驾车时

数据显示，驾车时看手机、发信息、刷屏、看视频等，司机的反应时间会减少35%以上，发生车祸的概率增加23倍多。

（三）工地旁

施工现场环境复杂，如果遇到深坑或空井盖不小心掉进去，轻则骨折受伤，重则付出生命代价。如遇钢筋、高空坠物等，被绊倒或砸中后果同样不堪设想。

（四）候车或就餐时

因“眼不离机”，注意力完全被屏幕所吸引，就会忽视周围的偷窃行为。已经发生的多起“低头族”被偷事件都有同样特征，即小偷基本都可以大摇大摆、不慌不忙地轻松得手，甚至有的小偷在玩手机者面前磨蹭5分钟之久，被偷者都浑然不知。据统计，候车区近7成的行李丢失案发生在“低头族”身上。

另外，在地铁、火车站台等地候车时因为专注玩手机而掉下站台发生危险的也时有发生。2014年3月在上海地铁3号线虹桥路站站台上，一名女乘客由于太醉心于低头玩手机，竟然直接走下站台，一脚踩空跌入轨道。2013年8月一名女孩在上海地铁8号线下车时看手机，不慎踩入站台间隙，最后还是消防队员用千斤顶将她救出。

2015年6月，浙江常山一位27岁女子因通宵玩手机过度疲劳，突发心源性疾病猝死，被发现时眼睛仍盯手机屏幕。

“低头族”存在重大健康和安全隐患，因此呼吁大家适度合理使用手机，跳出“掌上世界”，关注真实的精彩。

第七章 新媒体时代的素养教育

2012 年陈凯歌导演的电影《搜索》在国内上映，引起大家的广泛关注。影片讲述了一位刚得知自己患了淋巴癌的女白领因为在公交车上没有给一位老人让座，被人用手机偷拍后在电视节目中播放，进而遭到“人肉搜索”和网上恶意攻击，最终因承受不了各种压力而选择自杀的故事。影片引起了广泛的共鸣，原因就是电影中讲述的故事跟现实生活中许多人遭遇的问题如出一辙：搜索泛滥，揭人隐私，再加上众多网民的偏听偏信，盲目参与，不加思考就疯狂转发。一条“墨镜美女在公交车上不给老人让座”的帖子就能让一大群网友义愤填膺大骂不止。可是真实情况如何？没给老人让座的背后到底是什么，却没人关心没人理会。悲剧结局的产生，其实每一个参与搜索、评论、辱骂甚至是诽谤的人都是“凶手”。为什么那么多人都迷失于一条没有经过确认的信息表面而忽略真相？公民媒介素养的缺少是重要原因之一。

读小学三年级的男孩贾明迷上了网络游戏，学习成绩、视力状况直线下降，妈妈看在眼里急在心里，于是开始采取一系列措施，打、骂成为家常便饭，与老师联手对贾明进行批评、惩罚，家里的电脑设置密码，掐断网线，一段时间之后却发现不但没有收到任何成效，事情的变化让贾明妈妈更是束手无策，贾明开始逃学、偷钱到网吧里上网玩网游，有时甚至夜不归宿。面对如此境况，贾明的妈妈欲哭无泪。事情为何发展到如此地步？跟贾明家长对孩子的媒介素养教育缺失紧密相关。

新媒体时代我们面对一系列新媒体的冲击，自然要与时俱进，具备新的素养，进行新的教育，才能把新媒体真正变成为我所有、为我所用。

第一节 新媒体时代的必修课，你学好了吗

2011年10月13日，广东佛山街头发生了一起令人不忍目睹的惨剧，两岁女童小悦悦被两辆车先后碾压3次，而在随后的7分钟之内，路过的18名路人对此视若不见未施援手，悦悦也由最初的挣扎变得一动不动。最终是一位好心的拾荒阿婆将其移到路边并寻找她的妈妈。“小悦悦被碾压事件”发生后，各类媒体对其进行了报道，有的媒体批判冷血的司机，有的媒体谴责路人的冷漠，有的媒体慨叹道德滑坡的社会，有的媒体赞扬出手相助的善良阿婆陈贤妹，有的媒体则批评监护不力的家长……面对媒体的不同报道所传递的不同信息，你怎么看？是坚持己见还是被媒体牵着鼻子走？

媒体时代我们每天都被各种媒体包围着，报纸、杂志、电视、网络、手机像空气和阳光一样成为我们日常生活中不可缺少的部分；我们天天处在各种信息交汇的路口处，每天有海量信息涌向我们，正面的、负面的，有用的、垃圾的信息都扑面而来。如何选择适合的媒体？如何正确地使用媒体？如何选择对自己有用的信息？如何利用这些信息来为自己的发展服务？这一系列问题的解决，依赖于我们必备的一种基本素养能力——媒介素养。而新媒体时代，自然需要我们具备新媒介素养。

一、什么是媒介素养

简单来理解，媒介素养就是我们生活在媒体时代必须具备的一种素质。媒介素养是一个全新的素质概念，是对人们传统听、说、读、写能力的延伸。

如果要给媒介素养下一个定义的话，媒介素养就是指人们面对各种媒体信息时的选择能力、理解能力、质疑能力、评估能力、使用能力和思辨的反应能力。具备了媒介素养，我们就能正确、建设性地享用媒体传播的信息，有效地创造和传播信息，并能够充分利用媒体信息资源完善自我，参与社会进步。

媒介素养并非人们的天赋，对绝大多数人来说也不会随着日常媒介接触行为的增加而自然形成，必须经过专门学习与自觉培养才能获得。著名日本媒体教育专家铃木曾经说过：“公民通过对媒介信息加以社会性、批判性的分析、评论并接触、使用媒介，更以多样的形态创造互动、沟通的力量。为获得这种

力量所做的努力便称之为媒介素养。”[1] 比如当我们看电视了解国际要闻时会很自然地做出一些判断，评论员对此新闻评论的准确性、新闻报道的及时性如何；当通过手机媒体获知双汇瘦肉精事件时，我们会很自然地去选择深入了解关于瘦肉精的各种细节，因为这是与我们自身健康息息相关的，并且很有可能我们自身也是瘦肉精的受害者；当通过网络新闻获知美国攻打卡扎菲政府及中东地区的目的时，我们可能会提出自己的质疑，这是否真实或者这是否符合国际道义等。对获取的信息做出自己的判断，对其中的信息进行深入了解，对信息提出质疑等能力，实际上就是我们面对媒体信息时个人媒介素养的体现。

二、媒介素养的内容

媒介素养的内容主要包括以下几个方面：

（一）了解媒体基础知识

处于信息社会、生活在新媒体时代的我们，必须具备这样一种能力，即了解、熟悉、掌握经常接触和使用的媒体。比如网络媒体，我们生活中的很多方面都跟网络有着密不可分的联系，网络是什么，有什么样功能，可以帮助我们干什么，如何使用网络，这些基本媒体知识都是我们应该了解和掌握的，这实际上也是媒介素养中最为基础的内容，是认知层面上的媒介素养。如果我们不了解各种媒体的特性和规则，就无法有效接收这些媒体传播的信息，当然也谈不上如何利用信息了。

（二）学习判断媒体信息的意义和价值

这可以理解为我们情感层面上的媒介素养。我们每天都要面对媒体提供的大量信息，哪些信息是真的，哪些是假的？哪些信息是对我们有用的，哪些是垃圾信息？需要我们具备一定的素养和能力才能够正确判断这些信息的意义和价值。就拿我们现在经常面对的网络谣言来讲，如果不具备一定的信息判断能力，接收到任何信息都信以为真，那我们被谣言信息忽悠、被诈骗信息欺骗的概率就太高了。

2014 年 4 月网络上传出一则新疆青年“闯红灯被枪毙”的信息，很多网民看到后不加思考就开始义愤填膺，不断进行转发，导致这条信息在网络上盛传。可事实的真相是什么呢？ 2014 年 4 月 12 日 23 时 40 分，新疆阿克苏地区柯坪

---

① 铃木绿（日本立命馆大学教授）主编：《为了学习媒介素养的人》，世界思想社出版 1997 年版，第 8 页。

CCTV官网 频道 栏目 主持人 节目单 | 新闻 视频 世界杯 更多

央视网 > 新闻频道 > 中国新闻

新疆警方查处"闯红灯被枪毙"造谣者

发布时间：2014年04月18日 05:34 | 进入复兴论坛 | 来源：人民日报 | 手机看新闻

原标题：查处"闯红灯被枪毙"造谣者

本报乌鲁木齐4月17日电 （记者韩立群）记者17日从新疆维吾尔自治区公安厅了解到，16日编造"闯红灯被枪毙"谣言者被依法治安拘留。

4月12日23时40分，新疆阿克苏地区柯坪县玉尔其乡青年阿不都巴斯提·阿不力米提驾驶摩托车连续两次冲闯治安卡点。执勤人员对天鸣枪示警。阿某袭警并抢夺枪支，被击伤后送医院，次日凌晨抢救无效死亡。这起袭警并抢夺枪支的刑事案件发生后，境外敌对势力恶意歪曲事实，编造"闯红灯被枪毙"谣言，混淆视听。乌鲁木齐市居民阿某将境外谣言大量转发，4月16日被依法治安拘留15天。

县玉尔其乡青年阿不都巴斯提·阿不力米提驾驶摩托车连续两次冲闯治安卡点，执勤人员对天鸣枪示警，阿不都巴斯提·阿不力米提袭警并抢夺枪支，被击伤后送医院，次日凌晨抢救无效死亡。这起袭警并抢夺枪支的刑事案件发生后，境外敌对势力恶意歪曲事实，故意编造"闯红灯被枪毙"谣言混淆视听。一些网民不明就里跟着造谣传谣，乌鲁木齐市居民阿某将境外谣言大量转发，4 月 16 日被依法治安拘留 15 天。在这起谣言传播事件中，排除掉那些别有用心的人，还有相当一部分网民是因为缺乏媒介素养，对接收到的信息不加判断和思考，盲目被动接受，别人说什么就信什么，因此才参与传播谣言，造成恶劣影响和后果。

（三）学习创造和传播信息的知识与技巧

新媒体时代，人人都是主播，人人都是传者。我们拥有自己的博客、微博、微信、QQ 空间，每天都会发布和传播属于自己的信息。工作中我们要通过邮件传递信息，要做网店宣传，要在工作网页上发布信息，求职时要发布求职信息……学会发布和传播信息的知识与技巧，同样是媒介素养的内容之一。

（四）了解如何使用媒体发展自己

利用网站、论坛、微博宣传推广自己，利用英语学习网站提高自己的英语水平，利用水产养殖专业技术学习网站帮助自己搞好养殖业，利用育儿教育网站搞好家庭教育，利用社交网站扩展自己的朋友圈提升交流水平，利用网络学习资源提升自己的业务水平……我们不但要认识媒体、了解媒体、使用媒体，更重要的是我们还要学会利用媒体发展自己。

作为新媒体社会的公民，具有媒介素养是非常重要也是必需的事情，可以说在新媒体社会中没有媒介素养的人就是"媒介文盲"。

三、媒介素养的发展

媒介素养对一部分人来讲可能还是一个陌生的词汇，但是在我们的现代生

活中它一直存在并且不断发展进步。媒介素养的发展与媒体、技术、社会的发展紧密联系，媒介素养的内涵也随着传播技术和通信技术的发展不断发生变化。我们来简单看一下媒介素养经历了什么样的发展过程：

阅读书写素养——与印刷媒体相关；

视听素养——与广播、电视等电子媒体相关；

数字化素养——与数字化时代相关；

信息素养——与电脑以及电子存储设备相关；

新媒介素养——与互联网和新媒体时代相关。

四、新媒介素养

新媒体对我们的家庭、交友、工作、生活、学习、教育、保健、民主政治生活、经济生活等产生了极大影响。新媒体具有自己的特点和优势，如何正确认识和使用新媒体？我们需要具备新媒介素养。

所谓新媒介素养，是指在互联网革命、社交网络革命和移动革命的背景下，个人为了适应新的媒介环境和社会关系变化，为了更好地使用新媒体，应该掌握的新的能力。具备了新媒介素养，我们才能够在新媒体时代乐用、善用、辨用、慎用新媒体，才能够更好地在新媒体时代生存。

五、新媒介素养的内容

在互联网推动下的“网络化个人主义”时代，要想在新媒体时代生存，每一个身处媒介环境中的人都必须具备新媒介素养。我们应该具备的新媒介素养主要包括以下几个方面：

（一）图像处理能力

我们正在以图像方式体验越来越多的生活，电脑屏幕、手机屏幕、户外屏幕等屏幕上的交流，微博、微信、QQ 等各种媒体形式中的图像，已经变得无处不在。其实网络时代也是读图时代，我们自然要适应、熟悉这种方式，并积极参与到这种对话和创造中，学会用图像化处理方式美化我们的新媒体生活。

（二）导航能力

基于网络技术的各种新媒体使用为我们提供了纷繁复杂的信息渠道，并且信息的浏览基本都是通过链接方式（即超文本形式）来进行的。我们要获取、发布信息，自然要学会如何操作，有时还要通过交流和贡献的方式帮助别人理解、学会，所以我们必须不断地通过网络沟通来分享链接和发布信息，这就是

我们要具备的导航能力。

（三）信息的组织和联通能力

我们能够快速地将涌入我们生活的各种信息甚至是无意义的牢骚，组织在一起并且快速地理解的能力。

（四）专注能力

你有没有过这种体会，本来我们拿起手机上网只是为了查一下今天的天气情况，却被某条新闻或某条微信给吸引，结果漫无目的地浏览了很长时间。网络信息纷繁复杂，对我们充满诱惑力和吸引力，因此我们应该具备一种抵制网络上一些会让我们分心的事物的能力，让自己能够专注地完成有助于个人能力提升和职业要求的工作。

（五）多任务处理能力

要游刃有余地使用新媒体，我们就要能够同时处理来自家庭、朋友、工作、公共机构的任务，就像在大城市开车的时候一样，既要转向、刹车、检查仪表、扫视周围环境，还要和乘客闲聊几句，可能同时还听着音乐。

（六）怀疑精神

怀疑精神非常重要，面对大量信息我们应该具备辨别能力。即使我们通过社交网络从朋友那里接收的信息，也要经历精确性、权威性、关联性、客观性和实用性的检验。怀疑精神能帮助我们淘汰过时的、带有偏见的、不完整的、误传的、错误的、没用的信息。

（七）道德素养

新媒体时代每个人都能够成为信息发布者和传播者，谁能提供更可信、更透明的信息谁就更受他人欢迎。与此形成鲜明对比的是，社会终将会惩罚那些使用虚假信息、歪曲事实、抄近路、压榨人际关系和隐瞒信息来源的人。

第二节　新媒体时代的教育，你接受了吗

媒介素养需要通过后天的学习来获得，如何提高我们的媒介素养自然就成了新媒体时代的一个重要问题。自觉学习、培养、接受媒介素养教育，是我们获得媒介素养的途径与方法。

媒介素养教育，又称媒介教育，是20世纪下半叶在欧洲、北美洲和大洋洲以及拉丁美洲、亚洲部分地区逐渐兴起的一个新教学科目，是在媒体时代针对多种媒体对人的影响而提出的一种教育思想和方法。媒介素养教育是以培养

人的媒介素养为核心的一项新的教育内容。

一、媒介素养教育的目的

对于普通大众（非媒体从业人员）而言，媒介素养教育的目的是对我们进行认知教育、批判性教育和评价教育，从而学会认识媒体、辨别媒体信息和利用媒体。

认知教育：正确认识媒体的性质、功能，了解信息的产生过程，能够自觉掌握个人接触媒体的量和度。

批判性教育：建立对媒介信息的系统批判意识，正确判断媒体信息对现实的再现、媒体的商业性与价值观。

评价教育：提高对不良媒体信息的免疫力和对不同价值信息的选择能力，学会利用媒体为个人成长和社会发展服务。

二、媒介素养教育的作用

媒介素养教育的研究发端于英国（1933 年），目前包括英国在内，国际上许多国家和地区如加拿大、澳大利亚、美国、日本等，包括我国的香港地区、台湾地区都早已把媒介素养教育纳入正规教育体系中。我国大陆也已经意识到对大众进行媒介素养教育的重要性，开始将媒介素养教育课程纳入整个教育体系，比如现在中小学开设的信息技术教育课程。但与发达国家相比，我们的媒介素养教育处于落后状态。为什么要接受媒介素养教育，媒介素养教育有什么重要作用呢?

（一）可以提升个人素质

各种媒体尤其是网络媒体、手机媒体已经渗透到我们生活的方方面面，并且每天快速地向我们传递着海量纷繁复杂的信息，我们对世界的认识和了解在很大程度上都是通过这些媒体信息进行的。如果我们面对如此多的信息没有适当进行筛选、解读和有效传播信息的媒介素养，就会在庞杂的信息面前不知所措，被媒介信息淹没，甚至沉溺于网络、手机等的各种负面影响中。青少年群体受新媒体的影响更大，如果具备媒介素养就可以抵制新媒体的各种负面影响和诱惑，形成积极健康的世界观、人生观和价值观。媒介素养教育通过提升个体素质进而提升公民整体素质，提升整个社会的文明程度。

（二）教会个人实现终身学习

在一个知识、信息、媒介不断更新和发展的时代，面对如此之多的信息源，

学会学习自然成为一种全新的理念，而知识的更新不断加快，只有保持“终身学习”才能使自己不被社会淘汰，这种在庞杂的信息中进行有效学习的能力就建立在媒介素养基础之上。因此，对公民进行媒介素养教育既可以提升其媒介素养，也是每个人实现终身学习的必然要求。

（三）促进良好媒体文化的形成

为什么网络中会有大量暴力、色情等低级庸俗的东西存在，是因为有这样的受众群体存在，为了迎合他们的喜好，自然就会有人生产出这些低俗、不健康的内容。如果通过有效的媒介素养教育，提高受众的媒介信息鉴赏力，结果会大不相同。一方面受众对媒体传播内容的庸俗化需求降低，文化需求不断提高，必然促使媒体必须制作、生产精良、有益、高雅的节目满足受众。另一方面受众会要求媒体组织采用更先进的传播技术，促使媒体组织提高管理水平，提升媒介从业人员素质。媒介素养教育提升了受众的信息需求品味，提高了媒体组织的信息生产水平，从而促进了良好媒介文化的形成，进而推动了整个传媒产业的发展。

（四）抵御信息霸权，保护本土文化

经济全球化和文化多元化态势日益增强。一方面，世界信息生产和流通的失衡。据统计，目前互联网上全部网址中的78%为英文网址，网上信息约89%是英语，网上信息80%由美国提供，信息和传播上的劣势意味着受控制和受支配的地位。另一方面，少数发达国家利用其在全球信息传播中的垄断地位，在世界范围内散播渗透着其政治、经济、文化等支配倾向的信息产品，这对发展中国家将造成诸多方面的负面影响。比如韩国文化对中国文化的侵略现象。韩国影视剧、服装、电脑游戏、化妆品、食品、娱乐节目与综艺节目等韩流文化不断入侵中国，一步步从文化生活上改变着中国年轻人的生活方式。2013年最火的两部韩国电视剧《来自星星的你》和《继承者们》，不知道赢得了多少中国女性的心。再看一下韩国电脑游戏，前些年中国在线游戏排名前6名中就有4款是韩国开发的，如“穿越火线”“地下城与勇士”和“劲舞团”等。韩流不断入侵的结果就是很多人尤其是青少年群体对韩流文化过度推崇，审美和价值导向越来越韩化，把韩国文化当成本土文化来吸纳，我们中华民族的本土文化却被忽视甚至抛弃了。

通过媒介素养教育，民众具有了辨别各种信息意义和价值的能力，认识到各种媒介信息都具有意识形态，批判性地接收各种信息，就可以有效抵制各种具有政治倾向或者动机不良的信息。民众更是可以积极参与到信息生产与传播当中，反对歪曲不实信息，发布、提供事实真相，抵御发达国家的信息霸权。

三、媒介素养教育的对象

身处信息社会、媒体社会的每一个人都需要具备媒介素养，每一个人都需要接受媒介素养教育，所以媒介素养教育的对象并不局限于某个群体，而是普罗大众的终身教育。每一个群体的特点存在很大差别，为了能够更好地进行媒介素养教育，可以将公民群体分成五大类，即未成年人、大学生、城市居民、农村受众和政府公务员。我们每一个人都归属于某一个群体，要结合自己的特点来接受媒介素养教育。

四、媒介素养教育的方式

（一）未成年人的媒介素养教育

未成年人（主要是中小学生）是媒介素养教育的主要对象。

1. 原因

一方面，未成年人处于心智发育阶段，和成年人相比他们的社会认识尚不完整，人生观、价值观都处于发展变化时期，对外部世界的认识和经验非常有限，因此在接触各种媒体时缺乏足够的经验来辨别信息的真伪与善恶，缺乏较强的自我控制能力，所以更容易相信和接受各种媒体信息。网络成瘾、网恋、言语暴力、手机控等，有这些倾向的很多都是未成年人，也是这个原因。

另一方面，在新媒体时代，未成年人又是各种媒体信息的主要消费者，接触网络、手机、电视等各种媒体是他们放学后自由时间内的主要活动内容。曾经有人进行了形象总结："70后"的孩子玩"抽汉奸"，"80后"的孩子看动画片，"90后"的孩子玩电脑，"00后"的孩子玩平板……各种新媒体提供的新颖方式、丰富内容更符合青少年活泼好动、求新立异的特点，因此深受他们的青睐。

面对新媒体环境的冲击，未成年人游弋在媒体信息的海洋中，获得了很多的知识、智慧和快乐，但同时他们也可能会误食色情、暴力、凶杀等"毒蘑菇"，因此对未成年人进行媒介素养教育，提高他们的免疫力成为重中之重。

2.“学校—家庭—社会”三结合的方式

我国实行九年制义务教育，未成年人都要踏入学校经历学生阶段，所以通过学校教育特有的制度化、强制性以及良好的持续性可以保证媒介素养教育的理念和内容得到比较稳定的贯彻。利用学校和教师的权威性系统讲解、专门讨论媒介知识，容易使学生形成共识，互相影响，以此达到提高学生媒介素养的目的。在授课形式上，根据年级的不同，学校可以安排授课、游戏、实践等不同形式相结合的方式进行多样化教学。

全国少工委办公室文件

中少办发[2014]4号

关于2014年在少年儿童中开展媒介素养教育活动的通知

各省、自治区、直辖市少工委，新疆生产建设兵团少工委：

为充分发挥未来网等团属少年儿童网站作用，提高少年儿童辨别网上信息和理性表达的能力素质，促进在新媒体领域培育和践行社会主义核心价值观，2014年，全国少工委办公室、团中央网络影视中心将面向广大少年儿童开展媒介素养教育活动。有关事项通知如下：

家庭是未成年人绝大部分媒介行为的发生地，也是未成年人受媒介影响的主要场所，收看电视节目、上网、使用手机等行为基本都在放学之后的时间里发生。要提高未成年人媒介素养，让未成年人成为独立合格的媒介使用者，离不开家庭的媒介素养教育。家长要承担起媒介素养教育的重任，在未成年人接触媒介的过程中进行合理督导和管理。所谓家庭媒介素养教育，就是两代人共同学会选择媒介、筛选信息，建立应对信息流的批判反应模式，提高对负面信息的觉察能力和抵制能力。

当然，在对未成年人进行媒介素养教育过程中，社会也要担当起重要责任，政府、社会组织、媒体单位等都要为提供一个健康良性的媒介环境而努力，为未成年人提供健康积极的节目、传播适宜信息、进行正确的价值引导，才能帮助他们健康成长。

3. 未成年人家庭媒介素养教育方法

随着家长对孩子教育的重视，家庭内电脑、手机、平板、MP5 等各种新媒体广泛普及，同时未成年人因使用新媒体产生的各种负面影响也越来越多，因此在家庭环境中对他们进行媒介素养教育变得越来越重要。家长要采取主动行为，以一个积极的角色，从孩子小时候就开始做起，帮助他们正确地认识各种媒体形式，帮助他们选择合适的媒体形式并指导他们合理使用，而不是等到各种问题产生了才开始想办法。我们可以通过培养孩子的一些良好习惯来实现媒介素养教育的目的，如指导孩子看电视、让孩子爱上阅读、和孩子一起学习网络的使用、正确使用手机的各种功能等。要做到这些，要求家长自己首先具有媒介素养，才能够教育孩子。

（二）政府公务员的媒介素养教育

从政府公务员的工作和生活实际出发，他们的媒介素养运用场合一般可以分为日常履职、突发事件处理和个人私生活三类。

从日常履职来讲，政府公务员与各种新媒体的关系十分密切。他们中的一部分人本来就分管媒体工作，比如负责政府公务网站、公务微博、公务微信等的信息发布、管理工作，或者作为新闻发言人专门与媒体打交道，或者归属于宣传系统，所以必须对媒体的体制、运行、内容、作用、形式、发展等非常熟悉才能够把握舆论导向，巧妙处理信息源，做好新闻主角，提高政府公信力。

从突发事件处理方面来看，政府公务员在突发事件中如何与媒体打交道，如何预防和处置突发事件等，其实都属于媒介素养的内容。从发生的一些负面事件上可以看出政府公务员媒介素养教育的重要性与迫切性：出现重大事故时的瞒报、漏报、信息公开拖延，陕西官员车祸现场调查微笑，政府网站频频出现造假视察照片等。2011 年哈尔滨由于供热设备故障导致居民家中供暖温度下降，媒体对此做了报道，哈尔滨市供热办宣教处一名工作人员说：“媒体应多报一报我们供热企业是怎么千辛万苦搞好工作的，不要老报冷冷冷，要注意社会和谐。”这一方面反映了某些人员服务意识与道德意识的缺失，另一方面反映了他们媒介素养的缺失，没有把社会的信息需要、民主政治需要、科学决策需要、人们的知情和表达需要、舆论监督需要等融入自己工作中去。

在个人私生活方面，政府公务员使用各种新媒体发布生活信息时的“度”如何把握，同样是非常重要的问题。

从这些方面来开，政府公务员同样需要进行媒介素养教育。

（三）大学生群体的媒介素养教育

要对大学生进行媒介素养教育，很多人可能会对此产生疑问，认为大学生群体文化知识水平较高，还有必要对他们进行媒介素养教育吗？答案是肯定的，对大学生群体进行媒介素养教育同样任重而道远。

实际调查表明，大学生群体是各种媒体尤其是网络、手机等新媒体的主要接触者和使用者，他们能够快速、便捷地获取信息，却无法对各种媒体传播信息的方式和信息本身做出非常准确的评价，无法将自身的信息需求和媒体所提供的内容有效地联系起来，因此不能有效辨别信息的价值，不能充分地利用媒介资源。并且部分大学生在接触和使用新媒体的过程中，产生了一些偏离、失范和过度依赖现象，比如有些大学生使用新媒体只是为了消遣娱乐，有些经常浏览色情、暴力信息，有些沉迷于网络游戏不能自拔，有些沉溺于手机，有些沉迷于网络交友，导致学业荒废。

大学生群体是目前中国实行媒介素养教育最具现实可行性的群体，因为大学生群体具有其他群体所不具备的便利条件：高等学校资源丰富，大学生思想开放，知识结构和价值观念相对成熟，升学考试压力较小等。目前我国大学生群体的媒介素养教育已经初见成效，大部分学生已经初步具备了应对新媒体时代的媒介素养，比如有目的性地接触和使用媒体，对电视、网络、手机等各种媒体形式具有良好的驾驭能力，在信息接收和传播过程中能够对信息进行有效辨别，能够利用媒体帮助自己成长（比如利用网络展示对自己进行宣传）等。

加强大学生媒介素养教育，是培养信息时代合格人才的必要措施。现在许多高校都开设了媒介素养教育公共课，如山东大学、上海交通大学等，复旦大学还开办了媒介素养教育专业网站。

（四）城市居民的媒介素养教育

现代城市正在飞速发展，大量人口涌入城市使城市居民的成分越来越复杂，阶层也逐渐分化。同时随着技术的不断发展，电视、广播、网络、手机等各种媒体的数量不断增多，并且信息传播的专业性也不断增强。在这种新的情况下，传统的媒介素养教育已经适应不了城市的发展变化，必须结合不断发展的居民构成和媒体发展，对城市居民进行与时俱进的媒介素养教育。

因为城市居民构成复杂，所以对城市居民媒介素养的水平很难有一个全面、具体的数据调查或情况统计，根据不完全统计数据来看，我国城市居民的媒介素养状况不容乐观。虽然大多数城市居民现在都对各种媒体形式有一定的理性认识，但是他们中为数不少的人没有接触或使用过网络、手机等新媒体形式，很多人缺乏对媒体信息的正确判断力，对各种媒体尤其是新媒体的认识还局限于表面、肤浅的感性认识，因此时常会出现一些问题。比如轻信网络上传播的一些谣言并随意散布转发，容易被手机诈骗短信欺骗，面对电视、报纸、网络同时传播的海量信息无法选择，等等。其实产生这些问题的原因就是他们对媒体缺乏基本的认识，对媒体信息的采集、制作、传播、接收等方式了解不够，对网络构筑的虚拟环境辨识不清，对媒体既要承受经济利益又要承担社会责任的双重性缺乏思考，等等。

现在，北京、上海等一些发达城市开始利用社区对居民开展媒介素养教育，通过社区中的教育活动、文化活动进行媒介素养教育，通过让社区居民学习网络操作知识，使用手机微信、QQ 聊天等让居民对新媒体和新媒体信息传播形式有基本的了解。山东济南还开展了媒体进社区活动，山东电视台、齐鲁电视台等开展了节目进社区活动，通过社区组织居民参与节目制作过程，使他们了解现代媒体信息的整个产生过程，这是对城市居民开展媒介素养教育的有效方式。

（五）农村受众的媒介素养教育

相比于其他一些国家，我国农村受众的数量更为庞大，虽然目前农村受众也开始不断接触各种新媒体，比如使用电脑、手机上网等，但从总体来看，我国农村受众群体的媒介素养远远低于其他群体的媒介素养水平。原因主要有两方面，一是农村受众所占有的各种资源如经济资源、文化资源、教育资源等非常有限，二是农村受众知识文化水平较低。这导致大多数农民跟各种媒体接触的机会非常少，即使接触各种新媒体也仅仅局限于非常单调的休闲娱乐等应用。对于现在的农村受众来讲，非常需要利用各种媒体为生活服务。比如要进城务工，怎样利用互联网搜索招工信息，怎样进行网络求职？要怎样利用网络销售自己种的大棚蔬菜？如何利用网络学习致富技术？如何培养孩子接触各种媒体形式？农村受众对媒介素养教育的需求比其他群体更为迫切。

对农村受众的媒介素养教育可以采取多种形式来进行。可以通过组织农民

参观报社、电视节目下乡、利用“村村通”进行网络使用培训等各种形式让农村受众认识、了解媒体。通过学校教育培养农村青少年接触使用各种媒体获取信息的能力，除了要开设媒介素养教育课程外，还可以聘请媒体机构人员或者媒体专家为学生举办讲座或作报告，提高农村学生的媒介素养能力，能够利用各种新媒体为自己的成长服务。还可以先培养农村党员干部、先进分子等群体的媒介素养，再通过他们进行扩散。

总之，虽然目前我国各个社会群体的媒介素养水平存在明显差异，媒介素养教育的开展情况和方法随着地域条件的不同也差别较大，但值得庆幸的是，我国已经意识到媒介素养教育的重要性，把媒介素养教育纳入素质教育体系。生活在新媒体时代的每一个人都应该深刻认识到，媒介素养教育实际上是素质教育，是全民教育，更是终身教育，因此都应该有意识地努力提高自己的媒介素养，做一个合格的新媒体时代公民。

第三节　新媒体时代的教育，你开展了吗

作为新媒体时代的家长，面对孩子充满诱惑的各种新媒体，面对孩子接触和使用新媒体过程中产生的各种问题：看起电视来没完没了，喜欢看暴力漫画，喜欢玩电脑游戏、手机游戏，上网成瘾，不喜欢学习，不喜欢阅读，小小年纪就成了一个个“近视眼”“网虫”“手机控”……我们究竟该怎么做才能让孩子在对新媒体的接触和使用中游刃有余，培养起孩子符合时代发展要求的媒介素养，是摆在众多家长面前的一道难题。

一、儿童媒介素养教育

在现代信息化社会和新媒体社会环境中，儿童（这里主要指学龄前儿童）从一出生就开始接触各种媒体形式，可以说他们是在各种新媒体包围中成长的一代，是新媒体时代的“原住居民”。因此作为家长，从一开始就要对孩子进行媒介素养教育，让孩子从小就具备正确接触、使用新媒体的能力与素质，让新媒体成为他们成长过程中的好伙伴、好帮手。

（一）儿童的心理与行为特点

儿童时期是人的一生中心理发展非常迅速也是非常关键的一个时期，儿童心理在这个时期完成了从无到有、从低到高、从简单到复杂、从萌芽到成熟的整个发展过程，是接受教育最有效的时期。家长必须了解、熟悉这一时期的心

理与行为特点，才能针对性地指导孩子，进行媒介素养教育。

1. 3 ~ 4 岁儿童心理发展特征

幼儿 3 岁以后，在生活和活动上发生了很大变化。这一时期儿童突出的特点是情绪性强，行为受情绪支配，而不像成人那样受理智支配。具体表现在:

（1）爱模仿。这个年龄段的儿童独立性差，模仿性很强。看见别人玩什么自己就玩什么，看见别人有什么自己就想要什么。因此这一时期家长要进行合理引导，首先家长不要有不正确的媒体接触行为，如在孩子面前过度或不合理使用电脑、手机或者看电视等行为都会被孩子看在眼里并进行模仿。

（2）思维带有直觉行动性。依靠动作和视觉进行思维是 3 岁前儿童的典型特点，比如让他们说出手中小汽车的个数，他们只会用手指点着小汽车才能数，而不能在心理默数。

（3）自我意识明显发展。自我意识就是自己认识自己的一切，包括认识自己的生理状况、心理特征以及自己与他人的关系、自己与周围环境的关系等。儿童的自我意识在 1 岁左右开始萌芽，能把自己和自身以外的东西区分开来。到 3 岁左右自我意识明显发展，开始意识到“自我”，独立性增强，能自己独立完成一些事情，并表现出不听话、拒绝大人帮助和干预，甚至是执拗等特点，这就是心理学上的“第一反抗期”。这实际上是儿童自主活动能力增强的表现，具有积极意义，家长应注意进行引导和培养。

2. 4 ~ 5 岁儿童心理发展特征

这一年龄段的儿童身心各方面都得到了较大发展，显得非常活泼好动。

（1）爱玩、会玩。幼儿都喜欢游戏，但 3 岁以前的儿童虽然爱玩却不大会玩，五六岁的儿童虽然爱玩，但由于学习兴趣日益浓厚，真正室外互动游戏的时间相对少了一些。所以 4 ~ 5 岁的儿童开始对电脑游戏、手机游戏产生浓厚的兴趣，并且因为年龄较小，自我控制能力不强，需要家长进行有效监管。

（2）活泼好动。活泼好动的特点在 4 ~ 5 岁幼儿身上表现得特别突出，甚至表现为顽皮、淘气。

（3）思维具体形象。4 ~ 5 岁儿童的思维还是典型的幼儿思维形式，表现为典型的具体形象思维，但这时他们的抽象思维开始发展，只不过形象思维能力大于抽象思维能力。

3. 5 ~ 6 岁儿童心理发展特征

（1）好学，好问，好探究。这一时期儿童的大脑不断发育、完善、成熟，活动范围不断扩大，活动内容不断丰富，语言能力越来越强，观察力、注意力、思维力、记忆力和想象力都迅速发展。5 岁以后儿童能够有目的、有针对性地进行观察，可以按成人的要求依照预定的任务，有意识地进行感知和观察活动。

（2）抽象概括能力开始发展。5 ~ 6 岁儿童的思维仍然是具体形象的，但已有了抽象概括的萌芽。

（3）个性初步开始形成。5 ~ 6 岁儿童初步形成了比较稳定的心理特征。6 岁左右时儿童的自我评价能力会有显著提高，其评价不再完全是成人评价的翻版，而是有了一些自己的看法，并且会对大人的评价表现出批判态度。这个时期的儿童能够认识到一些抽象的品质如善良、宽容等，不但能认识到自己的优点，还开始认识到自己的一些缺点，并试图改正这些缺点。

（二）儿童接触使用各种新媒体的作用

新媒体时代儿童享受信息资源的途径日益增多，网络、智能手机成为儿童日常生活中非常普遍的媒体形式，合理接触和使用新媒体可以为儿童的发展进行针对性教育，能促进儿童更好地发展。

1. 提高儿童认识事物的能力

较之于杂志、报纸、图书、电视、广播等传统媒体，基于互联网的电脑、手机等新媒体能为儿童传递大量信息，这些信息涉及面非常广，天文、地理、历史、自然、科学、民族、人体、音乐、绘画等知识无所不包。儿童通过接触新媒体提供的这些知识，可以在很大程度上增强其对外部世界的认识。如腾讯儿童网站针对不同年龄段的孩子提供了关于宇宙、地球、植物、动物、人体、心灵、文化、生活、军事等各方面的知识，儿童通过体验、阅读，可以提高认识事物的能力。

2. 提高儿童的语言能力

儿童的语言学习包括对一系列声音或符号及其约定俗成意义的识别、再认和重现，对语法规则的理解以及对使用语言所必需的动作技能（如发音、书写等）

的掌握等。网络、电视、手机等电子媒体会提供生动形象的画面、准确的语言、悦耳动听的背景音乐，可以为儿童提供大量声音识别、再认和重现的机会。儿童非常喜欢进行模仿，加上家长的正确讲解和指导，可以使儿童更好地理解词汇、句意等，获得更多的语言学习机会，提高语言能力。

3. 帮助儿童更好地认识社会角色并规范其行为

各种媒体形式能够帮助儿童更好地认识各种社会角色。如果不借助于媒体形式，儿童通常只能认识日常生活中常见的生活角色如爸爸、妈妈、爷爷、奶奶、医生、警察、教师、司机等。对更多领域的更多社会角色，尤其是日常生活中不经常接触的社会角色，儿童则多通过各种媒体中的展现来认识。比如通过观看电视、网络上播放的动画片，讲述的儿童故事，各种专门为儿童所做的认知专题，则可以让儿童认识、了解律师、科学家、工程师、演员、志愿者、主持人等各种社会角色，以便更好地认识社会。所以说儿童接触各种媒体的过程实际上也是他们进行社会学习的一个过程。

通过接触各种媒体还可以对儿童的行为进行规范，让他们健康成长。儿童可以通过模仿动画片中人物角色来了解该角色的行为规范。比如儿童在观看动画片《狮子王》时就会了解到，作为国王需要好好地管理自己的国家。各种媒体还可以规范儿童行为，让其树立正确的行为观念，为其健康成长奠定基础。比如通过观看动画片《鼹鼠的故事》，儿童就可以明白每个人都要有爱心、要互相帮助等基本社会道德观念。

4. 培养儿童的想象力和创造力

大量的媒体形式还可以培养儿童丰富的想象力。儿童在接触网络媒体时会接受到大量针对儿童的动画、视频、音频、电子书等形式，可以刺激儿童的视觉、听觉想象，从而很好地培养他们的想象力。电脑、手机中的一些益智小游戏则既可以锻炼孩子的手眼协调能力，又可以起到开发儿童智力、培养创造力的作用。如网络上的米老鼠填色儿童游戏，不但可以让儿童认识各种颜色，还能让他们学会颜色的搭配使用；乐高积木游戏让儿童不但认识了各种形状，还能将各种形状组合在一起。

（三）儿童的媒体接触情况

针对目前儿童接触新媒体的情况，许多研究机构进行了大量的调查和分析，调查数据表明，在全国儿童家庭中，普及率最高的是手机，其次是电视机，然后是电脑；部分儿童拥有自己的手机，超过 50% 的孩子接触过平板电脑。儿童接触各种媒体的情况具体表现为：

（1）家长和儿童最喜欢、最认可的媒体形式依然是电视，大多数儿童每天都要观看电视节目，对电视节目的选择依次分别是动画片、少儿综艺节目、科学探索等。

（2）除电视外，书籍、期刊、报纸等是儿童接触较多的媒体形式，但儿童接触电视的时间长于接触书籍的时间，最喜欢阅读的是益智读物和故事类书籍。但统计数据也表明，很多儿童尤其是农村儿童是不阅读书籍的。

（3）少数儿童不会使用电脑也不接触网络，大多数儿童从来不听广播。但是大多数儿童都接触手机并使用手机上网玩网络小游戏、听儿童歌曲等。

（4）部分儿童接触电脑时最常做的事情是使用电脑看电视节目、玩网络游戏等。

（5）每周超过一半的儿童不去图书馆或书店。

（6）城市儿童的媒体接触经验明显比农村儿童丰富。

（四）儿童的媒介素养教育建议

对学龄前儿童来讲，家庭是进行媒介素养教育最重要的阵地，家长必须承担起这一重任，尤其是对于一出生就被各种媒体包围的新一代。

1. 家长要注意培养儿童的阅读习惯

阅读对儿童的益处很大，是儿童获得知识最基本、最有效的方式。阅读是提高儿童语言能力的重要途径，是孩子智慧发展的金钥匙，是儿童以后学习所需要的预备技巧。培养起儿童良好的阅读习惯，能够激发儿童的学习动机和阅读兴趣。家长作为孩子的第一位老师，要给儿童起到示范作用，自身要养成喜欢阅读、尊重知识的良好习惯。

（1）亲子阅读。亲子阅读对儿童的成长非常重要，能够让儿童感受到更多的家庭之爱，带给儿童丰富的情感体验，培养良好的亲子关系。可以促进儿童社会性交往能力的发展，帮助儿童学习书面语言，拓宽儿童视野，促进儿童智力和学习能力的发展。家长可以选择内容丰富、通俗易懂的书籍陪同孩子一起阅读，给孩子讲解书本中的知识，随着儿童年龄增长再帮助他们养成独立阅读的习惯。

（2）创建阅读环境。阅读需要良好的环境，家长要为儿童创建适宜的阅读环境。合适的读书区域、一定数量的图书和良好的读书氛围都可以很好地培养儿童的读书习惯。家长还要注意应该多带孩子到书店、图书馆等选购和借阅图

书，既可以拓宽儿童的图书选择范围，又可以让孩子爱上读书。当然在选购和阅读哪些书籍的问题上，家长一定要把好关，不要让孩子接触暴力、恶搞等劣质图书。

2. 家长要当好儿童观看电视节目的把关人

大多数儿童都喜欢看电视，尤其是在当前数字有线电视、网络电视等发展飞快的环境下，五花八门、丰富多样、全天候播放的电视节目很容易就可以把儿童吸引在电视机前。适量观看一些适合儿童的电视节目有利于儿童的情感和智力发育，但是很多节目其实不适合儿童观看，并且观看时间的长短、观看环境等都会对儿童的成长产生影响，如经常看电视的儿童容易养成不良行为习惯，语言能力和社交能力低下，视力出现问题等。因此，家长要做好儿童观看电视节目的把关人，具体来讲可以从以下几个方面把关：

（1）从时间上把关。合理安排和有效控制儿童看电视的时间，可以有效预防儿童成为“电视迷”。儿童长时间看电视自然会减少户外活动时间，减少与父母、其他儿童交流的时间，时间一长儿童的性格容易变得孤僻，甚至可能会产生自闭等严重问题。因此，家长要把控好儿童观看电视节目的时间长短。一般而言，1 ~ 3 岁的幼儿每天看电视的时间最好控制在 15 ~ 20 分钟，3 岁以上的儿童以每天不超过半小时为宜。

（2）从内容上把关。给儿童看的电视节目一定要有选择，家长不能以工作忙为由，把孩子放在电视机前就不管不问了，让电视充当孩子的“保姆”。暴力色情的动画片、情歌、成人电视剧、戏谑古装剧、穿越剧等会给儿童的成长带来极大的负面影响。家长应选择一些具有教育性、知识性、科学性、艺术性、趣味性的节目，让孩子从电视节目中获益。儿童观看动画片、电视节目前，家长可以先从网上观看一部分，了解一下内容是否适合儿童，节目讲述了什么道理，有没有脏话、暴力、裸露、恶搞等内容，再决定是否让儿童观看。

（3）亲子观看，适当点评引导。家长要尽量陪孩子一起观看电视节目，并在合适的时候对节目进行点评，引导孩子弄明白电视节目中的道理、知识、情感。在遇到电视节目中出现某些不太好的场面或不合理场景时，家长可以及时打断，吸引孩子转移注意力。如果孩子看到了，家长要及时进行说明和解释。比如节目中出现说脏话时，如果家长不及时引导，儿童会觉得说脏话是很好玩的事情，就会去模仿。看到一些危险镜头时，儿童意识不到其中的危险，会因为好奇而进行尝试，比如高空跳下、往脖子上套绳索、撞晕自己想要穿越等，这样的悲剧已经发生了很多，跟家长没有及时给予引导有很大关系。2013年4月6日下午江苏连云港东海县的10岁男孩李某模仿动画片《喜羊羊与灰太狼》剧情，将8岁男孩李浩冉和5岁的李浩做“绑架烤羊”的游戏，导致李浩冉身体烧伤达40%，李浩全身多处烧伤达80%。

男童模仿动画片致烧伤 状告“喜羊羊”获赔85万元

2014年08月08日 09:57 来源：中国广播网 参与互动(16)

据中国之声《央广新闻》报道，备受社会关注的东海县烧伤小哥俩状告《喜羊羊与灰太狼》制片方生命权、健康权、身体权纠纷一案5号在连云港市中级人民法院调解结案。广东原创动力传播有限公司主动给上诉人李浩冉、李浩人道主义援助和社会公益捐助共计人民币85万元，同时法院免收了李浩冉、李浩的诉讼费用。

在2013年4月6日的下午5点多钟，江苏连云港东海县的10岁男孩李某模仿《喜羊羊与灰太狼》的剧情，将8岁男孩李浩冉和5岁的李浩做“绑架烤羊”游戏，导致原告李浩冉身体多处烧伤40%，李浩全身多处烧伤80%。被烧伤男孩身体受到了严重的伤害，家庭也承受了巨大的经济压力。

（4）榜样示范，不做“电视家长”。想让儿童合理、健康地使用电视媒体，家长自己首先要不做“电视家长”，给孩子起到示范作用。很多家长自己成天坐在电视机前看个没完没了，却强制性地要求孩子不能看电视，儿童必然会有逆反心理，产生抵触情绪。

3. 引导儿童合理使用广播

广播其实是最便捷的媒体资源之一，但调查发现无论是家长还是儿童对广播媒体的使用率都很低。广播媒体的使用有很多便利之处，随着技术的不断发展，广播可以说无处不在，车载广播、手机广播、收音机广播、对讲机广播等都随处可用。家长接送孩子的时候，可以打开车内的广播和儿童一起收听一些适合儿童的节目，或者一起收听新闻、欣赏音乐。收听适合儿童的广播节目，可以很好地训练儿童的听力和专注力，促进他们语言能力和想象力的发展。

4. 引导儿童合理使用网络媒体

电脑和网络已经在家庭中迅速普及，拥有率不断提高，成为儿童目前广泛接触的新媒体。儿童在接触和使用网络媒体的过程中，既可以通过网络得到许多有益的锻炼和学习，同时也有很多负面的影响，需要家长积极引导和控制，趋利避害，让儿童成为网络的主人，让网络成为儿童成长的好帮手。

（1）教儿童正确认识网络。网络对年龄比较小、自控力较差、对新事物充满好奇心的儿童充满了诱惑力，很容易让儿童沉浸其中乐此不疲。因此家长在儿童一开始接触电脑和网络时，就要进行积极引导。家长要给儿童讲清楚电脑和网络是什么，可以用来干什么，怎样合理使用，网络中有哪些不好的东西，有什么危害，用时间长了会有什么不良影响等，让儿童对电脑和网络有一个简单、初步的认识。在此后的使用过程中，针对儿童接触的各种游戏、网络电视、软件使用等，家长要不断进行监督、控制，适时引导和讲解，保证儿童既可以通过网络获取有益知识，又有效避免不利影响。

（2）让儿童“公开”使用网络。电脑应该放在家里的“公共场所”如客厅或公用的书房，让儿童认识到上网查阅资料、玩游戏、观看电视节目、与其他小朋友交流等都是正大光明的事情，同时也便于家长随时对孩子的上网行为进行实时指导与监督。如果有时间，家长应尽量与儿童一起使用网络，尤其是涉及玩游戏或者在网络上浏览一些不确定性内容时。家长与孩子一起使用网络，既可以避免一些负面信息对孩子的伤害，又可以融洽亲子关系。对于儿童使用的学习软件或者学习网站，家长必须严格把关，选择适合、健康的内容供儿童使用。

（3）教会儿童有节制地使用网络。家长要严格控制儿童使用电脑和网络的时间，预防“小网虫”“电脑迷”“小近视”等的产生，长时间使用电脑会严重影响儿童的身心健康。家长要在孩子刚开始接触网络的时候就和孩子约定使用时间，包括什么时候可以用、每天可以使用多长时间、每周可以使用几次等，约定好之后就要严格执行，不能因为孩子哭闹就迁就孩子，否则以后很难管理。为防止儿童沉溺于网络，家长要注意转移孩子的注意力，如多进行阅读、户外活动，多与其他儿童一起玩耍等。

5. 移动媒体的使用

随着智能手机和无线网络的发达与普及，越来越多的儿童开始接触和使用手机、平板电脑等移动设备，并且据统计数据显示，使用移动设备的儿童在数量上呈爆炸式增长，使用时间越来越长，移动设备正对儿童造成巨大伤害，需引起家长的重视和反思。

儿童教育专家孙云晓曾明确提出，10 岁以下儿童不适合使用智能手机，原因就是不利于儿童学习和身体成长。单从移动设备屏幕对儿童眼睛的伤害来看，浙江省眼科医院三位医务人员曾拿自己孩子做了 4 天实验，结果显示：玩 20

分钟 iPhone，三个孩子平均视力接近轻度假性近视状态；玩 20 分钟 iPad，泪膜破裂时间与干眼症患者相当；玩 10 分钟手机，相当于看 30 分钟电视。面对这一骇人结果，他们呼吁让孩子们远离手机，远离 iPad，尤其不要在黑暗中玩手机，容易患眼癌。

但是我们得承认，在目前的形势下想让儿童彻底远离屏幕、远离移动设备，是非常困难的事情，在这种情况下，家长的控制和引导就变得非常重要。

二、青少年媒介素养教育

越来越多的青少年很小就开始主动或被动地接触、使用新媒体，对基于新媒体的数字电视、网络游戏、手机聊天等爱不释手，并很快被其俘虏成为忠实粉丝。新媒体在他们的成长教育中起到了重要作用，利用各种新媒体，青少年可以查找资料、获取信息，进行轻松愉快的学习；可以欣赏电影，游戏娱乐，拓展视野，丰富生活；可以网络聊天，微博展现，沟通交流，展现自我。与此同时，大量让人担忧的问题也不断产生出来，海量信息让他们应接不暇，良莠不分；暴力、黄色信息扭曲他们的价值观；接触时间过长，沉溺其中，影响学习，损伤身心……新媒体真是让人又爱又恨。如何让青少年趋利避害地接触、利用新媒体呢？在政府不断加强监管、社会不断倡导规范的同时，家庭教育也不能忽视对青少年正确健康接触新媒体能力的培养。

（一）培养青少年正确认识新媒体的能力

形成健康理性的媒体认知机制，是青少年正确接触、使用新媒体的首要条件。

家长在青少年接触各种新媒体形式时，要让他们预先建立起健康理性的媒体认知机制，对新媒体形成较为全面、准确的认识，正确定位。针对要接触的新媒体的性质、作用、危害等具体信息，形成正确的媒体认知观念后再进行接触，比完全盲目接触效果要好得多。就拿现在时兴的手机媒体来说，许多孩子在有了智能手机以后，会和同学、朋友打电话、发短信，登录 QQ、微信聊天，

发微博、看笑话、玩游戏、看网络视频，稍微大一些的孩子都有可能用手机浏览不健康网页。这样的事例频频出现，不胜枚举。之所以出现这种事与愿违的状况，跟家长的教育有很大关系。家长在让孩子接触手机时就要跟孩子明确说明手机媒体的特点、社会作用、使用方式以及手机媒体对青少年的特殊作用与使用限制等，让孩子明确他能用手机媒体做什么、什么时候做，再配合其他管理方式，就可以让孩子理性地掌控手机而不是滥用手机。

媒体认知机制的建立还应该是一个不断深化的过程。在青少年接触新媒体的过程中，家长要持续进行适度监督，不断训练孩子对新媒体功能进行系统化学习，把新媒体慢慢变成学习工具而不是娱乐游戏室。当孩子遇到问题或者接触不良信息时要及时给予正确引导，比如当孩子使用网络接触到垃圾信息时，家长就要及时和孩子交流讨论网络垃圾信息的产生、危害、识别及忽略、屏蔽、过滤等方面的知识与技能，尽量减少孩子所受的负面影响。

（二）培养青少年良好的媒体信息判断力

具备良好的媒体信息判断力，是青少年健康接触新媒体的重要技能。

青少年正处于世界观、人生观和价值观形成的关键时期，好奇心和求知欲强烈，易受各种新兴媒体的吸引，但自身分辨力和自制力却较差。如果家长任由他们在复杂的新媒体世界中自行探索，他们很难独立做出正确选择，极易受到各种虚假、黄色、暴力、广告等垃圾信息的侵扰与伤害。在青少年进行媒体接触的过程中，他们面对的是鲜花与毒草并存的海量信息，如何分辨，如何过滤，如何选择，是个大问题。在信息时代背景下的新媒体接触，需要家长尽早培养孩子良好的媒体信息判断力、鉴别力和使用能力，让他们在批判性思维的指导下进行媒体接触。

在新媒体环境下培养青少年明辨真善美、假恶丑的能力，帮助他们树立健康的媒体信息价值观，刻不容缓。比如面对网络上郭美美、刘园园、希尔顿等络绎不绝的炫富事件，很多青少年产生了羡慕心理；当网络上由明星引发的减肥、整容潮扑面而来时，很多青少年开始倾力效仿；当芙蓉姐姐、凤姐等成为网络红人大把捞钱时，很多青少年开始持读书无用论……青少年心理发育还不健全，但接受新东西却很快。因此，在与媒体接触的过程中，家长要积极引导孩子多关注蕴含社会正能量的信息，自觉排斥、抵制、过滤和屏蔽消极、负面信息。如家长可以引导孩子查阅资料或浏览新闻时选取知名正规网站；在线阅读、欣赏影视节目时应选取那些能够拓宽自己知识面的内容，而不是一些花边新闻。这样孩子在接触网络、手机等媒体时遇到的一些暴力、凶杀、明星绯闻、婚外情、恶搞、炫富等负面信息时，潜意识中就会排斥、过滤或屏蔽这些信息，有意识地保护自己。有时即使因为好奇心驱使浏览了这些信息，也会批判性地接受。

（三）培养青少年的媒体接触控制力

培养青少年较强的媒体接触控制力，是保障青少年身心健康的有力保证。

调查发现，青少年接触最多的新媒体是网络、手机和平板电脑，具体接触形式为观看影视节目、查阅资料、网络游戏、使用学习辅助软件、网络聊天交友、自我展示、信息传递等。青少年正确适当进行新媒体接触，享受新媒体世界所提供的便捷方式与丰富信息，可以促进想象力、记忆力、思维能力、交往能力、创造力等各方面能力的发展和提高，激发学习兴趣、意志和动机。但同时伴生的诱惑与陷阱、摧残与伤害也不容忽视。沉溺于冒险刺激的网络游戏、无休无止的在线影视节目，被黄色暴力信息吸引、驱使，迷恋轻松自如的网络聊天交友等问题正日益凸显。还是以手机为例，现在青少年沉迷智能手机成瘾已经成为重要的社会问题，调查显示，发达国家约两成青少年沉迷智能手机成瘾，并且人数呈不断上涨趋势。智能手机依赖、中毒等心理病症及伴随的近视、颈痛、腕痛、头痛等身体症状都相应而生。一名 5 年级的男生因为经常在课堂上玩手机与老师产生冲突时承认："我也知道在课堂上玩手机游戏不对，可我控制不了自己，老想玩。"还有一名初中男生因为玩手机耽误学习被家长没收手机，竟然与家长产生激烈冲突，后又晕厥。这些都是青少年在与新媒体接触中容易产生的问题。如果家长注意培养孩子的自控力，让孩子学会自我控制与自我约束，就会有效避免这些负面问题的产生。

培养青少年新媒体接触时间的控制力。如果孩子能学会适度控制上网、用手机的时间，就没有沉迷的问题产生，也就不会有那么多的网瘾少年和近视儿童了。

培养青少年目的明确地接触新媒体。比如孩子要利用网络查阅某方面的资料，家长要监督孩子在使用网络时只能接触跟此知识点相关的信息；孩子要通过网络欣赏动画片，在限定的时间段内只能搜索、选择、观看要欣赏的影片；孩子利用手机和同学联系，只能做与此相关的操作，坚决不能跑题更不能闲逛。培养孩子目的明确地接触新媒体，当他有明确的目的时就不容易被各种杂乱信息干扰。

培养青少年独立思考能力，避免产生媒体依赖。利用新媒体查阅资料、解难答疑、辅助学习本来是件好事，但是有很多青少年会过分依赖新媒体，导致其遇到问题时产生懒惰情绪，不再动脑思考，只想利用网络查询直接获取结果，这样既耽误了青少年对课本知识的理解与吸收过程，又削弱了他们的思考能力和实践操作能力。因此家长要注意培养孩子独立思考问题、解决问题的能力。

（四）培养青少年的隐私保护意识

增强隐私保护意识，是青少年进行新媒体接触的一道“安全防护网”。

青少年的自我隐私保护意识一般都比较薄弱，会在不知不觉中把自己的隐私信息透漏，或别人稍一引诱就把自己的所有信息和盘托出。曾有媒体报道，一名 15 岁女孩玩手机微信“摇一摇”，摇到一名网友并向其透漏了自己的家庭地址，结果被迷奸并致怀孕，给自己带来了严重伤害。有的孩子在进行邮箱、QQ 号注册时，会使用家庭号码或者自己生日等作为申请信息，并在信息栏中注明自己的所有真实信息。还有部分青少年不但随意泄露个人信息，还会泄露他人信息。青少年新媒体接触中隐私权的侵犯与保护已经引起普遍关注。

相对于成年人在网络上的个人信息来说，美国社会普遍认为儿童的在线隐私保护应列为优先地位。相当一部分网站搜集用户个人信息，而儿童缺乏隐私保护意识，网站通过各种方式诱导儿童填写个人信息，包括姓名、住址、生日、父母信息等。因此，美国国会在 1998 年 10 月通过了《儿童在线隐私保护法》（Children’s Online Privacy Protection Act of 1998，简称 COPPA），2000 年 4 月该法正式生效。根据这一联邦法律，在美国司法管辖范围内的网络运营商，必须制定相应的隐私政策，在向 13 岁以下儿童搜集个人信息时必须征得儿童父母同意，同时必须保护儿童在线隐私和安全。2011 年 9 月美国联邦贸易委员会（Federal Trade Committee，简称 FTC）对 COPPA 提出修订意见，经过两年咨询讨论，2013 年 7 月 1 日新修订的 COPPA 正式生效，将青少年在新媒体接触时的隐私保护提上重要日程。一方面，社会正在整体加强法律、网站自律等方面的措施；另一方面，学校、家长正积极进行监督与引导，共同保护青少年的

隐私权不被侵犯。青少年在接触传统媒体时一般都会有家长陪同，并且隐私泄露的可能性非常小。但是进入新媒体时代，基于网络交互性的手机、平板电脑、社交网站、聊天软件等可以使青少年直接进行个体对话与交流，拆除了家长保护的屏障，对青少年隐私权的侵犯就成为经常性问题。在这种情况下，培养青少年隐私权的自我保护意识就显得尤为重要。家长要在孩子进行新媒体接触过程中和孩子进行沟通交流，教会孩子不要在网上泄露个人信息，不能和网上的人见面或约会，要对自己在网上的所作所为负责等。在培养青少年隐私自我保护意识的过程中，家长不要只进行空洞的说教，可以结合大量已经发生的具体事例，让孩子彻底明白隐私泄露的危害和严重后果。家长在沟通交流的过程中，哪些信息属于个人隐私不能泄露，什么样的情况下会泄露，都要尽可能地具体化、详尽化。青少年隐私自我保护意识的培养是一个长期的过程，随着孩子的不断成长，媒体接触方式也在不断产生变化，家长要不断根据新情况进行持续监督和培养。

培养青少年健康正确的新媒体接触能力，家庭教育是重要渠道之一，不容忽视。只有培养起健康积极的新媒体接触能力，有效提高新媒体接触的能动性，青少年才能游刃有余地驾驭新媒体，真正成为新媒体时代的主人。

参考文献

[1] 黄庆畅、张洋:《网络谣言害人害己　社会公众勿信勿传——近年来在社会上产生严重后果的十起网络谣言案例》,《人民日报》,2012年4月16日01版。

[2] 张贺:《认清网络谣言的社会危害》,《人民日报》,2012年4月16日04版。

[3]《如何驱散“腐败猜想”——新媒体时代的舆论法则思考之四》,唐宋,人民日报,2012年3月1日,04版。

[4] 刘光斌,通讯员彭延群、宋国华:《羡4.97亿大奖,购彩误入陷阱》,《齐鲁晚报》,2014年8月7日第A11版:身边。

[5]《以后使用微信得实名了》,《齐鲁晚报》,2014年8月8日第A14版:国事。

[6] 张铁:《善用网络“水波效应”——新媒体时代的舆论法则思考之六》,《人民日报》,2012年3月3日,04版。

[7] 徐隽:《谣言,止于反击》,《人民日报》,2013年8月29日。

[8]《大批人贩子进京?造谣者被刑拘》,《齐鲁晚报》,2014年7月28日第A14版:国事·社情。

[9] 罗宇凡、南婷:《短评:朋友圈就该传递正能量》,新华网,2014年8月7日。

[10] 钟斯文《别让谣言污染“朋友圈”》,《人民日报》,2014年8月11日第04版。

[11]《为抓某高官封锁机场?谣言》,《北京青年报》,2014年7月21日第A07版:本市·社会。

[12] 杨仕成(图):《“谣翻中国”秦火火被抓》,《华西都市报》,2013年8月22日。

[13] 刘云海:《让微信朋友圈发挥公益正能量》,姚江网谈,2014年5月21日。

[14] 盛伟,通讯员叶晓舟、张桂芬:《27岁妈妈通宵玩手机猝死,被发现时眼睛还盯着手机屏》,《钱江晚报》,2015年6月18日A0010版。

[15] 刘裕国:《春耕用水　不再发愁》,《人民日报》,2011年12月22日第23版。

[16] 冯磊：《济南：公交到哪 "微步"知道》，《大众日报》，2013年7月23日。
[17] 刘科：《"人肉搜索"的罪与罚》，《国际先驱导报》，2008年9月3日。
[18]《中国互联网大会倡议共守"七条底线"》，《人民日报》，2013年8月16日。
[19] 刘志如：《玩微博要会自我保护 不要在微博上泄露个人隐私》，《燕赵晚报》，2011年9月22日。
[20]《网友微博骂战引发官司》，《京华时报》（北京），2012年1月30日。
[21]《新兴媒体》，《人民日报》，2012年5月29日第23版。
[22] 郑德梅：《带着足够的准备面对新媒体》，《中国教育报》，2014年8月29日。
[23] 郑德梅：《没有媒介素养你就OUT了》，《中国教育报》，2011年11月20日。
[24] 林刚著：《新媒体概论》，中国传媒大学出版社2014年版。
[25]［英］理查德·怀斯曼著：《正能量》，李磊译，湖南文艺出版社2012年版。
[26] 陈先元著：《大众传媒素养论》，上海交通大学出版社2005年版。
[27] 许加彪著：《党政干部口袋读库：提升媒介素养》，陕西人民出版社2012年版。
[28]［美］谢弗（Shaffer, D.R.）著：《发展心理学：儿童与青少年（第六版）——心理学导读系列》，邹泓等译，中国轻工业出版社2005年版。
[29]［美］杰夫·贾维斯著：《公开——新媒体时代的网络正能量》，南溪译，中华工商联合出版社2013年版。
[30] 石磊著：《新媒体概论》，中国传媒大学出版社2009年版。
[31] 郭庆光著：《传播学教程》（第2版），中国人民大学出版2011年版。
[32] 张慧子：《新媒体时代公民隐私的侵害与保护研究》，华中科技大学博士学位论文，2010年11月5日。
[33] 王雅灵：《我国公民媒介素养教育的现实意义及体系构建》，浙江大学硕士学位论文，浙江大学传媒与国际文化学院，2008年5月。
[34] 吴琛：《论推行青少年媒介素养教育的必要性和方法》，南京师范大学硕士学位论文，2004年4月22日。
[35] 赵莲、白净：《美国儿童在线隐私保护立法与实践》，《传媒透视》，2014年1月。
[36] 桂钰涵：《新媒体存在的问题及解决对策——以互联网为例》，《今传媒》2014年第4期。
[37] 刘婵君：《从〈搜索〉看提升公民媒介素养的重要性》，《新闻世界》2012年第10期。
[38] 版本编辑者冷逸尘：《因特网》，搜狗百科，2014年2月22日，http://baike.sogou.com/h15489.htm.
[39] 叶辰亮：《努力在医改中让市民得实惠》，《文汇报》，2012年9月19日，http:

//www.news365.com.cn/zt/zonghe/xysbd/whb/201210/t20121029_749518.html.

[40]《互联网行业“十二五”发展规划》，中国政府网，2012 年 5 月 4 日，http://www.gov.cn/gzdt/2012-05/04/content_2129697.htm.

[41]《暴雨中的北京，温暖还是悲凉》，爱手机网站的手机新闻，http://www.itt168.com/yejiexinwen/5504.html.

[42]《月光宝盒 WALKTV》，创建者：不贰周助 x，百度百科，2011 年 9 月 19 日，http://baike.baidu.com/view/2771962.htm.

[43]《私人空间 10 大沦陷区：失去隐私的新媒体时代》，新华网传媒在线，2006 年 6 月 28 日，http://news.xinhuanet.com/newmedia/2006-06/28/content_4762447.htm.

[44] 岑丽艳：《个人隐私权如何进行保护》，百度文库，2012 年 11 月 11 日，http://wenku.baidu.com/view/ed56a836b90d6c85ec3ac64a.html.

[45] 陈力丹、罗了：《新媒体语境下的信息提供与隐私安全》，人民网，2012 年 5 月 28 日，http://media.people.com.cn/GB/192301/192359/192370/18004664.html.

[46]《中消协解读新消法资料一：新〈消法〉集中宣传参考资料（第一期规范新领域新问题）》，中国消费者协会，2013 年 10 月 30 日，http://www.cca.org.cn/web/xfxx/picShow.jsp?id=64860.

[47]《新媒体时代我们的隐私在哪里》，网络转载，2013 年 4 月 2 日，http://www.hhggch.com/NewsView.asp?ID=127&Page=7.

[48]《常用的网络沟通工具》，四叶草，百度文库，2012 年 10 月 11 日，http://wenku.baidu.com/view/723f0dec172ded630a1cb605.html.

[49]《大众传播印刷出版物报纸》，有谁共鸣，搜狗百科，2013 年 12 月 27 日，http://baike.sogou.com/v65030062.htm.

[50]《新媒体》，新 2 网，搜狗百科，2014 年 5 月 15，http://baike.sogou.com/v623372.htm#ref_1?ch=ch.bk.refer.

[51] 宋国强：《孟波：新媒体传播的特点及对传统媒体的影响》，人民网，2011 年 7 月 27 日，http://media.people.com.cn/GB/40606/15263154.html.

[52]《新媒体时代的全运会》，新华网，2013 年 9 月 7 日，http://news.xinhuanet.com/newmedia/2013-09/07/c_132699537.htm.

[53]《网络谣言》，搜狗百科，2014 年 6 月 25，http://baike.sogou.com/v29143863.htm.

[54] 肖向云：《现有哪些法律对惩治网络谣言有具体规定——浙江京衡律师事务所律师李迎春博士访谈》，杭州日报数字版，2013 年 9 月 4 日，http://hzdaily.hangzhou.com.cn/hzrb/html/2013-09/04/content_1570796.htm.

[55] 王少华：《智烁网络信息安全检索系统》，元智（北京）技术服务有限公司，http://www.doc88.com/p-009908773997.html.

[56] 查多：《男童模仿动画片致烧伤　状告“喜羊羊”获赔85万元》，中国广播网，2014年8月8日，http://news.cnr.cn/native/gd/201403/t20140320_515115035.shtml.

[57]《湖北宜昌“幼儿吃药被毒死”系谣言　造谣网民被拘》，中国新闻网，2014年3月20日，http://www.chinanews.com/fz/2014/08-08/6473166.shtml.

[58] 陈鸿莉、黄兆军：《楼宇电视，今天你看了吗？》，湛江日报数字版，2009年10月30日.http://szb.gdzjdaily.com.cn/zjrb/html/2009-10/30/content_1344113.htm.

[59]《“抢孩子”“丢证件”，谣言频发为哪般》，福建日报东南网事版，2014年6月5日，http://fjnews.fjsen.com/2014-06/05/content_14216764.htm.

[60] 陈健：《央视力推兴趣社交新媒体宣战BTA》，环球网科技，2014年5月29日，http://tech.huanqiu.com/news/2014-05/5008324.html.

[61] 李小飞：《韩媒：韩社交网络谣言满天飞　社会越来越危险》，环球网国际新闻，2014年6月26日，http://world.huanqiu.com/exclusive/2014-06/5036935.html.

[62] 于斌：《电视媒体应在三网融合时扬长避短》，央视网，2011年9月，http://www.cctv.com/stxmt/20110919/106987.shtml.

[63]《全媒体出版》，中文在线网，2014年11月，http://www.chineseall.com/product_07.html.

[64]《第34次中国互联网络发展状况统计报告》，中国互联网络信息中心CNNIC，2014年7月21日，http://www.cnnic.cn/hlwfzyj/hlwxzbg/hlwtjbg/201407/t20140721_47437.htm.

[65] 李玲：《今年，线上线下互动特征将更显著》，中国旅游报数字报，2013年2月4日，http://www.ctnews.com.cn/zglyb/html/2013-02/04/content_68114.htm?div=0.

[66]《2014年4月全国政府网站可见性监测分析报告》，中国政府网站服务能力建设网，2014年4月31日，http://www.gwd.gov.cn/data2/wzkjx/sjjb/2014/0508/377.html.

[67]《近年来，网络谣言10大案例》，西海都市报，2012年4月17日，http://epaper.tibet3.com/xhdsb/html/2012-04/17/content_1037838.html.

[68] 丁宁：《社交媒体——改变我们的生活》，宝钢集团公司品牌总监，http://www.360doc.com/content/13/1211/16/14780433_336371142.shtml.

后记

2015年度山东省社会科学普及读物出版资助工作，是在山东省社会科学界联合会党组的领导下，面向全省自主申报，经过公开、公正、公平评选，由出版资助项目领导小组办公室具体组织实施的。

该项工作由中共山东省委宣传部副部长、省文明办主任刘宝莅，山东省社会科学界联合会党组书记、副主席林建宁担任编委会主任；山东省社会科学界联合会党组副书记、副主席周忠高，山东省社会科学界联合会巡视员李海萍，山东省社会科学界联合会党组成员、纪检组长高航，山东省社会科学界联合会党组成员、副主席张宏明、孙淑娜，中共山东省委宣传部理论处处长王晓娟，山东省社会科学界联合会秘书长张伟红担任编委会副主任。林建宁、张宏明担任总主编，张伟红、高玉宝任副总主编，山东省社会科学界联合会科普部王玉革、牛秀琳、刘坚、吴庆利等负责组织、协调、落实工作。

社会科学普及工作，特别是社会科学普及读物的编写出版工作，得到了中共山东省委宣传部理论处、山东省社科规划管理办公室、山东省财政厅教科文处的关心和支持，得到了山东省社会科学界联合会机关各部室、直属事业单位和全省社科界的密切配合，也得到了山东人民出版社的大力支持。在此，我们表示衷心的感谢！

由于水平有限，疏漏、不足之处在所难免，恳请大家批评指正。我们将认真总结经验，资助出版更多、更优秀的社科普及读物，为大众奉献更多、更精彩的精神食粮。

2015年10月

图书在版编目（CIP）数据

新媒体时代的生存 / 郑德梅著．—济南：山东人民出版社，2015.12（2016.1 重印）

ISBN 978-7-209-09095-7

Ⅰ．①新… Ⅱ．①郑… Ⅲ．①传播媒介—研究 Ⅳ．①G206.2

中国版本图书馆 CIP 数据核字（2015）第 217593 号

新媒体时代的生存

郑德梅　著

主管部门　山东出版传媒股份有限公司
出版发行　山东人民出版社
社　　址　济南市胜利大街 39 号
邮　　编　250001
电　　话　总编室（0531）82098914
　　　　　市场部（0531）82098027
网　　址　http://www.sd-book.com.cn
印　　装　莱芜市华立印务有限公司
经　　销　新华书店

规　　格　16 开（169mm × 239mm）
印　　张　17
字　　数　280 千字
版　　次　2015 年 12 月第 1 版
印　　次　2016 年 1 月第 2 次
ISBN 978-7-209-09095-7
定　　价　35.00 元